Fútbol que estas en la Tierra

Una vuelta al mundo en 40 historias

David Ruiz de la Torre
Juan Manuel Pradas Ramos

Editado por:
Pentian.
Cuesta del Rosario, 8
Sevilla 41004
España
902.918.997
info@pentian.com

Impreso en España
ISBN: 9788416179060

Maquetación, diseño y producción: Pentian
© 2014 David Ruiz de la Torre
© 2014 Punto Rojo Libros, de esta edición

Quedan rigurosamente prohibidas, sin la autorización por escrito de los titulares del copyright, bajo las sanciones establecidas por las leyes, la reproducción parcial o total de esta obra por cualquier medio o procedimiento, comprendidos la reprografía y el tratamiento informático, y la distribución de ejemplares de esta edición mediante alquiler o préstamos públicos.

*A Pedro Luis Salazar-Hewitt,
por su coraje e imbatible voluntad
de seguir a nuestro lado.*

**Mecenas que han hecho posible la edición
de este libro en Pentian.com
Gracias por participar de la revolución en la edición**

Alberto Zapater Arjol	Gerard Zaragoza Mulet
Alberto Romero Barbero	Gonzalo Puebla Gil
Alberto Ealo Artetxe	Gregorio García González
Antonio Zapatero Gaviria	Heidi Heinz
Antonio Jesús Ballesteros Castillo	Ignacio y Celia Silván
Ángela Rubio López	Isabel Romá Ferre
Blanca Serrano Martínez	Jaume Surroca i Estañol
Bodega Torgo	Javier Gil García
Borja Benítez Díaz	Jorge Romá Monllor
Carmen de la Torre Martínez	José Luis Poblador Pradillo
Cristina Cubero	José María Sánchez Alonso
Darinka y Bora Milutinovic	José Romero López
David Arroyo Vargas	José Javier Barandalla Azkueta
David Labrador Casillas	José María bezares Torrón
Elena María Payán Fernández-Quevedo	Josué Barba
	Juan José Asorey Álvarez
Esther Cardador Díaz	Juan José torres Gómez
Eva Prieto Gómez	Juanma Velasco Medinabeitia
Francisco González	Julen Garro
Gabriel Romá Ferre	Julio César Moreno
Gabriel Romá Monllor	Leo y Antonia Pérez Ribas
Gema Barba Martín	Li Qunfeng

Lucía Salcedo Salto
Lucia Espinos
Manuel Doña López
Manuel Cuenca Estrella
Maor Rozen
Marcos García Merino
María Barba Martin
María Eugenia Librada Sanguino
Mariano Beunza Puyol
Marisol Rubio Frías
Martín Pereira
Miguel Pascual Boixader
Miguel Ángel Utrero Caballero
Miguel Ángel Rodríguez-Pérez
Mikel Azkorra Larrondo
Milton González

Pedro Ferrer
Priscilla y Pedro Salazar-Janssens
Raúl Moreno Torres
Raquel Barba Martín
Ricardo Trujillo casas
Roberto Hernández Delgado
Rodrigo Piñeiroa García
Santiago Barba Rodríguez
Soledad Videla Montero
Sonia Bezares Torrón
Sonia Bezares Torrón
Tobias Pla Ferrando
Toni Lima
Víctor Doménech Hellín
Vicente Parra
Yolanda Etxauri Martínez

Prólogo
La punta y el iceberg

Dice la leyenda que los marinos del Titanic, entre los muchos errores fatales que cometieron la vez aquella del hundimiento, no tomaron en cuenta que los témpanos de hielo que se mueven a la deriva por los océanos poseen, bajo el agua, un volumen mucho, muchísimo mayor que el que emerge a nuestros ojos. Claro, ellos no tenían la posibilidad de chequear en google que las nueve décimas partes del iceberg quedan bajo la superficie y, en consecuencia, no llegaron a advertir que lo que cuenta, en esa montaña helada, es lo que le da sustento, esa mole que se oculta en las profundidades, ese vigoroso y compacto mundo sumergido.

El fútbol actual, cada vez con más frecuencia, me pone a pensar en esta idea del iceberg, y de lo que emerge y de lo que está sumergido, y de lo que vemos, y de lo que no se ve.

¿Qué es lo que vemos? Supongo que lo que vemos primero es lo más fácil de ver. Y lo más fácil de ver es lo que más veces por día nos muestran. Y lo que más veces por día nos muestran son torneos rutilantes, equipos invencibles, jugadores millonarios, estadios monumentales, periodistas consagrados, aficiones multitudinarias, fenómenos planetarios… Según parece, eso es "el fútbol". Por añadidura, la idea de que eso –y solo eso- es el fútbol gana terreno todos los días. Cada vez más millones de televidentes consumen ávidos los partidos de la Champions League. Cada Campeonato Mundial bate records de tickets vendidos, de turistas recibidos, de millones facturados. Cada temporada se produce la compra de un jugador, de dos, de tres, en unas cifras astronómicas que más parecen el PBI de un país pequeño que el valor de mercado de un deportista.

Por supuesto que yo también consumo Mundiales y Champions y torneos locales, y también me asombro con lo que esos jugadores estelares son capaces de hacer. Y sin embargo hay algo que me deja inquieto. Digamos… intranquilo. Tal vez insatisfecho. La sospecha, la intuición, de que me estoy –nos estamos- perdiendo casi todo el fútbol.

No digo que ese fútbol de luces que encandilan y millones que brotan no sean parte del fútbol. Pero (bendita palabra) no son todo el fútbol. No son, ni siquiera, casi todo el fútbol. Son, apenas, la punta del iceberg. Un iceberg hecho de jugadores amateurs, de sueños fallidos, de hazañas inútiles, de porvenires rotos, de partidos que nadie vio. Un iceberg hecho de todos los recuerdos que cada una de las personas que ama el fútbol cosechó a lo largo de la vida.

Si el fútbol nos emociona no es por la contemplación de los virtuosos. Sino porque esos virtuosos, y sus luces, de algún extraño modo, y en un circuito que no alcanzo del todo a comprender, generan un eco que rebota en ese otro fútbol, anónimo y profundo, gastado e invisible, como los hilos de nuestra identidad.

Pues bien, lo mejor de este libro de David es precisamente eso: que va a buscar el fútbol al lugar correcto. Y es por eso que lo encuentra y lo descubre. Ese fútbol que está regado en los rincones polvorientos del planeta. Ese fútbol que no necesita enormes reflectores para ser atractivo. Ese fútbol que no tiene, en general, quien lo relate, porque se explica a sí mismo en su escuálida simpleza.

David ha recorrido el mundo y ha encontrado al fútbol. Múltiples formas de jugarlo y de quererlo. Múltiples formas de vivirlo que, al mismo tiempo, son una sola. Un grupo, un jugador, un deseo, una pelota. Nada más. Nada menos.

Mejor dejo de hablar yo. Para que los lectores puedan empezar a viajar sin temores ni demoras. Para distraernos buenamente de lo que vemos todos los días. Directo hacia la parte más viva y subyugante de este iceberg.

Eduardo Sacheri

Índice

Prólogo. La punta y el iceberg 7
1. Y Gandhi descubrió el balón 17
2. El fútbol es cosa de brujos 29
3. El mejor regalo de Reyes en el Chad 39
4. La ruta de la CAN 45
5. Una *rosa* en la *cloaca* de Luanda 53
6. ¡Coge el billete y corre! 59
7. Marfil a toda Costa 69
8. Al estadio en *el camarote de los Marx* 79
9. Los niños de la guerra van al Mundial 85
10. El Gela no quiere *padrinos* 99
11. Del jaque mate al tiqui-taca 107
12. Fútbol-nieve y helados contra la crisis 113
13. Un canto al Teatro del Absurdo 121
14. Un zar español en Moscú 127

15. El golpe de once amigos y una dama blanca 133
16. Fuego cruzado.. 139
17. Infiltrado en las filas del Al Sadd 149
18. Borneo es del Milan por Kaká.. 157
19. Una semana en el *infierno* de Bagdad............................ 161
20. La Primavera Palestina 191
21. La terminal... 203
22. El resurgimiento *de La Naranja Budista* 211
23. Murun Altankhuyag: profesional gracias a la red 217
24. El último Jedi del balompié... 225
25. La ciudad de los prodigios 237
26. Porteros de alquiler 247
27. Dos partidos al precio de uno... 255
28. La Taça de Favelas: un río de cracks 263
29. Un *Pibe* monumental.. 271
30. El ocaso del antídoto contra *La Guerra de los Cárteles* .. 279
31. Carlitos Hermosillo: el Julio Iglesias azteca 287
32. El regreso del equipo más pobre del mundo 293
33. Hijos de un dios menor... 301
34. Las dueñas de la redonda.. 307
35. La misión de Wynton Rufer.. 315
36. Vanuatu crea escuela... 323
37. El *sí se puede* que trajo la paz...................................... 333

38. Una selección de película 343
39. Un portero con madera de escritor 353
40. El *Footy* ya no está en las antípodas 363
Reglas básicas para entender el *aussie rules* 373
Agradecimientos 377
Imágenes de una pasión 387

David Ruiz de la Torre

Fútbol que estás en La Tierra

1. Y GANDHI DESCUBRIÓ EL BALÓN

ÁFRICA (SUDÁFRICA / DURBAN)

Inanda es uno de los *township* más conflictivos y populosos de la periferia de Durban. Pocos son los taxistas que se atreven a aventurarse en esta villa miseria asfixiada por casas de chapa bañadas en óxido y distribuidas sin orden ni concierto; de calles malolientes y sin asfaltar, escasa en agua potable e invadida por perros vagabundos de porte esquelético y mocosos merodeadores que se curten en el oficio de *homeless* sin apenas levantar un palmo del suelo.

Pero, a comienzos del siglo XX, este cantón marginal de población negra llegó a ser la tierra de la esperanza gracias a la conciencia solidaria y humanista de un tozudo abogado venido de la India para defender los intereses de sus numerosos compatriotas esparcidos por todo el África del Sur.

Enfrascado de lleno en la empresa de hacer triunfar lo que definiría como el *satyagraha*, este carismático personaje nacido en Porbandar erigió en la aldea de Phoenix, el nombre por el que era conocido en esa época, una comuna presidida por la austeridad en la que residían varias familias de origen hindú. Sus ingentes esfuerzos por humanizar este desolado reducto de la gran urbe sirvieron para levantar un hospital y una imprenta, donde junto a su amigo Madanjit Vyavaharik publicaría el diario semanal *Indian Opinion*.

Decidido a seguir la estela sudafricana de uno de los hombres sin los cuales sería imposible entender la historia contemporánea, me infiltré en esa jauría humana a bordo de una de las miles de furgonetas que enlazan a diario Inanda con el *downtown* de Durban. Pese a que el color de piel me delataba y todo hijo de vecino me miraba con cara de "qué se te ha perdido por aquí chaval", ubiqué sin mayores contratiempos el promontorio en el que se alza el *Settlement* creado por Gandhi en los albores de la pasada centuria.

Un número de teléfono figuraba en un papelito metido dentro del candado que cerraba la puerta de acceso al recinto. Al otro lado de la línea, un tipo con voz risueña se identificó como el guía y me pidió que le diera media horita para llegar hasta allí y enseñarme la aldea—museo.

Bogani Sithole, un esforzado imitador de Abebe Bikila, clavó su predicción esprintando los últimos cincuenta metros. He de confesar que no recuerdo nada de sus primeras explicaciones, absorto aún por el hecho de que fuera el primer guía oficial descalzo con el que me cruzaba en mi vida. Para completar el cuadro, el tipo lucía un pantalón hecho jirones y una camiseta de hombreras con la que pretendía disimular, sin conseguirlo, el amnésico perfume de sus glándulas sudoríparas.

Por fortuna, no todo es lo que parece y una vez recuperado del shock inicial, este espigado zulú de verbo fácil y memoria de dinosaurio me abrió la puerta a uno de los episodios más apasionantes y seguramente el menos conocido en la vida del inmortal pacifista indio. Cuando le pregunté con qué equipo iría Gandhi si hubiera podido disfrutar del primer Mundial africano de la historia, me respondió que "*Bapu* —Padre en indio— sería hincha de España, que es la que mejor juega. Adoraba el fútbol. Incluso fue secretario de un club local, el Manning Rangers".

Ante mi gesto de asombro, Bogani me remitió a la Old Court House de Durban, el museo de historia de la ciudad, para tratar de encontrar imágenes que corroboraran semejante revelación. Estaba tan emocionado ante tal posibilidad que al día siguiente me pegué un buen madrugón y fui corriendo hasta el museo. No podía ser de otro modo.

Después de explicarle a Rebecca Naidoo lo que estaba buscando, me dio unos guantes de látex y nos pusimos mano a mano a revisar el centenar de carpetas que guardaban todo el material fotográfico de Mohandas, cual era su verdadero nombre, durante los 21 años que residió en el continente negro.

Cuando Rebecca me dijo "I found it" casi se me saltan las lágrimas: tenía delante de mis ojos la foto de una escuadra de fútbol en blanco y negro con las camisetas de tela a franjas verticales de toda la vida. Y allí estaba ÉL, en la fila superior, secundado por Sonia Schlessin, su fiel secretaria alemana, que según me contó la documentalista ejercía de tesorera del club.

Un par de instantáneas y algunos testimonios ulteriores certificaron un hecho asombroso e inimaginable. Que la utilización que Nelson Mandela hizo del fútbol y del rugby en su largo batallar por la igualdad de derechos y el final del Apartheid en su país tuvo un ilustre precedente en la tierra del Arco Iris: el de Mahatma Gandhi.

El padre espiritual de la independencia de la India y uno de los más grandes iconos del pasado siglo en la lucha contra las desigualdades sociales, la explotación económica y la discriminación racial fue, en realidad, un enamorado del balompié, deporte que descubrió en Inglaterra durante su etapa como estudiante de Derecho, y con el que mantuvo una larga y estrecha vinculación incluso después de convertirse en el gran símbolo de la resistencia pacífica de su pueblo contra el Imperio colonial británico.

Aunque nunca lo practicó de manera seria, el joven Mohandas siempre antepuso en su escala de preferencias el fútbol por encima del cricket o del ciclismo, las otras dos pasiones deportivas que se le conocen. Lo que muy poca gente sabe, incluso en el país de origen del legendario líder hindú, es que durante el largo periodo de tiempo que vivió en África, Gandhi se sirvió del deporte de la redonda para promover su aún incipiente filosofía política de la resistencia no violenta contra las leyes de segregación racial, así como para lograr la integración y la mejora de las condiciones sociales de indios y negros en la antigua colonia inglesa.

Mohandas Karamchand Gandhiji llegó a Durban en 1893 para ejercer la abogacía en defensa de los intereses de la mayor comunidad india fuera de Asia (hoy día viven allí unos 600.000), pero un desagradable incidente de índole racista acaecido en la estación de tren de Pietermaritzburg, al poco tiempo de pisar suelo sudafricano, daría un giro radical a su existencia y a la de toda su familia.

El revisor del tren en el que Gandhi viajaba de Durban a Pretoria para llevar el caso de un compatriota, le obligó a abandonar el vagón de primera clase, destinado sólo a los hombres blancos. Según las leyes del gobierno Boer de la provincia de Transvaal, Gandhi, al ser hindú, debía viajar en tercera clase, junto con los negros y los chinos.

Pese a su resistencia a cambiarse de coche, alegando que tenía tanto derecho a viajar en ese vagón como cualquier otra persona que había pagado su billete, fue obligado a bajarse del tren por la fuerza y a pasar la noche en la estación. Las autoridades locales le acusaron de desacato a las leyes de segregación racial en un juicio en el que el futuro líder ejerció su propia defensa. "Gandhi se declaró inocente porque no reconocía una ley que discriminaba a las personas por el color de la piel", me explicó Bogani, el guía maratoniano del *Gandhi Settlement*.

Aquel suceso reafirmó la conciencia social de *Bapu* y actuó como detonante en su lucha pacífica contra el racismo y las injusticias sociales. Inspirado en los escritos del pensador y activista norteamericano Henry David Thoreau y del ruso Leon Tolstoi, Gandhi organizó una campaña de desobediencia civil entre la población india y los negros para llamar la atención contra las leyes discriminatorias existentes, que les otorgaban un estatus inferior al de los blancos.

Su famoso *Satyagraha* (la fuerza de la verdad, en sánscrito), el movimiento filosófico que preconizaba la resistencia contra la opresión a través de un comportamiento no violento, empezaba a cobrar forma y sembró las semillas de un trabajo que completaría casi un siglo después Mandela firmando la sentencia de muerte del vergonzante Apartheid.

El fútbol ocupó muy pronto un lugar destacado en el *Satyagraha*. Gandhi, que acudía regularme a ver partidos de fútbol como aficionado, no tardó en percatarse del tirón popular que tenía el balompié entre las clases menos favorecidas de la sociedad sudafricana. Así que decidió canalizar su gran pasión como un instrumento para concienciar al pueblo de la necesidad de combatir de forma pacífica por la igualdad de derechos y su integración en una sociedad que los consideraba ciudadanos de segunda categoría.

Fútbol que estás en La Tierra

Convertido en líder indiscutible de la resistencia no violenta contra el Apartheid de la época, Mohandas fundaría en los primeros años de la pasada centuria tres clubes de fútbol: uno en Durban, otro en Pretoria y un tercero en Johannesburgo, a donde se mudaría a fines de 1904. Todos ellos con idéntico nombre, Passive Resisters Soccer Club.

Los jugadores, a quienes reclutaba personalmente el gran hombre en ciernes, eran en su totalidad indios o negros. "Gandhi solía darles charlas en el medio tiempo sobre su política de lucha no violenta, e incluso en ocasiones les entregaba panfletos sobre la discriminación racial", contaba Rebecca Naidoo, del servicio de documentación del Durban Court House museum.

Gandhi organizó partidos en las principales metrópolis sudafricanas, así como en su granja de Johannesburgo, llamada Tolstoi en honor de uno de sus grandes referentes literarios, o en la pequeña comuna de Inanda, para recaudar fondos que ayudaran a sobrevivir a las familias de los 'resistentes' que se encontraban en prisión por su pacífica oposición contra las leyes raciales. Especial repercusión llegó a tener en 1910 el derbi que disputaron en el Mayfair Ground, el terreno de juego de los Johannesburg Rangers, los Passive Resisters locales y los de Pretoria para reivindicar la encarcelación injusta de un centenar de *camaradas*.

Gandhi aprovechaba los prolegómenos de esos encuentros para dar mítines sobre el mismo terreno de juego, tratando de convencer a los asistentes sobre la necesidad de actuar de un modo pacífico contra la injusticia de unas leyes que les segregaban de la vida pública.

Además de ser un pionero en el uso del deporte con fines políticos, ejemplo que más adelante seguiría el nazismo, Fidel

Castro, la extinta RDA o el propio Mandela, entre otros, Gandhi fue también un adelantado a su tiempo en lo que a conceptos futbolísticos se refiere. "Lo que le fascinaba del fútbol era la nobleza que emanaba como deporte, aunque en esa época predominaban las individualidades al juego de equipo. Gandhi creía en cambio que el juego tenía un potencial enorme para fomentar el trabajo de grupo, por eso cuando fundó los Resistentes Pasivos se dedicó a promover valores morales como el espíritu de equipo y el juego limpio, conceptos que están a la orden del día en la actualidad en cualquier deporte colectivo. Es un error pensar que el fútbol fue sólo un instrumento del que se sirvió en su lucha contra la opresión. Fue muchísimo más. Era su gran pasión y uno de los caminos para alcanzar, según decía, la paz espiritual. Pensaba incluso que jugar al fútbol durante una hora al día era mejor que la propia meditación...", me contó Poobalan Govindasamy, presidente de la Asociación Sudafricana de Fútbol Sala.

Esas tácticas al más puro estilo Guardiola o Mourinho ayudaron a crear unos fuertes lazos de unión entre la cada vez más numerosa comunidad india de todo el país, para la que el balompié llegó a ser un elemento primordial en su progresiva integración social. "El primer paso fue la formación de las Ligas Provinciales Indias, y al poco llegarían las federaciones locales, como la Asociación de Fútbol India de Transvaal o la del distrito de Klip River, en Gauteng. En 1903 se fundó la Asociación de Fútbol Hindú en Sudáfrica, que contó con el inestimable apoyo de Gandhi, y cuya influencia sería decisiva posteriormente para la creación de una federación nacional de fútbol multirracial y de la primera Liga profesional, en la que se podía jugar sin importar el color de la piel", añadió Govindasamy.

Fútbol que estás en La Tierra

La fama que adquirió a nivel planetario con su lucha por los derechos civiles en el cono sur de África propició que un sector de la burguesía india le convenciera para que regresara a su patria y se implicara en la lucha por la independencia de la tierra que le vio nacer. Mohandas hizo las maletas en 1914 y nunca más pondría los pies en Sudáfrica. Sin embargo, su pasión por el fútbol y la vinculación con el deporte que tanto le había ayudado en su lucha contra la opresión no acabarían ahí.

El gran líder hindú auspiciaría en 1922 la llegada a la India del primer equipo de fútbol sudafricano que disputó partidos en el extranjero. El *Contingente de Cristopher*, llamado así en honor de su mecenas, Albert Cristopher, quien colaboró con Gandhi en una huelga de trabajo en 1913, estaba integrado principalmente por jugadores de origen indio. Otro personaje muy cercano al pacifista hindú, el misionero anglicano y ardiente partidario de la independencia india Carlos Freer, se encargó de organizar la *turné* del equipo africano, que duró cinco meses (de noviembre de 1921 a marzo de 1922). El Contingente disputó 14 partidos en Bombay, Delhi, Chennai y Calcuta, disfrutando de la compañía del propio Gandhi en Ahmedabad.

El fútbol, cómo no, también ocupó un lugar preeminente en su *Settlement*. Gandhi destinó un terreno llano al pie de la comuna para la construcción de una cancha de juego donde los hombres podrían liberar las tensiones de sus quehaceres diarios dando unas patadas a la redonda. Más de 100 años después, el campo de tierra continúa en el mismo sitio que lo dejó cuando se trasladó a Johannesburgo en 1904, presidiendo el acceso a su antiguo hogar, al pie de la autopista que conecta Inanda con Durban.

Llamaba la atención que tanto su casa como el resto de edificaciones de la comuna, que aún se mantienen hoy día en pie, fueran pintadas con un mismo color, el verde claro. Bogani aclaró el enigma rápidamente. "Lo hizo así porque es el color de la esperanza. Gandhi quería mantener alta la moral de sus vecinos y amigos para que no cejaran en su empeño de luchar por algo que nadie les podía arrebatar, su libertad y sus derechos como seres humanos". Algo que probablemente no hubieran podido hacer sin una pelota en los pies.

2. EL FÚTBOL ES COSA DE BRUJOS

Fútbol que estás en La Tierra

Awele; Ikenga, Dogon, Gris—Gris, Maravú; Gouro, Ju—Ju; Makuy, Shira—Punu—Lumbo, Ndoki; Niam—Niam. No se equivoquen. No se trata del once de salida de una desconocida selección africana, sino de términos exóticos y onomatopéyicos que en Europa tendrían simplemente el efecto de un divertido trabalenguas. Para los jugadores del continente negro, en cambio, esconden significados aterrorizantes, relacionados con el *más allá*.

Hablo de amuletos, máscaras, conchas, caparazones de tortuga, monedas, ristras de ajos, estatuillas, cristales de botella, cuernos de animales y un montón de artilugios vinculados al mundo de la brujería, aparentemente ya ausente del balompié si nos atenemos a las declaraciones oficiales de los jugadores, sobre todo de los profesionales que militan en clubes europeos, quienes únicamente hablan ya de las danzas o de los bailes de celebración de sus goles.

Pero la magia negra, el secretismo y las pócimas de los brujos siguen teniendo su cuota de protagonismo en el fútbol africano y, muy especialmente, en su torneo estrella, la Copa de África. No resulta para nada infrecuente ver en las gradas de los estadios, camuflados de coloridos hinchas envueltos en la bandera de su país, a auténticos tótems humanos que realizan extrañas contorsiones corporales, recitan fórmulas mágicas e incluso marcan el ritmo de los cánticos y de los bailes con estudiados gestos.

Tan enigmáticos personajes se sitúan siempre en puntos estratégicos del recinto, de forma que los jugadores puedan verlos perfectamente y, según cuentan, atacar siguiendo el ritmo de los rezos propiciatorios acompañados del *tam—tam* de los tambores tribales. Desde Botswana a Senegal; de Guinea Conakry a Costa de Marfil; de Mali a Gabón; de Zambia a Níger; de Togo a Zimbabwe; del Congo a Nigeria y de Angola a Ghana. Todas estas selecciones son proclives a practicar y creer en el poder oculto de la ancestral brujería africana.

A diferencia de hace un par de décadas, este tipo de prácticas se hacen ahora de un modo menos visible, mucho más disimulado. El férreo control impuesto por la Confederación Africana de Fútbol (CAF) prohíbe de modo terminante que en el seno de la Copa de Naciones los santeros o brujos campen a sus anchas como un miembro más de cada equipo y puedan esparcir la sal de la suerte junto a la puerta del vestuario de su escuadra, quemar un gallo vivo o degollarlo en mitad del terreno de juego la noche previa al partido de los suyos.

Pese a tener *fichados* a la mayoría de ellos, esa vigilancia no es del todo efectiva. Mahamadou Sidibé es uno de los santeros más afamados de Ouagadougou. Este burquinés de 43 años ejerce de guía espiritual del equipo nacional de Burkina Faso cada vez que *Les Étalons* (Purasangres) saltan al terreno de juego. El colorido de su cuerpo semidesnudo bañado en pintura con los colores de la bandera de su país y su llamativo *instrumental de trabajo* le delatan nada más poner un pie en el recinto deportivo.

Desde su privilegiada posición a pie de césped, Sidibé no para de hacer contorsiones con brazos y cuerpo tratando de echar un cable al once burquinés. "Siempre acompaño a *Les Étalons* allá donde juegan. En esta bolsa llevo mis instrumentos, que toco durante los partidos para que los jugadores no pierdan el ritmo de juego. Esa es mi misión, ayudarles para que no se sientan perdidos sobre el césped", me contó tan pintoresco personaje absolutamente convencido de que su metodología sería decisiva para que Burkina Faso lograse la victoria.

Similar cometido es el de las populares *Mama Elephants*, un grupo de mujeres que acompañan a Costa de Marfil a todos los rincones del planeta para brindarles apoyo espiritual desde las gradas. Su incondicional soporte incluye una visita al equipo el día antes de cada partido para dirigir una *sesión de oraciones* que ayude a los Drogba, Yaya Touré y compañía a liberar la tensión y salir a jugar con la tranquilidad de saber que cuentan con todo el *apoyo divino*.

Las *Mama Elephants* organizan siempre su propio viaje desde Abidján, ya sea en avión o en autobús para exhibir su interminable repertorio de cánticos, gritos y bailes acompañados del batir incesante de sus bastones de *baobab* e incluso *entradas en trance* en aras de que *Los Elefantes* logren la victoria. "Antes de cada partido rezamos todas juntas y en voz alta a Dios, nuestro Señor, para que ayude a los chicos a llegar lo más lejos posible en el torneo en el que participen", explicaba Evelyne Kassy, la líder de este simpático grupo de cuarenta marchosas santeras.

David Ruiz de la Torre

En Ghana, las labores telúricas corren a cargo del padre Lawrence Tetteh, el más famoso de los predicadores evangelistas de un país eminentemente cristiano. Mucho más discreto que otros colegas de profesión, Tetteh acostumbra a reunirse con los jugadores en su hotel de concentración antes de cada partido para infundirles ánimos y, sobre todo, para elevar sus plegarias en pos de un final feliz para los *Black Stars*. La afición ghanesa toma luego el relevo sobre el manto verde marcando el ritmo del juego con varias sintonías musicales diferentes al mismo tiempo, pero siempre acompasadas y coordinadas.

El principal hacedor de la suerte en Zambia es una mano de mono momificada con la que los jugadores se frotan el rostro antes de partir hacia el estadio para que las paradas del portero y los disparos de sus delanteros sean "milagrosos".

Los gaboneses, en cambio, se sientan en círculo antes de los partidos y son impregnados con sangre de una gallina degollada por un brujo que baila alrededor de ellos.

La protección y las maldiciones sobre los rivales en la víspera de un encuentro siguen estando al orden del día en la máxima competición continental africana. Así, algunos jugadores senegaleses se hacen pequeñas incisiones cutáneas en manos, brazos y piernas con dibujos esotéricos, usando aguijones de puerco—espín, que después colorean con tinturas vegetales.

En Botswana, el seleccionador suele meter sus pies en un barreño con sangre de impala (ciervo), justo antes del primer encuentro de la CAN, para quedar inmunizado contra el *maravú* (magia negra de los rivales). En Sudáfrica, en cambio, esa costumbre se produce al estrenar el cargo.

Los santeros cameruneses concentran sus fuerzas telúricas en un ataúd que pasean por toda la ciudad el día que juegan

Fútbol que estás en La Tierra

los *Leones Indomables* con la palabra RIP y el nombre de su rival bien visibles, escritos con sangre de elefante sobre la madera.

Particularmente curioso es el ritual de los *Potros* de Zimbabwe. Sus internacionales acostumbran a bailar en las noches de luna llena, lejos de miradas indiscretas, sobre las tumbas de sus propios antepasados y entierran en el cementerio valiosos amuletos para que la suerte les acompañe cuando pisen el manto verde.

Tampoco podemos dejar en el tintero los poderes ocultos de los que, se dice, están dotados los llamados *enfants sorciers*. Los niños—brujo de la República Democrática del Congo vagan por los alrededores del estadio con el cuerpo totalmente pintado de azul y amarillo (los colores de la bandera del antiguo Zaire) y apenas unos calzones de idénticas tonalidades como única prenda.

Una de las palabras más temidas en esta especie de jerga masónica africana es *ndoki*. Significa bruja, una pitonisa capaz de realizar sortilegios y ejercitar sus poderes ocultos desde su propia casa, muy lejos del campo de juego, pero con efectos devastadores.

Mama Togo es una de las santeras más famosas de Lomé, fija en los desplazamientos de los *Halcones* allá donde vayan. En los últimos torneos continentales no ha podido acercarse demasiado a sus chicos, pero eso no le ha impedido continuar desempeñando su labor desde las gradas. Muchos togoleses están convencidos de que fue ella y no los goles de Manolito Adebayor la que guió con su magia a *Les Éperviers* hasta el Mundial de Alemania, el único en el que han participado hasta ahora.

Guinea Ecuatorial es de los pocos países del África subsahariana que no contempla en su manual de trabajo este tipo de prácticas... aparentemente. "La verdad es que nunca nos ha visitado ningún brujo ni nadie por el estilo. Yo creo que es porque aquí hay una fuerte tradición católica, influencia de España, que no deja mucho espacio a este tipo de cosas, aunque verlas sí que las hemos visto en alguno de los países a los que hemos ido para jugar partidos de la fase de clasificación. E impresiona", afirmaba Rui, el central leonés de los *Nzalang*.

Sin embargo, un popular santero de Malabo fue llevado en secreto al estadio Nacional la noche previa al partido de cuartos de final que disputaron en el torneo de 2012 contra Costa de Marfil para que espantara los malos espíritus del vestuario local y del terreno de juego. No sirvió de mucho. Cayeron 3—0...

Los internacionales que militan en clubes extranjeros, sin duda influidos por las culturas que los han acogido, tienden a pasar cada vez más de pócimas y maldiciones, pero se cuidan mucho de expresarlo públicamente por si acaso. "Es algo que forma parte de nuestras tradiciones y hay que respetarlo. Yo particularmente no creo que la magia influya en los resultados, pero mucha gente cree que sí y nosotros no somos quienes para alterar unos ritos que se hacen desde hace muchísimo tiempo", apuntaba una de las estrellas nigerianas en Egipto 2006 que prefirió mantener su nombre en el anonimato.

El alto grado de profesionalidad y notables salarios que han alcanzado buena parte de los jugadores que participan en la CAN, les exige cuidar hasta el más mínimo detalle de su vida deportiva. Ése es el motivo de que algunos arrastren consigo a sus fisioterapeutas personales, cuya labor resulta fundamental para que puedan tener perfectamente *engrasados* y a punto sus cuerpos antes de cada partido.

El escaso nivel de los profesionales nativos dio pie al desembarco de especialistas europeos en la materia. Uno de los ejemplos más significativos es el del italiano Stefano Terrelli. Fisioterapeuta, preparador físico y especialista en métodos curativos alternativos como la acupuntura, este milanés de 40 años fue llamado a filas por las estrellas ghanesas John Mehsah, Muntari y Asamoah Gyan. "Empecé a trabajar con ellos en la Copa de África que organizaron en 2008, y luego estuve con ellos en el Mundial de Alemania y en la CAN de Angola. En Sudáfrica me fichó Capello para poner a punto a los jugadores ingleses", contaba Terrelli, quien se pasa el año a caballo entre varias ciudades europeas dando tratamiento a sus afamados clientes.

Pero para milagrera, la serbia Marijana Kovacevic. La fisiocurandera belgradense se hizo célebre por sus métodos regenerativos a partir de placenta de yegua, lo que le valió ganarse la confianza de los *Black Stars* a fuerza de conseguir recuperaciones imposibles. Lo hizo durante el Mundial de Sudáfrica, cuando consiguió poner a punto a Kevin—Prince Boateng antes del encuentro de octavos de final ante Estados Unidos, para el que el ex milanista estaba descartado. El mediapunta del Schalke 04 no sólo pudo jugar, sino que anotó el primer tanto de los africanos y fue pieza clave para llevar a los suyos hasta cuartos de final.

Dos años después, en la CAN de Guinea Ecuatorial y Gabón, volvió a obrar el *milagro* con Asamoah Gyan. El atacante del Al Ain emiratí llegó a la concentración previa de Sudáfrica con un serio problema muscular del que aparentemente no se recuperaría en un par de semanas. El seleccionador en ese momento, el serbio Goran Stevanovic, recomendó al jugador que se pusiera en manos de su compatriota para ver si podía llegar a tiempo al torneo, ya que de otro modo lo excluiría de la lista.

Tres horas de tratamiento intensivo bastaron para que Gyan saliese del *taller* de la Kovacevic como nuevo.

"Cuando llegó a mi consulta casi no podía caminar. Antes de empezar, sondeé el problema, como suelo hacer con todos mis pacientes. La sesión de masaje duró cerca de tres horas, tras lo cual le dije que esperara otras cuatro antes de poder hacer nuevamente ejercicio. Le aseguré que después del tratamiento de gel podría correr otra vez sin ningún tipo de limitación ni dolor. Y así fue. Jugó todo el torneo con normalidad", explicaba sonriente la curandera balcánica, quien sin embargo se cierra a cal y canto a la hora de desvelar los ingredientes de su milagroso ungüento. "Top secret".

El que sigue alucinando en colores es el ex atacante de Udinese, Rennes o Sunderland. "Fue algo realmente mágico. Me acababa de tratar y decía que ese mismo día ya correría normal. No la creí al principio, pero tras no sentir molestias al calentar, me animé a hacer un sprint suave, y todo perfecto. Aún no sé qué es lo que hizo, pero me encontraba perfectamente".

El español Diego García Calvo lleva desde 2006 trabajando con Guinea Ecuatorial. A sus 29 años, este joven fisio aprovecha los huecos libres que le deja el CAEP de Soria (Centro de Alto Rendimiento para Atletas) para poner a punto a los internacionales del *Nzalang*. "Llevo ya casi seis años con ellos y he vivido de todo. África es otra película. Aquí se ven cosas que ni se te pasarían por la cabeza en Europa", reconocía durante el torneo de 2012.

La tecnología, en forma de ordenadores que controlan todo lo que hacen los futbolistas, se ha convertido en el principal enemigo de magos, brujas y santeros. Camerún fue pionera en estas lides de la mano de Winfried Schäfer, que dirigió a los *Leones Indomables* a principios de la pasada década. El técnico

Fútbol que estás en La Tierra

alemán comenzó a controlar el rendimiento de sus jugadores a partir de un programa informático que también regulaba su régimen alimenticio. Su ejemplo fue seguido por otras selecciones.

El avance de la modernidad en los usos y costumbres dentro del balompié africano continúa ganando enteros, aunque hará falta que pasen aún varios decenios para desterrar definitivamente del mapa esas ancestrales prácticas telúricas que, guste o no, forman parte del paisaje de la CAN.

3. EL MEJOR REGALO DE REYES EN EL CHAD

Fútbol que estás en La Tierra

Bebedjia, enero de 2013. Ellos no lo sabían aún, pero el destino quiso que la expedición humanitaria de la que formaba parte para llevar medicamentos y esperanza al sur del Chad, echara el freno junto a la achatada e irregular explanada en la que peloteaban con algo similar a un ovillo, para regalarles el día más hermoso de su dramática existencia.

Salimos escopetados del todoterreno con una pelota recién hinchada ante la atónita mirada de una treintena de críos que se habían quedado literalmente clavados, cual Bilozerchev, saliendo del caballo con arcos. Alguno se frotó incluso los ojos sospechando que el tracoma o esa maldita catarata que mermaba su visión por falta de higiene y antibióticos, le había vuelto a jugar una mala pasada.

Pero no. Esta vez no. El único sueño que pueden darse el lujo de tener desde que atisban la luz en uno de los rincones más míseros del planeta, estaba a pocos segundos de verse cumplido. Porque en el Chad, los balones de fútbol reglamentarios escasean tanto como los médicos. Sólo hay 200 para atender a 10 millones de habitantes. Y no son pocos los peques que se apagan por culpa de la hambruna, la sed, la malaria, la neumonía atípica o la tuberculosis sin tener siquiera la oportunidad de saborear, al menos una vez en sus precarias vidas, el tacto de un cuero de verdad.

Los niños del colegio público de la pequeña comunidad de Dogbara no sabían bien cómo reaccionar. Era como si, de repente, hubiese aparecido delante de ellos Neil Armstrong, con su traje de astronauta, para tomar posesión de la luna. No era esta la primera vez que nos enfrentábamos a tan peculiar situación. La habíamos vivido ya como cinco veces desde que la expedición partiera a primera hora desde Lai, camino de Bebedjia, el epicentro del drama humanitario que tiene en vilo a más de un millón de seres humanos por la pertinaz falta de alimentos y medicinas.

Pidale se acercó con más miedo que vergüenza portando ese extraño ovillo que resultó ser una pelotita artesanal hecha a base de calcetines. Le propusimos un cambio de esféricos y el renacuajo, embutido en una suerte de toga *a la romana* que, agudizando mucho el ingenio y la vista, se trataba en realidad de una enorme camiseta raída de la selección española, aceptó con un leve movimiento de cabeza que encendió los siemprevivas de sus amiguitos. "Bravo Casillas", le espetó Alhassane, otro jugador de futbolín que contemplaba embobado la reliquia que ya obraba en poder del meta de *La Roja* chadiana.

El pelotazo al viento no se hizo esperar. La felicidad de esa tropa inmortal de legionarios de ébano surcó el cielo junto a la redonda hasta que ésta golpeó al fin el agreste suelo. En ese preciso momento se desató una batalla sin igual entre los dos equipos más afortunados del planeta fútbol. El primitivismo del juego en su máximo esplendor. No hubo un solo *calciatore* que se resistiera a la tentación de lanzarse cual *kamikaze* a la improvisada melé para saciar su curiosidad de saber qué se siente al atizarle un buen zurriagazo, el primero de sus vidas, al regalo de Reyes que les habían hecho los cooperantes españoles.

Un irrespirable mar de polvo envolvió con su tupido manto el frenético batallar de una turba ya ingobernable en su firme propósito de conducir, al menos durante un par de segundos, el esférico en medio de un crepitar permanente de tibias, peronés y maléolos que, en otras latitudes, hubiera arrojado un parte médico con unas cuantas fracturas y lesiones tendinosas.

Pero en África y en Dogbara reina la ley del pie más robusto, más curtido y encallecido por el constante bregar sobre la tierra herida por la explotación incontrolada del petróleo y la utilización de productos tóxicos en las perforaciones. Ninguno utilizaba su nombre verdadero sobre el manto *beige,* plagado de piedras y hierbajos. Sus apodos llevaban aroma de crack: Ramos, Villa, Messi, Cristiano, Drogba, Kalunho...

A lomos del único pasatiempo que logra arrancarles una sonrisa permanente, los lanceros de Dogbara ya habían olvidado que hacía más de 24 horas no probaban bocado. "C'est fini, c'est fini", gritó a lo lejos un profesor. El *aguafiestas* no tardó mucho en explicarnos el porqué de su impopular medida tras más de una hora de guerra sin cuartel. "Es que alguno puede desmayarse por llevar tanto tiempo sin comer. Sólo lo hacen una vez al día, justo al salir de clase, a media mañana. No es la primera vez que ocurre. Pero es que jugar al fútbol lo es todo para ellos".

Por desgracia, la hambruna no es, ni por asomo, el único drama que padecen estos niños. La expoliación sistemática del suelo, amén de la tala indiscriminada de bosques para la construcción de un oleoducto de 1.070 kilómetros que conecta los campos petrolíferos de la multinacional estadounidense Exxon con el puerto camerunés de Kribi, han alterado de manera irreversible las condiciones climáticas y medioambientales del sur chadiano. "Ahora tenemos vientos huracanados que devastan poblaciones enteras. La intensa circulación de camiones por los caminos sin asfaltar levanta mucho polvo, lo que lleva a una polución atmosférica importante", nos contó Kelvin Figueroa, misionero colombiano de la orden eudista, que operaba en Beti y alrededores.

Esta suerte de *efecto invernadero* se está dejando sentir igualmente en la salud de los habitantes de zonas como Doba, Beti o Bebedjia. "Cada vez se registran más casos de enfermedades pulmonares y de cáncer, por no hablar de la contaminación del suelo que acabará afectando a las tierras de cultivo", añadía este seguidor incondicional de Millonarios y del Barça de Messi.

El motor empezó a rugir y, a punto de tomar de nuevo la vía principal en busca de nuevas pachangas, varios niños se acercaron a la ventanilla con la mano derecha clavada en el corazón: "Muchas gracias por el regalo. Nos encantó". Y a nosotros hacerlo.

4. LA RUTA DE LA CAN

"Disfruta la pasión del fútbol en el corazón de África". El lema elegido a conciencia por MTN, el mecenas más generoso de la docena que tiene la Copa de África (CAN), aparecía con enormes letras justo donde arranca la Takoradi Highway, ruta nacional que une Accra, capital de Ghana, con la ciudad de Sekondi, una de las cuatro sedes que acogieron el torneo continental en su edición de 2008.

Como si de un *moderno rey Midas* se tratara, la CAN convierte en oro todo lo que toca, y no son pocos los beneficiarios de un evento que se vive con una frenética intensidad en todos los rincones del país que tiene el privilegio y la inmensa fortuna de organizarlo.

El deporte rey es, al fin y al cabo, un dogma de fe en este continente. Tanto que si Carlos Marx hubiese nacido un siglo y medio más tarde y pudiera darse un garbeo por una Copa de África, a buen seguro que cambiaría su célebre frase de que "la religión es el opio del pueblo", por otra que dijera "el fútbol es el opio de la gente".

El coche es, después del ordenador y las cámaras, la herramienta de trabajo más preciada por los reporteros que se apuntan religiosamente, cada dos años, a esta bacanal del balón que atrae como moscas a personajes de todas las razas, colores y religiones con independencia de los kilómetros que se vean obligados a recorrer para dar apoyo desde las gradas a sus internacionales.

Hacer *carretera y manta* en lo más profundo del África Negra es adentrarse en un exuberante y colorido mundo repleto de poblaciones ambulantes que subsisten de lo que consiguen vender, al pie del ardiente asfalto, a los moradores de la ruta, cuya densidad se multiplica por cien desde el día que comienza esa peregrinación masiva rumbo a las ciudades que acogen partidos de la competición.

Si hay un denominador común en cualquier viaje terrestre por las pistas africanas es que sólo tienes claro cuándo sales. Determinar la hora de llegada sigue siendo, por estos lares, una tarea más ardua que la de acertar el pronóstico del tiempo en plena era del cambio climático. "En tres horas y media estaremos en Sekondi. La ruta es buena, así que no te preocupes que al estadio llegamos con tiempo. Disfruta del viaje", me aconsejaba Issa, el simpático conductor que me agencié para darle la vuelta al país en cuatro días.

Estoy completamente convencido de que el tipo intuía que no me había tragado el farol —al final tardamos una hora más—, pero su invitación fue realmente una tentación irrechazable en el momento en el que empiezas a registrar en el disco duro las imágenes del alucinante paisaje humano que nuestro coche iba dejando atrás en su veloz marcha. Como las señales de circulación brillan por su ausencia en la práctica totalidad del trayecto, la carretera llega a ser una trampa mortal para los que viven y hacen sus negocios en lo que un día fueron flamantes arcenes. Pero poco importaba si de lo que se trataba era de ganar algo de dinero aprovechando el regalo de clientes que les traía su amado fútbol.

Algunos se jugaban el tipo con un salto repentino al vacío que te bajaba de golpe y porrazo la temperatura del cuerpo porque, como eso del *recuerde 50* aún no estaba contemplado en el código de circulación ghanés, Issa y el resto de la *troupe* futbolera nos saltábamos esos enjambres humanos a 100 o 120 por hora, siempre y cuando no hubiera camiones por delante que obligaban al personal a ponerse durante un ratito en fila india.

El rojo, el amarillo, el verde y el negro, los colores de la bandera ghanesa, iluminaban cada rincón de una *autopista* jalonada por repentinos controles de policía. Los agentes paraban vehículos aleatoriamente y, aunque no se atrevían a decírtelo a la cara, le insinuaban al *driver* cualquier irregularidad para sacarte algunos *cedis* (moneda local) y permitir que siguiéramos adelante sin más dilación. Más duchos en la estrategia que el *Mono* Burgos, esos tipos sabían muy bien que el tiempo es oro para la Prensa y trataban de aprovecharlo.

A la altura de Brenu Aquiminu, pegamos un frenazo de mil demonios: una ingente manada de cabras, a la sazón el animal nacional del país, se tomó su tiempo para cruzar la pista mientras una legión de vendedores abandonaba la sombra de sus covachas para ofrecernos sus variopintos productos por la ventanilla.

Mientras buscaba un *cedi* para comprar una botella de agua, el tipo que nos la había ofrecido me preguntó por mi procedencia. No tardó ni un segundo en situarme en el mapa mundi por mor de su gran pasión. "¿España? Raúl, Xavi, Fábregas, Ramos... ¿Eres del Real Madrid o del Barcelona?". Antes de que encarásemos el tramo final de la jornada, se despidió con un sincero y agradecido "mi daasi" (gracias).

El peaje de Beposo, a 30 kilómetros de Sekondi, era una broma pesada que algún avispado político local se había sacado de la manga para hacer caja. El atascazo que produjo antes de alcanzar la casamata modelo socialista, donde una empleada cobraba a cada vehículo que la atravesaba cinco *pesewas* (3'5 céntimos de euro), originó un improvisado mercadillo en el que te ofrecían desde un cordero asado entero, amarrado a dos tablas de madera unidas en forma de cruz; pasando por conejos vivos, serpiente asada, huevos cocidos, fruta de todo tipo, madera, cigarrillos, bebidas… hasta pendientes, bufandas y camisetas con motivos de la CAN.

La irritación por el obligado y absurdo parón crecía entre los viajeros y algunos, hartos de esperar su turno, decidieron que aquel era un buen sitio para llenar el estómago a base de pollo con arroz, el plato nacional, aderezado siempre con *shito*, una salsa bien densa y picante a rabiar hecha de tomate, cebolla, ajo, caldo de pescado y el llamado *maggi spicy*, que era en realidad el condimento que lo convertía en dinamita pura.

El centro de Takoradi estaba literalmente tomado por numerosas furgonetas que colapsaban el tráfico a primera hora de la mañana: eran los populares *tro—tro*, que en el idioma *ga*, uno de los numerosos dialectos tribales que existen en Ghana, significa poco dinero, en alusión a lo barato que resultaba subir a bordo del medio de transporte por antonomasia de este continente. Su tarifa oscilaba entre los 5 y los 10 céntimos de euro.

El océano Atlántico apareció de repente en todo su esplendor en las cercanías de Cape Coast. La hermosa playa de Elmina conservaba aún los restos de un fuerte construido por los portugueses a su llegada a estas tierras, en 1642. Un grupo de chavales revivía sobre la arena de la playa, bajo el lema "juntos podemos conseguirlo", las hazañas que esos días protagonizaban en su terruño los Essien, Drogba y compañía.

La *Kumasi Road* estaba repleta de pequeños troncos de madera apilados a sus lados, como esperando a que algún camión pasase a recogerlos. "Se llaman *Casaba* y la gente de esta zona los utiliza para cocinar", me explicó Issa, quien me confesó sin acritud no haber oído hablar en su vida de la vitrocerámica. En frente, apostado junto a la ruta, un sujeto enclenque ofrecía su singular mercancía: siete columnas dóricas que imagino no habría llevado hasta allí él solo. La premura de tiempo me privó de saciar mi curiosidad.

La extrema aridez de la jornada anterior fue sustituida por una vegetación exuberante. Palmeras, rododendros, bambúes, timber —especie autóctona— y otros tipos de árboles jalonaron nuestra lenta marcha. "Aquí llueve mucho en mayo, junio y julio. ¿Van a ver a Camerún? ¡Qué suerte! Eto'o es mi ídolo", nos decía Jeffrey, un chaval de 13 años que se ganaba la vida vendiendo bebidas calentorras que transportaba en un cubo sobre su cabeza, cual equilibrista circense.

Lo de la ausencia de carteles indicando las distancias o la dirección hacía que la caravana de la CAN fuera un poco a ciegas. El primero que vimos en todo el recorrido a Kumasi estaba a 25 kilómetros de la capital de la región Ashanti. ¡Y ya habíamos cubierto 225! Cada tanto, nos deteníamos a preguntar si aún continuábamos en la ruta o nos habíamos salido sin enterarnos en algún cruce de caminos. Un par de veces pinchamos en hueso y tocó darse la vuelta a toda pastilla porque el fútbol no esperaba. Y es que el beneficio por llegar de los primeros al estadio no tenía precio: te asegurabas un puesto en las enanas tribunas de Prensa y un pase para acudir a la zona mixta al final del choque, evitando así las colas infrahumanas que se formaban en los descansos para conseguir la dichosa papeleta.

La carretera a Tamalé era, de largo, la peor de todas. La última sede de la Copa estaba al norte del país, en un lugar en medio de ninguna parte donde el *Lorenzo* africano se dejaba sentir con toda su furia. Las fuerzas ya flaqueaban tras cerca de veinte horas de coche en tres jornadas interminables de carretera y fútbol, pero la intensidad y emociones que proponía a cada paso el camino no permitían la relajación.

Pasado Asemossa, la rueda de un todoterreno explotó justo al adelantarnos y nos dio un susto de muerte. Hicimos una rápida evaluación de daños y comprobamos con alivio que no nos había tocado un pelo, pese al horrible estruendo. ¡Menos mal!

A punto de cruzar un raquítico puente sobre el río Pra, uno de los más importantes del país, se nos acercó al sprint un hombre de mediana edad. Lo primero que se me pasó por la cabeza fue que venía a pedirme mis ahorros, pero en realidad era el cobrador de un peaje invisible que, a tenor de la papeleta que nos entregó con el membrete del gobierno, debía andar escondido en algún recoveco de la carretera. Verlo, desde luego, nunca lo vimos.

Un sinfín de iglesias evangélicas se arracimaban en los arrabales de Tamalé, engalanadas con la enseña nacional y fotos de varios de los *Black Stars*, que compartían protagonismo con lemas como "Jesus is lord" (Jesús es el señor) o "God is so good" (Dios es tan bueno).

Dos figuras inconfundibles nos anunciaron el final de nuestra particular odisea de más de 1.000 kilómetros: el obelisco hortera que presidía la entrada al campus de la University for Development Studies y el Tamalé Sports Stadium, donde en poco más de una hora la pelota volvería a fundir en un mismo sueño a todo el continente.

5. UNA ROSA EN LA *CLOACA* DE LUANDA

Luanda, enero de 2010. Entrar en la *Lixeira* (cloaca en portugués) es como desandar el camino que durante los dos últimos siglos ha recorrido la humanidad para dignificar su existencia. O, al menos, la de algunos, porque lamentablemente hoy día sigue habiendo millones de personas cuyas condiciones de vida consiguen que uno sienta vergüenza por disfrutar de las incontables comodidades de que disponemos en esa torre de marfil que llamamos primer mundo.

Que Angola, aun siendo el primer productor de petróleo del continente negro, pertenece al último escalafón, el formado por el grupo de países en vías de desarrollo, se hace mucho más palpable al pisar el *mosseque* (favela) más grande y peligroso de su superpoblada capital. En la *cloaca*, ciudad sin ley dentro de Luanda, se apilan más de un millón de personas que viven en condiciones aberrantes. Con casas construidas a base de materiales de dudosísima calidad, sin agua, sin luz, sin aceras, con un lodo putrefacto que te llega a los tobillos después de una jornada de lluvia ininterrumpida y en mitad de un calor sofocante que produce un hedor que haría vomitar a un rebaño entero de cabras.

Fútbol que estás en La Tierra

Justo en la frontera que separa el mercado de Roque Santeiro (el segundo más grande de toda África) y el *infierno* en vida que representa la *Lixeira*, se ubica el único resquicio de esperanza de la zona: el campus de la misión salesiana. La impagable labor del Padre Stefano (italiano) y del Padre Marcelo (argentino) ha hecho posible que un grupo de 30 jóvenes estudien *on line* en una universidad brasileña, del mismo modo que hace un par de años lograron atraer la atención de uno de los grandes clubes del fútbol europeo para desarrollar un programa educativo inspirado en el deporte, que ayudara a sacar de la calle a un ejército de renacuajos. De otro modo, en un lugar como la *Lixeira*, acaban siendo antes o después presa de la droga, de las mafias o de las redes pornográficas que explotan sus inocentes cuerpos a través de internet.

El Inter de Milán aterrizó en Luanda como una ONG y se puso a las órdenes de los hermanos salesianos para dar forma a un proyecto que abarca un grupo de 200 chavales, de entre 8 y 13 años, que todas las tardes tiñen de azul y negro las dos canchas de fútbol sala de que dispone la misión. "Se entrenan con nosotros a diario, juegan los fines de semana y dejan aquí las camisetas para que las lavemos. Más que nada porque si se las llevan, lo más seguro es que no las volvamos a ver. Se las robarían", explicaba el Padre Stefano.

Gracias a sus gestiones, el club que preside el indonesio Erick Thohir supo de la obra que estaban realizando en Angola y decidió echarles una mano de forma desinteresada. "El Inter nos manda material, sobre todo ropa, algunos balones y un poquito de dinero. También nos envía instructores dos veces al año. Gente verdaderamente extraordinaria que nos ayuda muchísimo con la formación de profesores, de educadores, que es de lo que más andamos escasos y que, en el fondo, es lo que más se necesita".

Precisamente, para tratar de paliar dicha carencia mi *caro amico* Stefano Boldrini, de La Gazzetta dello Sport, sugirió a los misioneros la posibilidad de convencer a Bora Milutinovic (que por aquellos días visitaba Angola como embajador de la candidatura de Qatar para organizar el Mundial de 2022), para que visitara el campus y conociera de primera mano su fantástico trabajo. Como era de esperar, el veterano trotamundos serbio aceptó encantado la invitación de los padres salesianos para compartir durante un par de horas sus vastos conocimientos del fútbol y de la vida con un grupo de 30 instructores nativos, que lo bombardearon a preguntas desde el momento en que plantó bandera en la única *rosa* que florece en la gran *cloaca* de Angola.

Bora, el hombre más inquieto que uno pueda echarse a la cara, no se conformó con la clase teórica que dio a los profesores. Al ver la marabunta de pequeñarras que se le echaron encima en tropel, se calzó sus zapatillas y saltó a la cancha como un *menino* más. La tropa, vestida con las galas *nerazzurras* para tan singular ocasión, alucinó con la magistral lección que les regaló este filántropo de la redonda sobre el cemento.

Hasta improvisó un mini torneo de tres contra tres en el que participó tan activamente que al final el Padre Santiago tuvo que rogarle que diera por concluida la clase, ya que los niños debían marcharse a casa antes de que anocheciese en un lugar donde el infierno se cierne cuando el tórrido sol africano se esconde a la sombra del Kilimanjaro.

Antes de regresar a la civilización, *Míster Mundial* preguntó a los religiosos de cuántos balones disponían para tan numeroso grupo de alumnos. "Sólo nos quedan tres, señor Bora, y mire en qué estado se encuentran. Por desgracia, nos es imposible invertir en nuevas pelotas porque hay otras necesidades más importantes que cubrir (comida, libros o medicamentos), y aquí son carísimos, de modo que habrá que estirar su uso hasta que el Inter nos envíe material", contestó el cura argentino.

El técnico con más partidos de selecciones a su espalda (312) se mostró meditabundo camino del hotel, mientras observaba con el corazón encogido la pocilga en la que vivían esos niños. Al despedirnos, nos pidió si podíamos pasar a recogerle a primera hora de la mañana siguiente, que necesitaba nuestra ayuda para una gestión que debía realizar.

Después de subirse al Land Rover, nos dirigimos al único centro comercial de Luanda con un claro objetivo. "No es correcto que esos nenes jueguen al fútbol con esas pelotas tan viejitas. Vamos a darles una alegría, nosotros que podemos". A la empleada de la tienda de deportes se le puso cara de póker cuando Bora le preguntó cuántos balones tenía en stock. "Unos 40, más o menos", le respondió pocos minutos después tras la comprobación de rigor. "Pues sáquelos y traiga una bomba para inflarlos, que nos los llevamos todos", le soltó con la mejor de sus sonrisas el preparador balcánico.

Esa tarde, cuando los aprendices de futbolistas del Inter campus entraron por la puerta de la misión y se percataron del cargamento multicolor que llevaba nuestro todoterreno, comprendí, mientras me fijaba en sus rostros, el significado de la felicidad suprema. Se me erizó el vello viendo lo poco que cuesta hacer sonreír a un niño. Apenas seis euros, lo que costaba cada esférico en la ciudad más cara del planeta. Una miseria. Ganas me dieron de pegarle un abrazo al míster, pero me limité a secundar las voces de aquel grupito de pequeñas almas en pleno éxtasis. "Muito obrigado, señor Bora".

6. ¡COGE EL BILLETE Y CORRE!

ÁFRICA (CAMERÚN / YAOUNDÉ-GAROUA)

Yaoundé, septiembre de 2010. Quién me iba a decir a mí que salir de un lugar perdido en el Camerún más profundo me iba a costar muchísimo más que dejar atrás Bagdad, por muchos controles de seguridad (hasta 27 conté) que tuviera que pasar para escapar del corazón de la tierra de las Mil y una Noches. Pero, si hay algo que hace de África un continente diferente a los demás, es su infinita capacidad para sorprenderte. Crees que lo has visto todo después de recorrer un buen puñado de países, pero es dar el salto a otro rincón de esta tierra mágica y empezar a alucinar en colores.

No era la primera vez que tenía que *pegarme* a Javier Clemente, pero sí que lo era siguiendo sus pasos hasta un destino tan exótico y... caótico. Mientras yo volaba plácidamente de Zurich a Yaoundé, la Federación local tiraba del internacionalmente famoso artículo 33 para cambiar la sede del Camerún—República Democrática del Congo, en el que se iba a producir la puesta de largo del técnico vasco al mando de los *Leones Indomables* como local. ¡A sólo cuatro días del encuentro!

Fútbol que estás en La Tierra

La noticia, de la que supe por un taxista camino del centro de la capital, no hubiera revestido mayor complicación de haber trasladado el choque a Douala, la segunda ciudad en importancia del país. Pero la Federación Camerunesa (Fecafoot) se empeñó en rizar el rizo y llevarse el encuentro hasta la lejana Garoua, un oasis abrasivo sito en el norte del país, en la peligrosa frontera con Nigeria, de muy difícil acceso.

La jugarreta camerunesa no tardó ni media mañana en poner en pie de guerra a los *Leopardos*. Los mentores federativos del antiguo Zaire no se tragaron el cuento del mal estado del césped del estadio Nacional y elevaron una nota formal de protesta ante la Confederación Africana (CAF), al considerar que Garoua no era el mejor sitio para la disputa de un partido internacional. Razón no les faltaba porque ese lugar había sufrido un mes antes un brote de cólera que acabó con la vida de 200 personas.

Robert Nouzaret, el técnico francés de los *Leopardos*, se puso el cuchillo en la boca y atizó a diestro y siniestro por la cacicada. "Esto es un verdadero escándalo. Todo el mundo sabe que en esa ciudad ha muerto un montón de gente hace pocos días por una epidemia. Al consentirlo, la CAF está poniendo en riesgo la salud de mis jugadores y de toda la expedición. La verdad, no sé por qué esto me asombra. Lo de la CAF es para echarse a llorar. Ellos saben perfectamente que el motivo real del cambio repentino de sede fue que el presidente de la FECAFOOT es natural de Garoua y quería llevarse el partido allí. Pero a la CAF le da igual todo".

Las amargas quejas congoleñas y los bombazos de su seleccionador provocaron una batalla dialéctica entre ambos bandos, de cuya réplica fui testigo directo a la mañana siguiente mientras trataba de recomponer en el aeropuerto, junto a mi querido colega Emile—Zola Ndetchoussi, el itinerario de mi viaje y dar con la manera de alcanzar el nuevo destino. "Sus argumentos no tienen fundamento alguno, ya que ese brote del que hablan ya fue extinguido. Tampoco creo que hayan perdido dinero por las reservas de hotel en Yaoundé. La cuestión es que los congoleños no son nadie para decidir dónde se juega el partido. Nosotros también hemos escrito a la CAF para asegurarles que se han tomado las máximas medidas de seguridad para garantizar la disputa del partido sin problemas", nos espetó a una docena de periodistas el director de comunicación de la Fecafoot, Junior Binyam, a punto de partir para Garoua en el único vuelo regular que había para desplazarse allí entre semana.

Ni que decir tiene que yo también debía subirme al precio que fuera en ese aparato bimotor del Pleistoceno medio, con 30 plazas mal contadas, para poder llegar con tiempo suficiente de hacer la previa del encuentro y poder charlar tranquilamente con Javi sobre su recién estrenada experiencia africana.

A eso de la una de la tarde se me vino encima la noche al ver cómo el aparato de Air Leasing despegaba, dejándome en tierra con cara de tonto. "Lo siento mucho señor, pero no hay un solo asiento libre. Tendrá que esperar al avión del sábado", nos soltó la azafata de turno, haciendo caso omiso a nuestros ruegos primero, quejas después y casi llantos de impotencia porque ya iba a resultar imposible que llegáramos por aire a Garoua a tiempo de ver el partido, salvo que la CAF obligara a Camerún a llevarlo de vuelta a la capital.

Como era de esperar, el órgano rector del balompié africano rechazó la protesta zaireña y les instó a desplazarse hasta Garoua al menos 24 horas antes del inicio del encuentro, bajo la amenaza de dárselo por perdido y de recibir una importante sanción. La RD Congo llegaría al norte de Camerún el día previo en un vuelo chárter con todos sus jugadores vacunados, al igual que Clemente y su tropa. Y eso que no existía riesgo de contagio...

A Emile—Zola y un servidor nos costó un ratito más cubrir los 600 kilómetros que separan Yaoundé de esa decrépita e inaccesible ciudad en mitad del desierto: 19 horas en un tren destartalado, con asientos de madera y en el que no pudimos pegar ojo después de la visita en mitad de la noche de los amigos de lo ajeno, que trataron de descolgarse por la ventana que daba a nuestro compartimento en *Primera Clase*.

La paliza fue de las que hacen época. Y cuando lo que quedaba de nosotros logró hacerse con una habitación en el hotel de Camerún, el único que reunía unas mínimas condiciones de salubridad, nos juramentamos para pegarnos hasta con Roger Milla si hiciera falta con tal de regresar a Yaoundé en avión, aunque éste fuese de fabricación ucraniana y se llamase *Yakovlev*. E hizo falta. Aunque no con el mejor futbolista que ha dado Camerún en toda su historia, porque al pobre Milla también le tocó padecer en sus carnes una experiencia impagable, aunque agónica, para salir de aquella ratonera.

En las horas previas al choque, justo después de anunciar en recepción que era sobrino de Clemente porque no había otro modo de que nos hicieran un hueco, me empapé del entusiasmo de Javi mientras me contaba los avatares de su aventura camerunesa. "Lo que más me ha impresionado ha sido el hecho mismo de conocer África. La calidad de los jugadores que sacan para los pocos medios que tienen. Dónde entrenan, cómo lo hacen desde chavales. Sinceramente, en España muchos ni jugarían. Pero aquí salen porque vienen con un sacrificio enorme desde abajo, con muchas necesidades y con ganas de querer salir como sea, algo que no pasa en nuestro país. Ves los campos en los que juegan, y descalzos, en terrenos de barro... Eso en España no se conoce. Allí conocemos, por así decirlo, un fútbol más señorito que el que tienen aquí".

A los 10 minutos de cháchara me percaté de que el técnico vizcaíno había captado perfectamente que el orden de las cosas era muy diferente en esta parte del mundo. "Esto es un poco otra historia, sí. Lo que hay que entender cuando llegas es que no puedes cambiarlo todo. Tú eres el que tienes que amoldarte a su vida africana, a sus costumbres y a su fútbol. Hay unas costumbres que tienes que quitar porque consideras que son negativas, pero dentro de ellas hay cosas que, aunque a ti no te gusten mucho, debes aceptarlas porque ellos las necesitan. No se puede venir en plan europeo y decir que en África no saben nada. Hay que tener mucho cuidado con eso. Has venido, así que amóldate un poco a su forma de ser, intenta convencerles y explicarles lo que tienes que cambiar. Y en eso estoy, vamos".

La segunda pesadilla del viaje cobró forma esta vez por culpa de la avería del aparato de los congoleños. La consecuencia inmediata fue que la expedición visitante fue recolocada en los asientos que debíamos ocupar los periodistas y demás miembros de la Federación camerunesa, incluido el mítico goleador de los *Leones Indomables*.

Después de darnos con la puerta del avión en el que viajaban Clemente y sus chicos en las narices esa noche, André Nguidjol, secretario administrativo de la selección, me prometió un hueco en el avión militar que vendría a la mañana siguiente para rescatar a los Vips y al personal de la Fecafoot. Ése era el único modo de poder llegar a tiempo a mi enlace nocturno rumbo a Europa, ya que el vuelo regular de Air Leasing venía hasta los topes desde Djamena (Chad) y ni siquiera tomaría tierra en Garoua. Lo del trenecito de marras, como ya dije antes, estaba totalmente descartado.

Entre que el aparato arribó tarde y las listas de pasajeros no terminaban de casar porque seguían apareciendo nuevos *invitados*, tardé más de dos horas en conseguir mi tarjeta de embarque y poner pie en el interior del mastodóntico aerotransporte con hélices, pintado de camuflaje. Como sólo había 32 asientos decentes en la parte delantera, la *segunda clase* ingresamos por la zona de carga y nos instalamos en la bodega del avión. Teníamos que ir mezclados entre maletas, cajas de diverso tamaño y un montón de cestos de mimbre cuyo contenido no fui capaz de discernir.

Los más rápidos logramos sentarnos en la zona reservada a los paracaidistas, antes de ser lanzados al vacío. A mi lado iba Etienne Sockeng, el técnico de la sub 17 camerunesa. El hombre trataba de sonreír cuando encaramos la pista de despegue, pero su torcido gesto en realidad estaba diciendo "¿dónde narices me he metido?". No era el único.

El teniente Mvondo se coscó del miedo escénico que provocaba ir en plan polizonte, sin un maldito cinturón de seguridad al que aferrarse en caso de bamboleo —que lo hubo—, y garantizó a la concurrencia que el aparato era muy seguro, que sólo tardaríamos hora y cuarto y que lo único que íbamos a notar sería la maniobra de descenso.

Como a la media hora de vuelo apareció en el submundo del aparato el bueno de Roger Milla. La leyenda de los *Leones Indomables* había venido supuestamente a saludar al personal, pero acabó tomándonos el pelo cuando vio que aquello parecía un mercadillo cutre de Pekín.

Coger ruta sin sobresaltos tranquilizó al pasaje y, mientras unos prefirieron dormir para olvidar dónde se encontraban, otros nos sumergimos en la lectura o en visionar una película en el portátil para pasar el rato.

De vez en cuando, Mvondo, el hombre encargado de controlar que no nos apoyásemos sin querer en una de las mil palancas que había alrededor y preparásemos la de San Quintín, se subía sobre el equipaje y aseguraba los correajes, no fuera a ser que al tomar tierra se nos viniese esa tonelada de carga encima.

El avión se puso a hacer el pino de sopetón y más de uno se encomendó a los santos como si aquello fuera el acabose. Aferrados a la camisa o chaqueta del vecino, tomamos tierra en medio de un estallido de júbilo que nada tuvo que envidiar al que provocó el histórico gol de Iniesta a Holanda. Qué quieren que les diga. ¡This is África!

7. MARFIL A TODA COSTA

La magia del balón consigue que millones de niños marfileños se levanten cada mañana y salgan a la calle con una obsesión metida entre ceja y ceja: ser el Drogba, Yaya Touré o Salomon Kalou del mañana. No hay un solo chaval en Abidjan, Bouaké, Kohrogo o Yamoussokro que no sienta absoluta devoción por un deporte que se ha convertido en el *leit motiv* de su existencia, en el único pasaporte viable para hacerle la *bicicleta* a su trágico y despiadado destino, ése que habla de una vida por debajo del umbral de la pobreza y una esperanza de vida torpedeada de continuo por enfermedades letales como el SIDA, el ébola, la fiebre amarilla o la malaria.

A pesar de que la escolarización en la patria de los elefantes se sitúa un par de puntos por encima de la media del África Occidental, los más pequeños prefieren invertir su tiempo en armar improvisados partidillos en plena calle para seguir cultivando su gran pasión y estar algo más cerca de esa ansiada meta que por ahora sólo conocen a través de la televisión. La *caja tonta* es un vínculo indispensable que les conecta con ese otro universo lujoso y lleno de recursos en el que esperan aterrizar cualquier día de estos ligeros de equipaje, pero con su talento e intrepidez listos para regalar nuevas alegrías al club que haya decidido confiar en ellos.

Cada esquina, cada calle, cada distrito, cada barrio tiene alma de potrero. En todos ellos se curten a cualquier hora del día una legión insaciable de chavales dotados de un increíble potencial futbolístico. La mayoría son diamantes en bruto, sin pulir, a la espera de ser detectados y trabajados.

Basta con darse un garbeo por el céntrico Boulevard Abrohour o por Yopougon, dos de las áreas más populosas del centro de Abidján, para comprender por qué este es el lugar de todo el continente negro del que salen más futbolistas rumbo al primer mundo, o cuando menos al segundo. "El nivel técnico en general es aún más alto aquí que en Brasil, para que se haga una idea. Lo único que falta es una mejor calidad de la formación para encauzar todo ese talento innato que tienen nuestros chicos", me contaba Guillaume Kouakou, periodista del *Soir Info* con el que he compartido unas cuantas batallitas en las Copas de África.

El goteo constante de ojeadores, en su mayoría franceses y belgas por aquello del idioma, a la caza y captura de nuevas perlas, ha motivado estos últimos años la aparición de un amplio ramillete de centros de formación, de toda suerte y condición, que atraen a sus filas manadas de chicos de todas las edades con el fin de canalizar, en la medida de sus posibilidades, el talento que atesoran a la espera de que aparezca algún club que sepa compensar debidamente sus esfuerzos diarios.

La herencia francófona se deja sentir claramente en la organización de estas academias, más allá de los medios con que cuenten y de la cantidad de francos CFA que tengan de presupuesto. "Lo que tratamos es de que todos los chavales cuenten con un lugar fijo en el que puedan entrenarse e ir formándose. Cada día vienen niños nuevos a probar con nosotros. A veces los traen chicos que ya están con nosotros. Otras vienen de oídas y también tenemos algunos que captan nuestros ojeadores, que se pasan el día dando vueltas mirando los partidos callejeros que se montan por los barrios de Abidjan". La explicación me la dio Daniel Kouaho, presidente del Rivas FC, sin duda el centro de formación mejor estructurado en todo el distrito de Niangon, en el extrarradio del gigantesco conurbano que es, hoy día, la vieja capital del país.

Propietario de una agencia de viajes, Kouaho se las ingenia para conseguir ayudas de donde puede, aunque eso no baste para cubrir los gastos que acarrea mantener a flote esta nave fundada en 2007 e integrada por unos 60 chicos, de edades comprendidas entre los 12 y los 21 años. "Los mayores pagan una pequeña cantidad, a modo de cuota, para los transportes cuando vamos a otra zona de la ciudad a jugar amistosos con otras academias. Por suerte, los padres Amigonianos que viven en Niangon nos dejan utilizar un campo de hierba que tienen en sus terrenos, a cambio de entrenar a los chavales que están internos en la misión y que aprenden diferentes oficios".

El Rivas sólo disponía de un técnico, que trabaja con toda la tropa dos días a la semana, por espacio de tres horas, desde bien temprano para evitar el calor y la altísima humedad reinantes por estos lares. La mayoría de los jugadores no tiene botas y usa zapatillas de rejilla de plástico, una auténtica tortura para cualquier canterano de un club europeo. No así para estos gladiadores de técnica impoluta que revientan el único balón de que disponen con la pierna que sea. "Su primera reacción, por instinto, es controlar siempre el cuero y conducirlo antes de soltarlo. Cuando llegan están muy verdes tácticamente, les cuesta bastante combinar la velocidad mental y la de ejecución, en especial cuando les presiona un contrario. Pero a medida que pasan las semanas mejoran rápido y crecen una barbaridad".

El ASEC Mimosas es la escuadra más poderosa del país. Campeón de la Champions africana en 1998, la Asociación Deportiva de Empleados de Comercio de Abidján no sólo presume de tener el mejor centro deportivo de Costa de Marfil. También ejerce de ángel custodio del considerado mejor centro de formación de futbolistas de todo el continente.

Su historia arrancó en 1993 cuando el ex internacional francés Jean—Marc Guillou convenció a Roger Ouégnin, presidente del ASEC, para que adquiriera unos terrenos baldíos en la zona de Cocody, donde construir un gran centro que albergara a la flor y nata de ese ingente ejército de niños que pasean a diario su talento por las calles de la capital. *Sol Beni*, la espectacular casa del ASEC al borde de la laguna Ébrié, nacía un año más tarde y con ella de la mano la academia MimoSifcom, que desde muy pronto se convertiría en la cuna de algunos de los mejores futbolistas que ha dado nunca esta antigua colonia francesa.

Guillou, un auténtico visionario en materia de *scouting*, fue el gran artífice de las primeras promociones, a las que puso nombres de futbolistas míticos como Puskas, Johan (por Cruyff) o Pelé para motivar a sus pupilos. De ellas saldrían futuras estrellas de la talla de Yaya y Kolo Touré, Salomon y Bonaventure Kalou, Bakari Koné, Romaric, Eboué, Boubacar Sanogo, Aruna Dindane, Yapi Yapo, Boka, Tiéné, Gervinho, Ya Konan, Copa Barry, Ikedia...

David Ruiz de la Torre

Desde su fundación han sido más de 50 los jugadores surgidos de esta suerte de Masía a la marfileña que han enfilado rumbo a las principales ligas europeas. Baste decir que en el Mundial de Sudáfrica once de los 23 *elefantes* convocados por Sven Goran Eriksson habían echado los dientes en las impolutas canchas del *Sol Bendito*.

Bajo el lema *Les enfants s'amusent* (Los niños se divierten), 25 chavales de entre 11 y 17 años trabajan duro desde las seis y media de la mañana para poder alcanzar la meta deseada mientras los retratos de sus modelos—ídolos les vigilan atentamente desde las paredes del aula donde se instruyen para la vida. Sus dos recreos diarios son, en realidad, sesiones de entrenamiento en las que sus técnicos van puliendo sus extraordinarias cualidades en aras del colectivo. Todos están en régimen interno, teniendo como único día libre el domingo, que aprovechan para ir a ver a sus familias, si es que viven en Abidján.

"Tenemos chicos de todo el país y también alguno del extranjero. Nuestra red de ojeadores ha ido creciendo y en la actualidad hacemos seguimientos en ocho países del África Occidental. Los que son seleccionados para formar parte de nuestra academia no tienen que pagar nada. Nosotros nos hacemos cargo de todos sus gastos", me contó Benoit You, director de marketing y comunicación del ASEC, durante mi visita a esta fábrica de artistas de la redonda.

Mantener una estructura deportiva a la europea en mitad del continente negro requiere de un esfuerzo económico significativo. "El presupuesto global del club es de 2'5 millones de euros anuales. El grupo Sifca, uno de los más importantes en industria agraria de toda África, cubre gran parte del coste de la academia, que asciende a medio millón. A partir de ahí, hay que buscar otras fórmulas de financiación".

Ese es el principal motivo por el que decidieron asociarse desde sus inicios con clubes del primer mundo, a la sazón grandes beneficiarios de esta inagotable mina de diamantes, pero también el trampolín idóneo para darse a conocer en esos poderosos acorazados que son los campeonatos de Inglaterra, España, Alemania, Italia o Francia. "Hasta 2006 tuvimos un convenio con el Beveren belga, donde debutaron los hermanos Touré, Eboué, Copa, Romaric, Boka, Gervinho... Hubo un partido en el que los once futbolistas que alineó el Beveren ¡eran de nuestra academia! Ahora trabajamos con el Charlton inglés y también hacemos cosas con el Feyenoord Fetteh de Ghana".

La École Étoile Filante (EEFA) apadrina a una cincuentena de niños en la céntrica barriada de Adjamé. En realidad, utilizar la palabra academia en este caso se antoja excesivo. La anarquía reinaba sobre la amplia explanada de tierra, salpicada por hierbajos, en la que una turba incontrolable de peloteros se bate el cobre religiosamente todas las tardes, sin fiestas que guardar.

El espectáculo visual no tuvo desperdicio, ni dentro ni fuera de los límites imaginarios de la cancha. Un adolescente, al que todos llamaban *entraîneur*, parecía un guardia de tráfico superado por el aluvión de coches en hora punta. Las imbatibles vendedoras, siempre con su variopinta mercancía sobre sus cabezas, se movían como pez en el agua en busca de nuevas *víctimas*, al tiempo que miraban de reojo la maña que le ponían a eso de dar patadas a una pelota los embriones de crack.

Más allá de la diferencia de estatura, el grupito de renacuajos estaba cortado por el mismo patrón: cintura de trapito, piernas de una finura casi extrema y una sonrisa infinita mientras disfrutaban de lo lindo haciendo *caños*, tirando faltas, *matando* en seco un balón, corriendo sin parar a la caza de su mejor *amigo* o celebrando por todo lo alto un gol en una portería imaginaria sujeta al suelo por un par de ñascos. Poco o nada importaba su procedencia religiosa (había cristianos y musulmanes) o su etnia tribal (en un mismo equipo se juntaron hausas, akán, kru y malinkés), porque el balompié no hace distinción alguna. El talento es el único valor que determinará el destino final de esta camada de fervientes amantes de la redonda en estado puro.

La inmensa totalidad se hace llamar por sus apodos, que suelen ser de futbolistas famosos, caso de Dinho, Abidal, Bosingwa, Kakà, etc. No así Mohamed Oura. Este niño de 12 años, nacido y criado en Yopougon, a sólo tres manzanas de la casa donde vio por vez primera la luz Didier Drogba, dibujó con su pierna izquierda arabescos que con sumo gusto habría firmado más de un profesional de la Liga española.

Su vida estaba llena de carencias y precariedades, como la de casi todos sus colegas de pachanga. Pero a Mohamed le tocó la lotería al nacer con unas cualidades que, una vez pulidas, podrían llegar a convertirle con el tiempo en una versión actualizada e incluso mejorada de Gervinho. Mientras llega ese momento, no le queda otra que remar contra corriente ante la cruda realidad que le rodea.

Su jornada arranca a las seis de la mañana, hora en la que se levanta de la habitación que comparte con sus siete hermanos varones y tres niñas más para ir a la escuela de Treichville, que no queda precisamente a la vuelta de la esquina. "Tardo más de una hora en llegar a clase porque mi colegio está a diez kilómetros de casa, así que voy y vuelvo corriendo. No me importa porque me sirve como entrenamiento para jugar al fútbol", me dijo el renacuajo en un francés bastante precario, puesto que se manejaba con su familia y amigos en baulé, el dialecto más hablado en la capital económica del país.

    El pollo frito con arroz y una masa insípida hecha a base de trigo, llamada *kanka*, era su perenne dieta alimenticia. El escueto salario de su padre (rondando los 30 euros mensuales), camionero de profesión, no daba para florituras con doce personas viviendo en casa, y eso que su madre elevaba un poquito los ingresos de casa vendiendo los pendientes, collares y otros artículos artesanales que ella misma hacía a mano en el Marché Central de Abidján. "Mi casa es pequeña, pero al menos tenemos. Otros compañeros del colegio viven en chozas. Yo no me quejo. Vivimos bien", matizaba Momo, quien me aseguró haber venido al mundo con esférico incorporado en el pack. "Es lo primero que recuerdo. Yo creo que siempre he jugado, que nací sabiendo jugar. Nunca me despego del balón. Es mi mejor amigo". Dos millones de niños piensan exactamente lo mismo en este paradisiaco reino del fútbol callejero.

8. AL ESTADIO EN EL CAMAROTE DE LOS MARX

Ir a ver un partido de fútbol en Bamako y no hacerlo a bordo de un *Dourouni* es como no haber estado en Mali, que diría mi querido amigo Gonzalo, todo un prócer en este tipo de saraos. Y nunca mejor dicho, porque la experiencia de ir montado en esas diminutas furgonetas de color verde, en las que nunca se cuelga el cartel de "no hay billetes", por más que su interior parezca la versión afro del camarote de los hermanos Marx en *Una noche en la ópera*, apenas tiene parangón con el buen puñado de peripecias que me ha tocado vivir como reportero en la Copa de África.

Olores intensos, apreturas y golpes que ni el mismísimo Paul Newman hubiera sido capaz de soportar de haber rodado ahí dentro *El castañazo*, frenazos en seco *a lo Fitipaldi*, el *alter ego* de Stoitchkov dándote pisotones a traición al menor descuido, un tipo haciendo malabares con una pieza de carne asada que se había empeñado en colocar entre los veintitantos que, aún hoy día no sé cómo, fuimos capaces de hacernos un huequito en el interior de la hispánica furgoneta, llamada *Dourouni* en lengua bambara y *SOTRAMA* (Sociedad de Transportes Malienses) en francés.

Fútbol que estás en La Tierra

Aunque en todo el África subsahariana es una larga tradición llenar el depósito con el motor en marcha, en nuestro caso concreto fue una necesidad provocada por un misterioso fallo en el *empaque de cabezote* (sigo sin saber lo que es) de aquella chatarra andante que nos sumía en un traqueteo infernal cada vez que aflojábamos la marcha para tratar de ingresar en el libro Guinness de los récords con un nuevo pasajero, o respirar de alivio si alguien se tiraba del barco.

A decir verdad, me alegro de que nuestro *Fiti* no apagara nunca la llave de contacto, porque de lo contrario nos hubiera tocado bajarnos y empujar para no quedarnos tirados a mitad de camino del estadio *26 de marzo*, donde tres horas más tarde las *Águilas* tenían una cita con la historia: pelearían a vida o muerte con Camerún por meterse en una final del más genuino de los torneos continentales de selecciones por primera vez en la historia.

A eso de las cuatro de la tarde, justo cuando Nigeria y Senegal iniciaban su guerra particular en el Modibo Keita, el más vetusto de los dos coliseos de la capital maliense, llegué a la céntrica Avenue de la Indépendance con la intención de conseguir una plaza en uno de los miles de *Dourounis* que circulan a diario por las calles de Bamako.

Ni se me pasaba por el disco duro que dar el célebre saltito en marcha al interior de uno de esos minibuses destartalados iba a resultar tan complejo. Parecía como si la mitad del país (más uno, yo) hubiera decidido utilizar el mismo medio de locomoción para ir al fútbol. Tanta peña había que me tocó esperar cerca de 20 minutos hasta que pude meterme *a capón* en uno de los más pequeños. No quedaba otra porque el tiempo se empezaba a echar encima y las hordas iban en aumento.

Mahamadou, el cobrador del *Dourouni*, me dio un respiro antes de pedirme los 100 francos CFA que costaba el trayecto, una miseria que no merece la pena ni pasar a euros. Pero me cosqué rápido que tampoco tenía otra alternativa porque la avalancha humana que nos había llevado prácticamente en volandas hasta el interior de la *furgomierda* le dejó al pobre medio *groggy* en el fondo.

La alarmante falta de aire retrasó más de la cuenta su despertar, así que pasó casi un cuarto de hora antes de verle de nuevo funcionar a pleno rendimiento en su durísima e ingrata labor, siempre entre empujones, frenazos y acelerones con mala baba del piloto frustrado de rallies que teníamos por conductor.

"No pasa nada. Ya estoy acostumbrado a viajar con mucha gente", me espetó cuando me interesé por sus niveles de oxígeno. Y como para justificar su respuesta, empezó al momento a pregonar con un pie colgado en el vacío el destino final de la *furgo*. A todo esto, el chófer, de cuyo nombre prefiero no acordarme, no se dio por vencido en su reto personal de meter a más pasajeros que nadie en un *Dourouni* porque cada vez que, ingenuo de mí, pensaba que era imposible subir a más gente, volvía a meter otro frenazo en seco y Mahamadou, echándole mucho rostro al asunto, nos pedía que sacásemos las piernas por las ventanillas para hacer sitio a los recién llegados.

El incesante gentío que inundaba la carretera me obligó, junto a varios compañeros de fatigas igual de hechos polvo por los vaivenes del viajecito, a bajarme un buen trecho antes de alcanzar el nuevo estadio nacional. No sólo llegué con tiempo suficiente para ver desde el primer minuto cómo Mboma y Eto'o hacían añicos el sueño de dos jovencísimos Mahamadou Diarra y Seydou Keita junto al de 14 millones de compatriotas.

Fútbol que estás en La Tierra

También fui testigo de un episodio surrealista que dio la vuelta al mundo y que dejó muy tocada la imagen del torneo africano a nivel internacional.

Tommy Nkono, que entonces hacía las veces de entrenador de porteros de los *Leones Indomables*, fue acusado de arrojar un *gris—gris* o amuleto de la desgracia en el interior de una de las porterías durante el calentamiento previo a la semifinal, la que aparentemente iba a ocupar el combinado local al inicio del choque. El mítico cancerbero de Camerún en el Mundial de España—82 fue sacado a empujones del césped, arrastrado y esposado por una decena de policías malienses, que lo encerraron en un vestuario pese a las furibundas protestas de la delegación forastera.

Sólo la intervención del ministro de Deportes de su país, presente en el palco de autoridades, y de un alto cargo del gobierno maliense hicieron posible su puesta en libertad al poco de concluir el encuentro. La CAF haría caso omiso a las alegaciones presentadas por el bueno de Tommy y le suspendió un año de cualquier actividad vinculada con el fútbol por "prácticas desleales hacia el rival". Nkono, a la sazón elegido en dos ocasiones mejor jugador de su continente, no daba crédito a lo sucedido. "Nunca he pasado tanta vergüenza en un campo de fútbol. Fue como si a Platini le hubieran pegado una paliza en un estadio de fútbol de Europa". Inconcebible, que diría el gran Vicini. Sí, el de *La princesa prometida*.

9. LOS NIÑOS DE LA GUERRA VAN AL MUNDIAL

Bosnia Oriental, noviembre de 2013. Puede resultar paradójico a tenor del inmenso dolor que ha engendrado esta tierra durante el último siglo, pero reconozco sin ambages que existen muy poquitos lugares en el mundo que me fascinen tanto como Los Balcanes.

No sé muy bien si es por la dramática belleza de sus paisajes, el heroico estoicismo de sus gentes, el rancio aroma de buena parte de sus construcciones, o por el hecho de sentir que los índices de adrenalina se te disparan al contacto con un aire tenso, enrarecido por un cúmulo interminable de cuentas pendientes aún por saldar. Posiblemente sea un compendio de todo eso. La cuestión es que cada vez que penetro en sus dominios y husmeo en sus cimientos concuerdo un poquito más con el diagnóstico que de ellos hizo el periodista americano Cyrus Leo Sulzberger, hace ya unas cuantas décadas. "Es una península poblada por gentes despiertas que comen alimentos picantes, beben licores fuertes, lucen ropa llamativa, aman y matan con facilidad y tienen un talento espléndido para iniciar guerras. Occidentales menos imaginativos los miran de arriba abajo con secreta envidia, mofándose de sus pretensiones. Carlos Marx los llamaba *basura étnica*, pero yo, como un chico andariego a los 20 años, los adoro".

La guerra de Bosnia (1992—1995) cercenó para siempre la infancia de Sejad Salihovic, Ermin Bicakcic, Miroslav Stevanovic, Miralem Pjanic y Vedad Ibisevic. Obligados a abandonar sus hogares y seguir los pasos de sus respectivas familias en busca de un futuro alejado de la intolerancia, las bombas y los francotiradores, estos cinco niños podrán echar, al fin, este verano el candado a esa dolorosa etapa de sus vidas en la que se vieron privados del placer de correr detrás de una pelota junto a sus amiguitos, soñando con lucir algún día la camisola de su selección en una Copa del Mundo.

No será con la de Yugoslavia, la patria que les vio nacer, sino con la de Bosnia—Herzegovina, una nueva nación surgida de las cenizas, el drama y cientos de miles de muertes que tendrá el honor de ser la única debutante entre las 32 escuadras participantes en Brasil 2014.

Las aldeas de donde proceden estos cinco legionarios de la redonda, fueron de las primeras en sufrir los efectos devastadores de un conflicto que enfrentó encarnizadamente a vecinos y amigos por unas lealtades estrechamente ligadas a sus ancestros y a la religión. La ciudad de Zvornik fue el epicentro de la ofensiva inicial del entonces ejército federal yugoslavo contra sus defensores bosniacos o musulmanes, y también el escenario del primer episodio de *limpieza étnica*: asesinatos masivos llevados a cabo por fuerzas paramilitares serbias y por los temidos *Tigres* del sanguinario comandante Arkan.

Casi dos décadas han pasado ya desde que el Tratado de Dayton diera por concluida oficialmente una lucha que se cobró más de 100.000 vidas y dejó dos millones de desplazados.

Salihovic, Bicakcic, Pjanic y Ibisevic, musulmanes todos ellos, fueron parte de esa dolorosa diáspora que les llevó desde sus terruños hasta Alemania, Luxemburgo, Suiza y Estados Unidos. Stevanovic, de origen serbio, fue el único que permaneció junto a sus seres queridos en su hogar durante toda la guerra.

Volver a las raíces y recuperar el tiempo perdido no ha sido un ejercicio sencillo, ni siquiera para quienes les sonrió la fortuna gracias a su talento con un balón en los pies. A Sejad Salihovic le costó 17 años desandar sus pasos y pisar otra vez las calles de Gornji Šepak, el pueblito de bolsillo que cabalga sobre una loma donde vivió los ocho primeros años de su existencia, hasta que las crecientes tensiones étnicas forzaron a Ismet y Fadila, sus padres, a hacer las maletas. Los Salihovic fueron deportados a Subotica, en el norte de Serbia, junto al resto de musulmanes de la aldea. Desde allí, emprenderían un largo y duro peregrinaje hasta llegar a Berlín.

La familia del exquisito volante zurdo del Hoffenheim todavía reside en la capital germana, pero al menos tres veces al año visita este pintoresco lugar a pocos kilómetros de Zvornik. "El ejército yugoslavo y las milicias nos obligaron a marcharnos de aquí. Nuestras casas fueron ocupadas por serbo bosnios, como en los pueblos de alrededores. Hoy apenas viven 150 personas, cuando en 1991 éramos unas 5.000", contaba Mirsad Mehmedovic, el mejor amigo de Sejad, al que no volvería a ver hasta 2009, cuando el internacional bosnio regresó por primera vez al lugar donde nació. Ahora han retomado esa vieja camaradería que se afianzó gracias a un balón en el patio de la escuela de Jedinstvo Rocevic.

"Nos conocíamos de jugar al fútbol en el campito que hay frente al bar del pueblo. Yo iba a cuarto grado en la escuela y él, a primero. En Tercero fue cuando se marchó con su familia. Pese a todos los años que pasaron, Sejad siempre soñó con volver al lugar donde están sus raíces. Por eso cuando viene se le nota feliz. Le encanta estar aquí, disfrutar de la tranquilidad de la montaña".

Salihovic terminó recientemente de construirse una casa nueva, que está al lado de la de su tío. Un par de farolas con forma de esférico presiden la entrada principal. Como no podía ser de otra manera. "Estuvo aquí por última vez justo cuando finalizó la obra. Llegó con su novia y fue todo un acontecimiento, como siempre que nos visita. Suele quedarse tres o cuatro días, aunque le gusta hacer escapadas a Tuzla o Bijeljina, las ciudades más grandes de la zona, para hacer shopping".

La mayor tara que dejó la diáspora en Sejad, según relata su colega parlanchín, es que "se olvidó de hablar nuestro idioma. Aunque tenía ocho años cuando se fue, el trauma que supuso para toda la familia tener que huir de aquí hizo que el alemán se convirtiera en su único idioma cuando se instalaron en Berlín. Fue como si quisieran borrar todo el dolor de lo que estaba ocurriendo en nuestra tierra. Luego se pasó cuatro años en una academia junto a su hermana, y eso tampoco le ayudó".

El no entender ni papa de lo que se cuece en el bareto—tienda de Gornji Šepak, regentado por un descendiente directo de Friedrich Engels, no es óbice para que Salihovic saque a pasear su lado más solidario en una tierra donde la crisis se instaló hace años para no marcharse.

Durante su última visita, supo de los problemas de subsistencia que tenía el equipo de Branjevo, el pueblo que está al pie de la colina, y no dudó un segundo en ayudarlos. Donó 3.000 euros y camisetas del Hoffenheim para los niños, además de sufragar los gastos para la construcción de un nuevo vestuario.

"Lo más bonito de su gesto es que en ese pueblo viven refugiados serbios de la guerra, casi todos desplazados de otras zonas", cerró Mehmedovic con su imbatible sonrisa antes de despedirnos junto al cartelón de entrada a la villa.

Diez minutos de vértigo por una carretera en zig—zag, que mi *cuate* Mirko Milosevic serpenteó como si estuviera buscando la *pole* en Montecarlo, y nos plantamos en Kozluk, otro pueblo—oasis en la ruta que une Bijeljina con Zvornik. Pocos son los lugareños que se acuerdan en este lugar de Ermin Bicakcic. Sus padres, Salko y Jasmina, se trasladaron allí desde Zvornik al poco de nacer el hoy defensa central del Eintracht Braunschweig.

Pensaban que en el segundo piso del único edificio alto que existe en la Podrinska Uliça (calle), al pie mismo de la carretera principal, verían pasar la vida mientras crecía el pequeño Ermin. Empero, la guerra cambió para siempre la historia de los Bicakcic. En el verano de 1992 iniciaron su particular anábasis, que les llevó primero a Loznica, luego a Sabac, después a Subotica y, finalmente, a Alemania.

El zaguero de la selección bosnia no ha querido retornar nunca al lugar en el que echó los dientes. Apenas pisa Sarajevo y Zenica, donde el equipo nacional suele jugar sus partidos internacionales. Sus progenitores sí que lo hacen, pero a cuentagotas. Tiene su lógica. Apenas queda ya nadie de sus viejas amistades y los parientes más cercanos viven ahora en Tuzla.

Femka Brilic es una de las pocas excepciones. La otrora mejor amiga de su madre, emprendió hace unos años el camino de vuelta y nos sirvió de guía para dar fe del legado de los Bicakcic en esta micro ciudad de 4.000 habitantes, cifra que doblaba con ganas antes de que las armas resonaran con fuerza en Los Balcanes. "Los padres de Ermin vienen una vez al año, más que nada para comprobar que todo está en orden. El piso y la tienda de pescado, justo delante de su casa. Aunque la mayoría de los que vivimos aquí ahora somos musulmanes, Salko y Jasmina no se animan a mudarse definitivamente. Están a gusto en Alemania, donde además tienen cerca a su hijo. Ojalá le vaya bien en el Mundial", sentenció juntando las manos a modo de plegaria mientras posaba delante de la mezquita de Kozluk.

Trsic es el último núcleo urbano que te encuentras antes de alcanzar Zvornik, el centro neurálgico de esta hermosa región bañada a ambos lados de la frontera por el río Drina. En una bonita casa de dos plantas residen todavía Goran y Dana Stevanovic, los padres de Miroslav, el interior diestro del Sevilla, cedido por los hispalenses en el Deportivo Alavés.

Goran, su padre, nos recibió con un cálido abrazo antes de mostrarnos, a escasos 200 metros de su casa, el campito en el que *Miro* dio sus primeras patadas a un balón. "Al estar pegadito al colegio, se pasaba allí horas y horas jugando. Era su droga. Estudiar no le gustaba mucho, aunque se esforzó en sacar adelante el bachillerato. Era un buen chico, nunca dio problemas. Responsable y educado con los demás. Esos valores siempre se los inculcamos en casa".

No tardaron demasiado en percatarse que el fútbol iba a ser su forma de ganarse la vida. "Cuando arrancó en el Drina Zvornik ya destacaba, pero tampoco es que tuviéramos grandes expectativas hasta que a los 15 años, le llamaron para jugar con una selección serbo bosnia. En ese torneo había ojeadores del Estrella Roja y de la Vojvodina. Ambos equipos lo querían fichar. Optamos porque fuera al segundo, ya que Novi Sad nos queda a 150 kilómetros, más cerca que Belgrado".

David Ruiz de la Torre

Aunque el volante internacional bosnio nació en Loznica, su familia vive desde hace más de dos décadas en Trsic, de donde no se movieron durante la guerra. El hecho de que fueran serbios era, en esos tiempos, una especie de salvoconducto que les daba tranquilidad. "Hubo vecinos musulmanes que decidieron marcharse a otros lugares por temor a posibles represalias, pero la verdad es que este fue un lugar tranquilo durante la guerra, salvo al principio", confesaba el patriarca de los Stevanovic.

Pese a que algunos bosniacos han acusado al alavesista de no sentir la camiseta que lleva, Goran aseguró que *Miro* "está orgulloso de jugar para Bosnia, que es ahora nuestro país. Él ha hecho todas las inferiores, nunca le llamaron de Serbia, así que no entiendo esos comentarios. Para mí y para la gente del pueblo es un gran orgullo que juegue con Bosnia y que pueda ir a Brasil". Y claro está, su familia iría detrás. "Ojalá podamos viajar allí. Eso querrá decir que Susic convoca a Miroslav". Según partíamos y para cumplir con la tradición, Goran nos conminó a brindar porque se cumplan esos deseos con un vaso de *rakja* de 80 grados. De un trago. ¡Trilita pura!

Antes de adentrarnos en el corazón de la región de Vlasenica, hicimos un alto en el Gradski stadion, el vetusto feudo del FK Drina Zvornik. Mirko, que trabaja para la Federación serbo bosnia (el país está dividido en dos entidades autónomas a nivel político: la llamada República Srpska, con capital en Banja Luka, y la Federación Bosniaca, con sede en Sarajevo), tiene su oficina allí. Conoce a *Miro* desde que era un chiquilín. Aún conserva incluso su primera ficha como jugador del FKDZ, que me enseñó orgulloso. "Es un jugador excelente. Estoy seguro que al final va a explotar en la Liga española", añadió.

Fútbol que estás en La Tierra

Sobre el maltratado césped nos aguardaba otra de las personas que asistió en primera fila al despegue futbolístico de Stevanovic. Aco Kostic, su primer entrenador, resultó determinante en su evolución como jugador. "Miro llegó aquí con 12 años y estuvo conmigo las tres temporadas que militó en el club. He de decir, en primer lugar, que es una grandísima persona. Como jugador es muy completo, con una excelente técnica. Es, sin duda, uno de los más talentosos que han salido de nuestro club. Un chaval ejemplar, un calco de su padre. Me siento muy orgulloso de haber sido su entrenador. La ciudad entera lo está. Ojalá le veamos en Brasil. Se lo merece", sentenció este ex profesional durante 20 años en el Loznica y en el Drina, donde llegó a coincidir con el padre de nuestro siguiente objetivo, Miralem Pjanic.

Aterrizamos en Kalesija tres cuartos de hora después con un hambre de mil demonios. La vida en esta localidad de población mayoritariamente islámica no gira en torno a la mezquita, ni al Centro de Refugiados, ni tan siquiera al inmenso cementerio que colgó el cartel de lleno durante la guerra. Aquí la ley la impone una mole de cemento que esconde tras sus muros una superficie rectangular cubierta por una hierba poco cuidada: el estadio del FK Bosna.

La culpa de este sacrilegio la tiene, en esencia, un mocoso que escapó de las balas y del fuego indiscriminado de los morteros enemigos para convertirse, con el pasar de los años, en una estrella mundial del balompié. "Hablar de fútbol en Kalesija es hacerlo de la familia Pjanic. El padre y el tío de Miralem jugaron en el Bosna. Quince de sus parientes cercanos han sido o son aún jugadores, pero ninguno se puede comparar con Miralem. Es el icono de nuestra ciudad. Nuestro Messi. Recuerdo que cuando le marcó al Real Madrid un gol de libre directo en la

Champions, con el Lyon, la gente empezó a pegar tiros al aire. Todos le adoran". Fahrudin Sinanovic, periodista del *Dnevni Avaz*, la gaceta local, nos introdujo con esa anécdota en el mundo más íntimo y desconocido del crack de la Roma, al que se rifa media Europa.

Después de saciar nuestro apetito a base de *Borec*, una *serpiente* de hojaldre rellena de carne, el eficiente Fahrudin tomó el mando de la expedición y abandonamos el centro del pueblo para dirigirnos a la parte oeste de Kalesija, donde el amplio clan de los Pjanic fue hasta no hace mucho tiempo el dueño *de facto* de un distrito entero.

La casa de Miralem apareció nada más superar la rotonda que marca el inicio de una barriada conocida con el nombre de *Pjanici* (de los Pjanic). De allí huyeron sus padres rumbo a Luxemburgo siendo él un renacuajo, poco antes de que estallara el conflicto armado. Y allí permanece como un símbolo perenne de la tragedia un cementerio en el que el 70% de las tumbas llevan su apellido.

Entramos en el bar donde el futbolista más talentoso del combinado bosnio suele parar cada vez que regresa a casa y nos topamos con una sorpresa mayúscula. "Les presento a... ¡Miralem Pjanic!".

La risotada de nuestro guía al ver mi incrédulo gesto fue de época. Aquel tipo, evidentemente, no era ni por asomo el astro romanista, aunque lo atestiguara su documento de identidad. En realidad, era el imán de la mezquita del distrito. "No somos parientes directos, aunque sí buenos amigos, pero la coincidencia ya me ha generado situaciones muy divertidas, en especial con las mujeres, que me traen flores y me hacen regalos creyendo que soy él", nos contó este simpático sacerdote musulmán, nacido justo una década antes que el *auténtico* Miralem.

Fútbol que estás en La Tierra

El doble de Pjanic era un foco inagotable de chismorreos y nos confesó sin acritud que "Miralem estuvo cerca de fichar por el Atlético de Madrid el otro verano. Su padre, Fahrudin, habló con el consejero delegado, pero al final no hubo acuerdo y se quedó en Italia, donde por cierto está muy contento. De todos modos, me parece que se moverá pronto".

Su tocayo se deja caer por Kalesija cada verano y suelen juntarse cada tarde a tomar un café turco en este mismo lugar (donde el alcohol está prohibido, claro), sito justo frente a su *oficina*, donde, por cierto, el Miralem futbolista pisa bien poquito. "La que sí viene bastante a la mezquita cuando está por aquí es su madre, Fátima. Él sólo vino una vez, pero espero que tras el Mundial lo haga para darnos las gracias por las bendiciones de todo el pueblo", confiaba el imán subido en el púlpito del edificio religioso, que nos invitó a conocer. Descalzos, por supuesto.

El sol desprendía sus últimos destellos cuando encaramos la etapa final de nuestro recorrido. Camino de Vlasenica, tomamos un desvío hacia la Planina Divic, una sucesión de montes con aire lánguido donde comenzó la historia del último héroe nacional de este hermoso país jalonado de tumbas allá por donde pasas y en el que los efectos devastadores del conflicto bélico permanecen todavía bien palpables.

La vida de Vedad Ibisevic no ha parado de dar vueltas desde que a los siete años dejara la aldea de Gerovi para mudarse a Tuzla, 90 kilómetros al norte de este reducto montañoso perteneciente al cantón de Miliçi.

Esa decisión cambió para siempre el destino del hombre que anotó el tanto que clasificó a Bosnia—Herzegovina para el primer Mundial de su historia. "Aquí sólo podía jugar con los animales. No hay sitio para una cancha, todo es abrupto y las únicas zonas llanas son para las vacas y los caballos. Así que dejar la aldea para ir a Tuzla fue lo mejor que le pudo pasar. Estaba feliz porque, al fin, podría practicar un deporte. Y eligió el fútbol". El relato corre a cargo de Mehludin Ibisevic, su tío paterno y el único miembro de la familia que aún reside en el terruño de sus antepasados.

Mehludin es un verdadero multiusos. Agricultor, ganadero, carpintero y electricista. Un *manitas*, vamos. Pero dado su parentesco con Vedad, pasa por ser la más relevante de las 30 personas que le echan valor y soportan las duras condiciones de vida en esta cota de 800 metros, azotada permanentemente por un viento tan gélido como desapacible. "Aquí sólo quedamos nueve familias. Yo bajo únicamente cuando mi sobrino juega con la selección. Él me invita a todos los partidos en Zenica, pero sólo me puedo ausentar un día, a lo sumo, porque hay muchísimo trabajo que hacer y conmigo sólo vive mi mujer y mi hijo pequeño".

El hombre no pudo evitar emocionarse al recordar, como si fuera hoy, el día que su sobrino se convirtió en un mito para todos los bosnios. "Fue algo inolvidable. Me sentí muy orgulloso de él. El pueblo lo celebró por todo lo alto. Se improvisó una fiesta y todo. La ocasión lo merecía".

La casa nueva del goleador del Stuttgart, en cuya construcción ha tenido bastante que ver Mehludin, queda justo al final de la aldea, al lado de un falso llano donde un grupo de vacas pacían a su bola. "Pertenecen a Vedad. Yo se las cuido. Él ha venido muy poco estos últimos años, pero espero que con la casa nueva se deje ver más ahora".

El pariente del cazagoles bosniaco nos invitó a entrar en su pequeña morada para mostrarnos la camiseta del Hoffenheim que su sobrino le regaló cuando militaba en el club de Sisheim.

Mientras apurábamos un café, que nos vino de perlas para aguantar del tirón el viaje de vuelta a Zvornik, el tío de Ibisevic nos confesó que veía realmente difícil dar el salto a Sudamérica para celebrar sus goles en Brasil. "No creo que vaya. Está demasiado lejos y nunca he salido de Bosnia. Además, ¿quién cuidaría de las vacas?". Elemental.

10. EL GELA NO QUIERE *PADRINOS*

Sicilia, mayo de 2007. No podía ser en otro lugar más que en Sicilia, donde la sagrada ley de la *omertá*, que prohíbe cualquier ayuda a las fuerzas del orden, ha regido desde tiempo inmemorial por encima de cualquier otra norma. Justo allí, en el corazón de esa imponente masa de tierra bañada por el Mediterráneo, una modesta escuadra de fútbol se trazó como objetivo algo en lo que ha fracasado repetidamente el gobierno italiano: acabar con la terrible lacra de la mafia.

El Gela Calcio, que en la actualidad milita en el grupo H de la Serie D1 del balompié transalpino, se dio a conocer en el país de la bota en 2004, gracias a su heroica iniciativa de plantar cara desde el césped al temido sindicato organizado del crimen. La ciudad que le da cobijo, de 100.000 habitantes, fue hace casi un cuarto de siglo el epicentro de sangrientas batallas diarias entre la tradicional *Cosa Nostra* y una nueva facción de la mafia siciliana, la *Stidda*, que pretendía hacerse con el control en Gela. En apenas unos meses, dicha guerra arrojó un saldo superior al centenar de víctimas.

Ni pistolas, ni metralletas, ni granadas, ni tan siquiera un cuchillo de cocina. El único *arma* que utilizan los jugadores del Gela para enfrentarse a las fuerzas del mal son sus camisetas, en las aparece la leyenda "Io non pago il pizzo". El *pizzo* es la cuota mensual que están obligados a pagar los comerciantes de la zona a cambio de *protección*. Quienes se niegan a entrar en el juego, no tardan en tener *noticias* de los mafiosos.

"Que un estadio lleno aclame y grite esta consigna es una gran victoria. Pero lo más importante es que, durante los últimos años, han aumentado las denuncias por extorsiones. Estamos logrando que la gente se involucre más y hable", me explicó Rosario Crocetta, hoy día presidente del gobierno de Sicilia y gran impulsor de esta insólita campaña durante sus años como alcalde de Gela, en comunión con uno de los patrocinadores del equipo, la Federación Antiracket Italiana (FAI), infatigable bastión contra el mundo de la ilegalidad y el crimen organizado.

La Federación Italiana de Fútbol se sumó a esta *guerra* pacífica, permitiendo al cuadro siciliano lucir la propaganda anti mafia durante los partidos. Sus rivales y hasta los árbitros se solidarizaron con su valiente iniciativa portando elásticas con el mismo lema durante el calentamiento previo a los encuentros de liga.

Las carencias económicas del club siciliano se agudizaron en la primavera de 2006, cuando las deudas llevaron a los *giallorossi* a la bancarrota. La entidad fue refundada ese mismo verano, añadiendo la palabra Spa a su nombre original. La FederCalcio los admitió en la serie C2, categoría que esperan recuperar en breve.

El cambio de nombre no sirvió, sin embargo, para que cesaran las penurias del Gela. Su terreno de juego, el diminuto

Vincenzo Presti, sigue sin estar a la altura de las circunstancias. Incluso hay días en los que los jugadores no pueden ducharse en su propio feudo por los problemas de agua que tiene Sicilia, y deben hacerlo en sus casas.

La hinchada del ahora equipo *azzurro* es consciente de lo difícil que resulta hacer valer tus ideas en territorio hostil, por eso no duda en llenar cada dos semanas las poco más de 4.000 localidades del feudo *gelese* para apoyar sin cuartel a su equipo. "El calor de la gente aquí es increíble. Cuando vamos a comer en los restaurantes nos ayudan. En los negocios nos hacen precios especiales, porque saben que la sociedad tiene problemas económicos y ellos también quieren echarnos una mano. Somos sus ídolos", contaba Domenico Cecere, uno de los porteros del equipo que preside Angelo Tuccio.

La campaña anti mafia del Gela no tendría mucho sentido si su hinchada exhibiera una actitud belicosa en las gradas. La concienciación del público con la causa del equipo es tal que los medios de comunicación han definido a los *tifosi* del cuadro siciliano como los más correctos de Italia. "En los años que llevo aquí, jamás hemos tenido incidentes con proyectiles, ni invasión del campo, ni ataques a los rivales. De hecho, en las finales de la C2, que jugamos en 2005, nuestros hinchas agasajaron a los del otro equipo. Y cuando ganamos, la hinchada rival nos aplaudió más que la nuestra, a pesar de su tristeza", apuntaba Niccoló Ferrante, director deportivo del Gela.

El hecho de que buena parte de la parroquia *gelese* esté compuesta por gente joven, entre la que se cuentan los integrantes de las categorías menores del club, cierra de alguna manera el círculo de la cruzada iniciada por Crocetta hace una década. Uno de los objetivos prioritarios de esta lucha era y es evitar a toda costa que las organizaciones criminales de la isla sigan nutriéndose de la juventud más desfavorecida para alimentar sus mesnadas, aprovechando que Gela es una de las localidades con mayor tasa de paro de toda Italia. "Lo importante es que el mensaje ha calado entre nuestros *tifosi*. Su apoyo incondicional al equipo y a los jugadores está consiguiendo que la campaña trascienda al resto de la isla y al continente", aseguraba Crocetta.

La transparencia y *legalidad* de que hoy disfruta el Gela difiere drásticamente de su más reciente pasado. La llegada de Crocetta a la alcaldía de la ciudad, en 2003, puso fin a las prácticas oscuras de sus dirigentes. Una de sus primeras medidas fue limpiar la cúpula del equipo y refundarlo con otras siglas. "Los antiguos dueños tenían asuntos directos con la mafia, ya que el fútbol es un buen lugar para lavar dinero y hacer actividades terribles, además de obtener apoyo popular", sostenía el gran paladín de este homérico duelo contra las fuerzas del mal en el país transalpino.

Comunista y homosexual confeso, Crocetta ganó las elecciones municipales después de denunciar un *pucherazo*. Nada más asumir el poder, promovió el ingreso de los *carabinieri* a las sesiones ordinarias de la asamblea comunal, para evitar amenazas y garantizar que no hubiera presiones externas en la toma de decisiones. "Las amenazas son ya parte de mi vida. Me obligan a vivir con protección las 24 horas. No puedo ni ir a tomar un helado solo", lamentaba.

Una investigación llevada a cabo por la magistratura de Caltanissetta descubrió que Crocetta era el objetivo de un proyecto de atentado por parte de la *Stidda*. Desde entonces, el hombre fuerte de la política isleña goza de la misma seguridad que un alto cargo del estado italiano. A pesar de ello, no duda en asegurar que saberse en el punto de mira permanente de los pistoleros mafiosos, se lleva mejor cuando las estadísticas dicen que Gela es uno de los municipios sicilianos donde más se denuncian las actividades de extorsión llevadas a cabo por el crimen organizado. "Y gran parte de culpa de eso se lo debemos al fútbol".

11. DEL JAQUE MATE AL *TIQUI-TACA*

El fútbol de la antigua Yugoslavia siempre estará en deuda con Milos Milutinovic (1933—2003). Considerado el alter ego de Alfredo Di Stéfano en el Este de Europa por su exquisita técnica, velocidad de ejecución y capacidad goleadora, el que para muchos sigue siendo el mayor genio del balompié balcánico, regresó a Serbia a mediados de los 60 para poner el broche de oro a su trayectoria deportiva en el OFK, un histórico club belgradense del período de entreguerras, venido a menos tras la aparición de Partizan y Estrella Roja.

Su inesperada elección fue un gesto de agradecimiento hacia la entidad que le había dado *asilo* en 1958 tras detectársele unos problemas pulmonares que le obligaron a dejar el Partizan, del que era ídolo máximo. No en vano, su carrera estuvo a punto de extinguirse a causa de la tuberculosis, de no haber sido por el entonces presidente del Bayern, Roland Endler, quien le ofreció la posibilidad de emigrar a Alemania para operarse a cambio de verle lucir la camisola bávara.

Milos aceptó y eso le permitió recuperar su vuelo majestuoso sobre el manto verde. Con apenas una veintena de partidos y cinco goles anotados, el atacante nacido en Bajina Basta está considerado por los aficionados del cuadro teutón como uno de los 50 mejores futbolistas de su rica historia.

Milutinovic (no confundir con sus hermanos Bora y Milorad, también ex estrellas de Partizan) disputaría el mismo número de encuentros con el club de la juventud belgradense antes de dar el salto al banquillo, lo que sucedió en la temporada siguiente (65—66).

Después de ganar la Copa yugoslava en su debut como técnico (6—2 al Dinamo Zagreb), su controvertida decisión de liberar a su hermano Bora, Skoblar y Samardzic para que pudieran emigrar con un permiso especial, pese a la limitación de edad impuesta por el régimen de Tito, colocó al OFK en una delicadísima situación.

Con la sombra del descenso en los talones, Milos decidió desempolvar los borceguíes. Tenía por aquel entonces 36 años y un largo período de inactividad a la espalda que jugaba en su contra. Pero si se animó a dar semejante paso fue a raíz de una visita inesperada que tuvo en su domicilio de la calle Knez Mihailova.

"Yo estaba recién aterrizado de Alemania, donde había jugado ese último año con el Karlsruher. Días antes, escuché que Milos se había quedado sin delanteros, así que le llamé y quedamos para jugar una partida de ajedrez. Como siempre. En mitad de la misma, le pregunté por qué no me fichaba para ayudarle con los chicos más jóvenes. Me contestó que poco podría hacer yo sólo con ellos por mi forma de jugar, pero que tal vez con otro veterano en la cancha la cosa podría funcionar. Y ahí mismo tomó la decisión de volver para jugar juntos de nuevo, como en la selección. Fue algo que cambió la historia moderna del OFK, y diría que un poco la del fútbol de nuestro país". La revelación procede de otro mito del balompié balcánico, Dragoslav Sekularac, con quien tuve el inmenso placer de compartir una tarde en el célebre café *Biblioteka*, uno de los rincones con mayor encanto de la capital serbia.

La noticia recorrió como un reguero de pólvora cada recoveco de la ciudad: desde Kalemegdan a Zemun, desde el Sava al Danubio. Todos los mentideros futbolísticos de Belgrado se hicieron eco del cóctel que acababa de armarse. Y claro, ese efecto replicante resultó devastador: más de 30.000 personas se dieron cita en el barrio de Karaburma para ver el debut de la genial pareja, ante el Proleter. Dicha cifra no bajaría durante el año y medio que Milos y *Seki* hicieron del Omladinski Stadion un teatro de nuevas alegrías.

"Esa temporada nos salvamos haciendo muy buenos partidos, dando espectáculo, y la gente nos pidió que siguiéramos otra más. Tanto Milos como yo estábamos encantados con la idea, y aceptamos. Ese segundo año fue realmente maravilloso. Le ganamos a Partizan, a Estrella Roja, al Dinamo Zagreb… Jugamos un fútbol fantástico. Éramos la gran atracción de la Liga yugoslava y la gente empezó a llamarnos *Romantiçari* (románticos) por haber vuelto a Belgrado, a un histórico venido a menos como era entonces el OFK, por amor al fútbol. Fue una época inolvidable", rememoraba emocionado quien fuera grandísimo delantero y, por encima de todo, driblador de profesión.

Su sociedad con el sueño prohibido de Santiago Bernabéu, quien intentó fichar a Milos hasta en tres ocasiones, mantiene aún hoy al OFK con el mejor promedio de asistencia de aficionados en una sola campaña en la historia del extinto balompié yugoslavo. Tal ecuación tiene una explicación muy sencilla, según Sekularac.

"La culpa de todo la tuvo Milos. Él ha sido uno de los mejores futbolistas de todos los tiempos. En mi opinión, a la altura de Di Stéfano, Pelé, Maradona o Cruyff. Un jugador que hacía girar en torno suyo a todo el equipo. Lo hacía todo bien y a una velocidad más que el resto. Para mí es un orgullo haber sido un poco el culpable de su regreso a las canchas con el OFK, después de haberlo dejado dos años atrás".

Seki cerró tan amena charla con un dato ciertamente revelador: "En cada entrenamiento había siempre no menos de 10.000 personas. En realidad venían a ver a Milos. ¡Qué bien hacía eso que ustedes llaman el *tiqui—taca*! Tenía una conexión mágica con la pelota".

12. FÚTBOL-NIEVE Y HELADOS CONTRA LA CRISIS

Cuentan en el Siida, el fascinante museo de los Sami en Inara, que *Lapin Kulta* fue originariamente el nombre de una mina abierta en Sotajokki hace ya un montón de Auroras Boreales. Pese al convencimiento de su dueño de haber encontrado El Dorado lapón, la pobreza del yacimiento le obligó a cerrar el campamento en menos de un año. Por suerte, su nombre ha perdurado a través de una marca de cerveza local que adoptó su nombre en 1963 y que acabó por convertirse en una inseparable compañera de viaje (está buenísima, qué quieren que les diga) a lo largo de mi periplo por el Círculo Polar Ártico, una tierra legendaria y cautivadora cuyo mayor tesoro radica en sus gentes.

Diez días cabalgando a lomos de un caballo con cuatro ruedas me bastaron para comprender que, más allá de las maravillas que esconde esta punta del iceberg que es el mapa de Finlandia, el auténtico *Oro Lapón* es de carne y hueso. Estoy totalmente convencido de que nada hubiera sido igual sin el exquisito trato dispensado por esa gran familia que forman los integrantes del FC Santa Claus, muy en especial Jukka Markkanen y Mr. Keränen, los verdaderos instigadores de un viaje que resultó inolvidable desde el minuto 1 hasta el 90.

Rovaniemi es mucho más que la puerta de entrada a *Napapiiri* o el hogar de Papá Noel, quien por cierto me recibió con todo el cariño del mundo. Navegar por las aguas del majestuoso Kemijokki en canoa, visitar sus granjas de renos en mitad de ninguna parte, descubrir sus bosques repletos de pinos, coníferas y abedules o degustar sus enigmáticos frutos, como la famosa cloudberry (Flor del Ártico), resultaron ser experiencias religiosas.

Pero nada comparable con el interminable atardecer que tiñe la vida de un naranja radiante. Bien es cierto que ese torrente de luz insondable consigue descontrolarte hasta el punto de no saber cuándo dormir o cuándo levantarte, pero poder contemplar el Sol de Medianoche en su máximo apogeo desde Ounasvaara, justo cuando el Gran Balón se queda suspendido sobre el horizonte al filo del nuevo día, es algo verdaderamente sublime. Te deja sin palabras, porque no existen para describir semejante atracón de belleza.

Como tampoco las hay para describir la abnegada y desinteresada pasión con la que los miembros del FCSC se entregan a diario para mantener viva la llama de esta escuadra familiar que desde el día de su fundación, allá por 1992, se ha dedicado a fomentar a través del balompié valores como el *fair—play*, la solidaridad y la caridad. "El resultado cuenta, por supuesto, pero para nosotros es mucho más importante dejar bien alto el pabellón de nuestro *jefe. Santa* cree a pies juntillas en el juego limpio y siempre nos dice que unas veces se puede ganar, y otras perder. Ganar no es lo más importante para él, sino que difundamos un espíritu deportivo por todo el mundo. Nuestros fans crecen constantemente y los tenemos esparcidos por todos los rincones del planeta. Hay miles de ellos. Por eso estamos obligados a tener una conducta ejemplar", me contaba Jukka Markkanen, mi anfitrión y la persona que dirige el cotarro de este singular equipo finés tanto dentro como fuera del terreno de juego.

La sola presencia de Papá Noel en las gradas dispara la afluencia de público entre lugareños y turistas que llegan a estas gélidas latitudes. Y es que el líder espiritual del conjunto ártico se deja ver todo lo que le permite su apretadísima agenda por el diminuto Saarenkylän Tekonurmi stadion, de hierba artificial. "La conexión de *Santa* con nosotros es muy estrecha. No es por nada que es nuestro presidente honorario. Quiere saber en todo momento cómo le va a su equipo. El problema es que es un hombre muy ocupado y, por desgracia, no puede seguirnos todo lo que le gustaría. A veces hace el saque inicial en partidos importantes y suele inaugurar la temporada aquí", proseguía en sus explicaciones el volante de contención y a su vez mánager de marketing del club.

La sostenibilidad del FC Santa Claus pasa por generar recursos propios, lo que no resulta fácil en un área del globo donde el frío y la nieve son protagonistas más de la mitad del año. La crisis económica golpeó, de hecho, duramente hace algunos meses los cimientos de esta peculiar escuadra lapona, incapaz por primera vez en 20 años de obtener los recursos mínimos para poder participar en el Lohko Pohjoinen (grupo norte) de la Kakkonen League, o Tercera división finlandesa.

La bancarrota técnica en la que entró el FCSC a principios de 2013 le obligó a bajar un peldaño y disputar sus partidos en la Kolmonen League, o Cuarta categoría, formada por 117 equipos integrados en nueve grupos. Los campeones optan a un *playoff*, que se disputa en octubre, del que salen los cuatro ascendidos. Los discípulos de Tapio Haapaniemi acabaron terceros en el grupo más septentrional (el Pohjois—Suomi) y deberán aguardar al próximo otoño para volver a intentar el asalto a la categoría que ocupaban antes de la quiebra.

Afortunadamente, la maquinaria del orgullo de Laponia vuelve a funcionar a pleno rendimiento y las iniciativas para generar ingresos son de lo más variopintas. En ellas, por supuesto, participan activamente los propios jugadores. La más rentable es, sin duda, la escuela de *snow—football* (fútbol—nieve), que ponen en marcha cada invierno en Pajakylä, la aldea donde habita Santa Claus, y que atrae a numerosos turistas que deciden pasar unos días de vacaciones en Rovaniemi. "Es otro aliciente más durante esa época del año. La gente participa en los partidos que organizamos y se divierte muchísimo. Es una modalidad espectacular que nos hemos inventado aquí y que cada día cuenta con más adeptos", narraba encantado Markkanen, quien cerró hace pocos meses un acuerdo de filialidad para los próximos cinco años con el RoPS, la principal escuadra de Rovaniemi, que en la actualidad milita en Primera división y el próximo verano jugará competiciones europeas.

Pero en cuestión de originalidad, se lleva la palma el reparto gratuito de helados a sus seguidores durante los descansos de los partidos. Un chaval de las categorías inferiores se pasea por las gradas, vestido de corto, con un par de cajas llenas de tarrinas y bombones—helado que entrega a todo aquel que se acerca a dar su aliento a los discípulos de *Santa*. "Es un reclamo que hacemos para atraer más público al estadio. Y la verdad es que ha dado resultado, aunque no deje de ser algo simbólico porque la entrada cuesta más que el propio helado", reconocía Keränen, el inventor de la iniciativa.

La condición amateur y el carácter no lucrativo de esta entidad les coloca en una difícil tesitura con sus jugadores en edad aún de estudiar, a los que busca un empleo cuando no hay competición. Así, mientras que unos ejercen como vendedores en el mercado navideño de Rovaniemi, otros lo hacen despachando en la tienda oficial que el FCSC tiene en la aldea de Santa Claus. Algunos ayudan a abrir las toneladas de correspondencia que llegan hasta allí, mientras que el resto colabora con la empresa turística local montando los partidos de fútbol—nieve. "Lo único que no hacemos es entregar los regalos a los niños, ya que eso es cosa de *Santa* y sus elfos, aunque estaría bien que pudiéramos también participar en eso".

Pero la existencia de este mágico equipo no tendría sentido sin su generosa aportación a una causa tan noble como la solidaridad. Su permanente colaboración con la UNICEF finesa tiene múltiples ramificaciones, como la donación de 10 euros por cada camiseta vendida en su *stand* del Mercado navideño de Rovaniemi, o la organización de un torneo de caridad en primavera, cuya recaudación va destinada íntegramente a la ayuda de niños necesitados en cualquier rincón del planeta.

El FCSC ha tomado también parte varias veces de forma activa en el *water run*, un ambicioso proyecto cuyo objetivo es hacer llegar agua potable a las zonas más devastadas por las inundaciones en el sudeste asiático: "La caridad es un aspecto muy importante para *Santa*. Trabajamos con el objetivo de crear un mejor mañana, y qué mejor camino que tratar de ayudar a los niños de todo el mundo a que tengan una mayor calidad de vida en el futuro", sentenció Markkanen.

Lo único que me faltó para poner la guinda a un viaje que ya nunca se escapará de mi memoria fue ver ganar sobre el césped al FC Santa Claus. Pero ya se sabe que nada es perfecto en esta vida. Aunque *Napapiiri* y su gente andan muy cerca de lograrlo. Kiitos! (¡gracias!).

13. UN CANTO AL TEATRO DEL ABSURDO

Bucarest, julio de 2011. Estaba cubriendo el Europeo sub 19 y Andrei Niculescu, mi gran amigo rumano, me puso sobre la pista cuando le pregunté por el inicio de la Liga local. "Empieza este fin de semana, pero no merece la pena perder el tiempo porque no vas a ver nada. Los partidos aquí son como una patética comedia. Te ríes por no llorar. De todos modos, el tema está difícil porque los tres grandes de la capital tienen clausurados sus estadios".

Efectivamente, tal coincidencia parecía sacada de una de esas obras de *Teatro del absurdo* que hicieran inmortal a Eugène Ionesco. De hecho, yo no tenía ni la más mínima duda de que si el célebre dramaturgo rumano hubiera podido abandonar, por un ratito, su tumba en el parisino cementerio de Montparnasse para vivir en directo un espectáculo como el Rapid—Vaslui (que inauguró oficialmente el campeonato nacional de liga en la tierra de Drácula), habría acumulado material suficiente como para desempolvar su ilustre pluma y poner otra vez de moda un género que causó furor en los años cincuenta del siglo pasado.

A buen seguro que el autor de *La cantante calva* o *El rinoceronte* atribuiría a una confabulación judeo—masónica el hecho de que Steaua, Rapid y Dinamo tuvieran que iniciar su singladura liguera jugando a puerta cerrada. El caso es que los actos vandálicos de sus seguidores más radicales, la tarde de clausura de la anterior temporada, no dejaron otro remedio al Comité de Competición que poner el candado a Ghencea, al viejo Giulesti y al Dinamo Stadion, con vistas al nuevo ejercicio.

De los tres, el caso más flagrante era el del Rapid, puesto que una bengala había herido de gravedad a una niña que estuvo más de dos meses debatiéndose entre la vida y la muerte, hasta que finalmente pudo salir del coma. El gravísimo incidente se resolvió con una multa económica al club y cuatro partidos a puerta cerrada, reducidos posteriormente a uno solo por Apelación. Ni que decir tiene que la policía nunca pudo echar el guante a los autores de la fechoría.

Pero lo más esperpéntico del asunto fue que el destierro impuesto a los *ferroviarios* consistió en trasladar su partido contra el Vaslui al Regie stadion, propiedad del Sportul Studentesc, para más señas el equipo universitario en el que se dio a conocer Gica Hagi, a poco más de... ¡dos kilómetros del feudo del Rapid!

La sanción especificaba claramente que el partido debía jugarse sin público alguno en las gradas. La Liga Profesional permitió la elaboración de una lista de 50 personas, entre periodistas y dirigentes de ambos clubes, que tendrían acceso al recinto deportivo para ser testigos de un duelo que se barruntaba calentito por el pique entre los dueños de ambas entidades, George Copos y Adrian Porumboiu, desatado a raíz de la compra de árbitros en las dos campañas precedentes.

Por si eso fuera poco, Copos había puesto de patitas en la calle un par de años atrás al técnico Viorel Hizo, circunstancia que aprovechó Porumboiu para llevárselo al Vaslui toda vez que dio pasaporte de mala manera a Juan Ramón López Caro.

El duelo tenía suficiente miga como para concitar mi atención, así que conseguí que incluyeran mi nombre en la citada lista después de que Andrei moviera algunos hilos. Pero no fui el único. Un numeroso grupo de personas cayeron en la tribuna principal del minúsculo estadio un par de minutos antes de que el árbitro, Ovidiu Hategan, diera el pistoletazo de salida al encuentro. Miré a mi alrededor y comprobé, sorprendido, que estaba prácticamente abarrotada. Eso sí, en la grada de enfrente, la de sol, no había un alma. Lógico, por otra parte, con la chicharrera que cayó, día sí y día también, en Bucarest durante aquel mes de julio.

Eso no significaba que el choque fuera a disputarse sin la atmósfera habitual porque los hinchas del Rapid se habían instalado cómodamente, cerveza en mano, en las terrazas de un par de edificios sitos justo a la espalda de la tribuna popular, desde donde se veía el fútbol mejor que en el tercer anfiteatro del Santiago Bernabéu.

Sus cánticos se escuchaban en la cancha con la misma nitidez que la cinta a todo trapo con el himno del Rapid, así como los toques de silbato que trataban de confundir al trencilla cada vez que atacaba el Vaslui. El único que no se enteró de dónde venían los pitidos fue el de megafonía, que pidió al público asistente que dejara de hacerlo, lo que provocó un ataque de risa generalizado.

Un gol correctamente anulado al Vaslui, que perdía 1—0 desde el minuto 10, dio rienda suelta al sainete sobre el césped y también en la grada. Las protestas de Hizo al colegiado encontraron rápida respuesta en su antiguo patrón, que le replicó en tono de guasa, para divertimento del respetable. Porumboiu, el presi forastero, entró entonces al trapo y preguntó a Copos si a este árbitro ya lo tenía en nómina.

El calentón del mandamás del Vaslui fue tal que al filo del descanso decidió abandonar su asiento junto a Copos, un auténtico *showman* que optó por seguirle y sentarse de nuevo a su vera, pese al mosqueo de Porumboiu. Los al menos 300 espectadores presentes (nada de 50) no podían parar de reír a carcajada limpia.

A falta de buen fútbol que echarse a la boca, lo único rescatable de aquel encuentro fueron los tres tantos anotados por el Rapid, el último de ellos gracias a un resbalón del capitán del Vaslui, que le echó el cuero a los pies a un rival para que éste sirviera en bandeja de plata el tanto a un compañero. Fue, qué duda cabe, el genial broche a una improvisada sesión teatral vespertina digna del añorado Ionesco.

14. UN ZAR ESPAÑOL EN MOSCÚ

Fútbol que estás en La Tierra

Moscú, febrero de 2012. Si la momia de Vladimir Ilich Uliánov se animase a asomar la cabeza por la puerta del mausoleo donde yace, en plena Plaza Roja, tendría que frotarse los ojos hasta forzar el lagrimal para reconocer algún vestigio de su legado bolchevique. A buen seguro que una de las poquitas cosas que reconocería de inmediato, sería esa desagradable sensación de estar metido en la cámara frigorífica de un barco de Pescanova cada vez que pisas el suelo helado de la capital rusa en el corazón de su durísimo invierno.

Pero del mismo modo que, ni el frío, ni la nieve, impidieron a Lenin hacer su revolución y cambiar la historia moderna de la vieja Rusia, tampoco son un obstáculo para Alberto Zapater. El *zar* español de Moscú no pierde un segundo y, a la que sus entrenamientos o viajes con su equipo, el Lokomotiv, se lo permiten, se echa a la calle dispuesto a descubrir nuevos rincones de la gran urbe que luego podrá enseñar a los familiares y amigos que le visitan con cierta regularidad.

Poco podía sospechar hace apenas cinco años este abnegado ejemplo de profesionalidad y tesón que el destino le acabaría convirtiendo en un trotamundos del balompié. De su amado Zaragoza, donde no le hubiera importado jugar hasta el último día de su carrera, se marchó entre lágrimas al Genoa italiano dispuesto, eso sí, a echar raíces en la Liguria. Empero, el Sporting lisboeta se cruzó en su camino y 10 meses después se instalaba a orillas del Tajo para pelear con Benfica y Oporto por el título de la Liga lusa.

Pero a la segunda tampoco sería la vencida y una llamada de José Couceiro, el entrenador con el que acabó la temporada en Portugal, le convenció para hacer otra vez las maletas al año siguiente y pegar un salto digno de Sergei Bubka en el mapa, que le llevó a la vera del Kremlin.

Apasionado de la cultura, el arte y los idiomas, el Lokomotiv de Moscú y el campeonato más emergente en el Viejo Continente le dieron la oportunidad de empaparse de la ciudad más populosa de Europa, de la que ya es un avezado conocedor, como pude constatar durante la inolvidable jornada que pasamos juntos.

Ni los QUINCE grados bajo cero que marcaba el termómetro a la salida del metro, en la célebre estación de *Plóschad Revolutsi* (Plaza de la Revolución), ni las elecciones presidenciales que acabaría ganando de calle ese mismo día Vladimir Putin, impidieron al todocampista maño acudir a la cita con un servidor en la popular Plaza Roja, para contarme su experiencia en la vieja patria de los zares, mientras recorríamos sus rincones más legendarios.

"Esta ciudad se empieza a conocer y a entender desde este lugar con tanta historia. María (su esposa) y yo venimos a menudo porque está en el centro del barrio Kitay—gorod, que es la principal área comercial de Moscú. Las primeras semanas se hicieron un poco duras, sobre todo por el tema del idioma. Con el cirílico no te enterabas de nada, pero poco a poco vas pillando cosas y tenemos un traductor de español en el equipo que nos resuelve todos los problemas de la vida diaria, como pagar la cuenta de teléfono, el alquiler del piso...". *Zapa* se arrancó de esta guisa mientras señalaba los sólidos muros del Kremlin dispuesto a poner la guinda a su primera clase magistral. "Ahí están sepultados algunos de los personajes más importantes de la extinta Unión Soviética, como Lenin, Stalin o el astronauta Yuri Gagarin".

El viento gélido arreciaba con fuerza delante de la majestuosa catedral de San Basilio, uno de los rincones favoritos, sino el que más, del que fuera capitán de la sub 20 hispana en el Mundial de Holanda 2005. "Yo no me canso de mirar sus cúpulas de colores con forma de bulbo. Son maravillosas", admitía al tiempo que se ajustaba el gorro, una prenda indispensable para combatir al mismo enemigo que tumbó en su día a Napoleón y a Hitler en la estepa. Con ella precisamente te topas de inmediato en cuanto dejas atrás los últimos edificios de esta megalópolis partida en dos por el río Moscova, que diera su nombre a la ciudad fundada por Yuri Dolgoruki en 1147. Zapater dixit.

Como chicarrón del norte y mañico de pura cepa que es, el volante tapón del *Loko* no se quejó ni una sola vez durante nuestro largo paseo de la pelona que estaba cayendo y que, de hecho, mantenía literalmente petrificada en el suelo la nieve que había descargado con fuerza varios días antes y que aún copaba el extraordinario pórtico del museo Pushkin. Claro está, que todo tiene un límite. "Menos mal que los meses más fríos hemos estado concentrados en España, porque si no hubiera sido casi imposible salir a la calle. A principios de febrero tenían

¡30 grados bajo cero! Por eso estar a 10 ó 15 es casi una bendición, aunque las manos se te congelan en cuanto te sacas los guantes".

Después de calentarnos tomando un café en el elegante GUM, "este edificio es una auténtica pasada. Lo construyeron en la época zarista y fue mercado, luego sede del gobierno soviético y actualmente un mega centro comercial con marcas de lujo a precios de locura", pasamos por la zona de los teatros e hicimos un breve alto frente al Bolshoi, "esta es la sede del ballet nacional, famoso en el mundo entero. Las representaciones que hacen son una verdadera maravilla", antes de enfilar hacia el metro, el medio de transporte más utilizado por los moscovitas. Zapater no era una excepción. "Es rapidísimo, pasa uno cada minuto y hay estaciones que son preciosas. Mi favorita es la de Komsomolskaya, que me pilla de camino hacia el estadio. Le llaman el Louvre soviético por los bellísimos mosaicos de sus techos. Yo tengo coche, pero por la ciudad siempre me muevo en metro. Es que el tráfico es caótico y cada vez que sale Putin del Kremlin, son cuatro horas mínimo sin moverte".

Hablando del rey de Moscú, y en tanto se cerraban las puertas en la estación de Kievskaya, Alberto me confesó un chisme que recorre los 305 kilómetros de red subterránea. "La gente te cuenta que hay un metro paralelo, oculto, sólo para políticos y grandes personalidades. Y yo me lo creo. Es que si no, es imposible llegar a ningún sitio en hora. Nosotros, cada vez que nos concentramos a las afueras de la ciudad, tardamos tres horas en hacer un trayecto de media hora, como mucho, sin tráfico".

La magnífica galería Tretyakov y su afamada iconografía de la época zarista merecieron otro alto en nuestra ruta moscovita. "Aquí tienen la mejor colección de arte prerrevolucionario. Eso sí, o vienes prontito o te toca hacer una buena cola". Parecía evidente que esta vez me quedaría con las ganas de echarle el ojo.

Nadie en su sano juicio sería capaz de aguantar allí de pie ni cinco minutos esperando su turno.

Si hay una calle que destila cosmopolitismo en la capital rusa, ésa es la populosa Arbat: "Es como la Gran Vía en Madrid, o Las Ramblas en Barcelona. Fue la primera calle peatonal de Moscú y ahora está llena de puestos callejeros, boutiques de moda, cafés y restaurantes. Se han gastado muchos rublos en las fachadas, que ahora están igual que hace cien o doscientos años".

Tras reponer fuerzas en Tshaubane, el rincón culinario predilecto del futbolista—guía aragonés, donde probamos la gourievskayakasha local (un postre hecho a base de sémola de trigo, crema, fruta, nueces y miel), cerramos el círculo cruzando media ciudad en metro para llegar a la estación Cherkizovskaya, donde queda su *oficina*.

La gigantesca L roja en cirílico que preside la entrada al nuevo y coqueto estadio del Lokomotiv, arrancaría a buen seguro una sonrisa en el rictus severo del viejo Lenin. Su memoria retrocedería entonces hasta aquel 12 de agosto de 1923 en el que asistió, en ese mismo lugar, a la puesta de largo del club de fútbol con el que el Soviet Supremo homenajeó a los héroes de Octubre de 1917.

Orgullo de la Compañía de Ferrocarriles Rusa, el *Loko* es el único de los cinco grandes de la antigua capital de la Unión Soviética que permanece fiel a sus orígenes. Y para que sus incondicionales no se olviden nunca de ellos, los dirigentes plantaron delante de la tribuna principal un monumento significativo al que se encaramó el volante maño para la última instantánea del tour moscovita con el mejor guía posible. "Esta es una réplica de la locomotora que llevó a Lenin a San Petersburgo para iniciar la Revolución rusa. Es el símbolo de mi club". ¡Fue un placer!

15. EL GOLPE DE ONCE AMIGOS Y UNA *DAMA BLANCA*

Julio de 2012. De Bucarest, a Tallinn. Lo que el Atlético de Madrid selló con un broche de oro a la vera de los magníficos Cárpatos, volvía a renacer cual Drácula desperezándose de un letargo veraniego en uno de los escenarios más pintorescos de la vieja Europa. A la capital estonia, con sus imponentes torres medievales, le tocó el privilegio de dar el pistoletazo de salida a la cuarta edición de la UEFA Europa League con todo un derbi báltico, el que enfrentó en el Kadrioru Staadion al Levadia local con el Siauliai lituano.

Alrededor de 2.000 personas, entre las que se encontraban ojeadores de clubes de la talla del Borussia Dortmund, Manchester United, Fenerbahçe, Chelsea o Besiktas, presentes por aquellos días en Tallinn (como un servidor) para seguir el Europeo sub 19, asistieron a este choque de la primera ronda clasificatoria del torneo continental, que estuvo marcado por dos circunstancias sumamente llamativas, a la par que extrañas.

De un lado, el ambiente festivo creado por los *Green White*, posiblemente la agrupación de hinchas radicales más exigua del fútbol mundial, con permiso de la brigada ultra de bolsillo del MTK Budapest. Integrado por apenas 11 elementos, como

Fútbol que estás en La Tierra

si de un equipo de fútbol se tratara, este grupúsculo de jóvenes provenientes de Marduu (la ciudad de donde es originaria esta escuadra fundada en 1998 por el empresario local Viktor Levada) no dejaba un solo segundo de alentar con gritos, cánticos y sonidos guturales a sus jugadores. Ese día, además, demostraron que el nunca bien ponderado *jugador número 12* también es capaz de echar un cable de verdad a los suyos sobre el manto verde.

Sucedió a los 63 minutos de partido cuando, en plena ofensiva lituana, el estonio Pebre lanzó un pelotazo en diagonal desde su casa con el único objetivo de quitarse el balón de encima, puesto que el Levadia estaba prácticamente cercado en su área aguantando como buenamente podía la paridad en el luminoso. El cuero largado por el zaguero local llegó a la posición del brasileño Juvenal, quien escuchó a su espalda una voz que, creyó, pertenecía a un atacante estonio, aunque en realidad era de uno de los 11 irreductibles miembros del *Green White*.

Ante la duda, el lateral zurdo del Siauliai decidió meter la cabeza en el último momento y entregar el cuero al meta Jurevicius, quien en ese instante se encontraba lo suficientemente lejos de su marco como para reaccionar a tiempo de evitar que el balón le superara y acabara en las redes. Ese absurdo autogol acabó decidiendo el choque en favor del Levadia.

La otra curiosidad tuvo que ver con la peculiar climatología de esas latitudes en el período estival. En los meses de verano se produce un fenómeno denominado la *Dama Blanca*. El sol gana en intensidad durante las últimas horas de la tarde, y pasada la medianoche, se queda suspendido sobre el horizonte, sin llegar a ponerse. A eso de las tres de la madrugada, vuelve a lucir en toda su plenitud.

El nombre hace referencia a una leyenda medieval según la cual una doncella transgredió las estrictas normas monacales del castillo episcopal de Haapsalu al citarse con su amante. Tras ser descubierta, la dama fue emparedada viva en el baptisterio de la catedral, que estaba aún en fase de construcción. Dicen que su fantasma, vestido de blanco, aparece reflejado a última hora del día en la ventana de la iglesia, para luego expandirse hacia el límpido azul del cielo báltico.

Por el Kadrioru Staadion no se dejó ver, pero lo que sí se pudieron percibir nítidamente fueron esas ráfagas de luz cada vez más intensas, de manera que al final del encuentro el sol lucía con mayor fuerza que cuando arrancó. Toda una bendición para las arcas del Levadia, que esa tarde—noche se embolsó unos euros de más a cuenta de la *genialidad* de sus ultras y encima se ahorró un buen pellizco en la factura eléctrica.

16. FUEGO CRUZADO

Belgrado, noviembre de 2013. Se juega como se vive, acostumbra a decir Eduardo Galeano. Yo añadiría a tan acertada aseveración que se apoya de igual modo a tu escuadra del alma. Por eso asistir in situ a un Estrella Roja—Partizan, o viceversa, ayuda a comprender mejor la convulsa historia reciente en los Balcanes a través del belicoso comportamiento de sus respectivas aficiones. Es su seña de identidad y no tienen la más mínima intención de reprimirla. Porque los *Delije* (héroes) y los *Grobari* (enterradores) llevan la violencia adherida en los genes y la exhiben con arrogante desfachatez tanto dentro como fuera del estadio.

El fútbol y la política, aderezados con bengalas, petardos de diverso calibre y bombas caseras, hacen del clásico belgradense el choque más caliente y tenso del añejo *Telón de Acero*. Un partido en el que las medidas de seguridad se disparan para tratar de evitar que *Grobaris* y *Delijes* hagan del estadio su particular campo de batalla.

Su perfecta organización de corte castrense, dado que no pocos de sus miembros son antiguos paramilitares curtidos en mil batallas durante la Guerra de Bosnia, hace posible que tengan en jaque durante más de cuatro horas a los 5.000 efectivos policiales desplegados por todos y cada uno de los puntos cardinales de la capital serbia.

Después de superar años atrás la prueba del algodón con un derbi de aúpa en la cancha del Partizan, que se saldó con victoria y título de liga de su peor enemigo, decidí asomarme un poquito más al precipicio y meterme en la piel de un *Delije* para tratar de entender qué es lo que pasa por su cabeza en las horas previas a esa particular guerra de guerrillas que sostienen con sus homólogos blanquinegros cada vez que el calendario entrecruza sus caminos. En otras palabras, me propuse acompañar a las hordas del Estrella Roja desde el centro de la ciudad hasta el Pequeño Marakana y vivir junto a ellos el clásico en las gradas.

Como siempre que me dejo caer por la capital de la antigua Yugoslavia, el gran Sole Soskic me allanó el camino para poder llevar a cabo mis planes. "Ten mucho cuidado. A veces se producen enfrentamientos con los ultras del Partizan en el recorrido. Esta gente es muy peligrosa", me aconsejó con gesto cariacontecido antes de soltarme en el bareto donde me esperaba Savija, uno de los líderes *Delije*, con el que habíamos contactado previamente por teléfono.

Después de presentarme a su guardia pretoriana (alguno de ellos asustaría al mismísimo Frankenstein) y explicarme lo que íbamos a hacer en las tres horas siguientes, el capo de la tropa rojiblanca me dio su particular versión sobre el origen de la animadversión entre ambas aficiones, con pullita incluida para sus vecinos. "El Partizan era antes el equipo del Ejército, de los comunistas, mientras que el Estrella Roja fue siempre el equipo de la gente que amaba Serbia. Es una rivalidad politizada desde el principio. Pese a ello, respetamos a los buenos enemigos, pero no a los que provocan y agreden. Siempre aprovechan cuando estamos en inferioridad numérica. En cambio, cuando les llamamos por teléfono para encontrarnos en algún lugar, ponen cualquier excusa. Hablan mucho, pero nunca actúan". Y se quedó tan pancho el tío.

La peregrinación rojiblanca arrancó en la plaza Nikola Pasic. Cerca de 2.000 *héroes* enfilaron la calle Terazije entonando el cántico "somos *zigani* (gitanos), somos más fuertes. Partizan, equipo de musulmanes". Dos hileras de agentes custodiaron desde el minuto uno la marcha de casi cuatro kilómetros. Había un policía cada 10 metros. Su misión no era otra que impedir eventuales ataques de los *Grobari* durante nuestro recorrido camino del mítico estadio donde Rubén Cano metió a España en el Mundial del 78.

La hora y cuarto de caminata me sirvió para aprenderme el soniquete del repertorio completo de canciones que Savija y su numerosa tropa entonaban con el alma. "Estrella Roja, Estrella Roja, vamos a ser campeones"; "Llegó ese día: murió el Partizan. Los *Grobari* no serán campeones"; "Kosovo está en el corazón de Serbia"... Las menciones a la provincia con mayoría albanesa que la ONU reconoció como independiente en 2008 fueron una constante a lo largo de la tarde, dejando patente el alto grado de politización que se hace del fútbol en esta tierra castigada por los conflictos armados durante buena parte del siglo XX.

Alcanzamos el Marakana sin novedad *en el frente*. Ni un solo Grobari se atrevió a cruzarse en nuestro camino. Había que echarle narices, la verdad, viendo la inmensa horda embutida en tonos rojos y blancos que bajaba por el bulevar Oslobodjenja. Yo estaba convencido de que la parte chunga de la misión había quedado atrás. Estaba equivocado.

Me costó cerca de una hora acceder a la grada destinada a los seguidores radicales del Estrella Roja a causa de los dos controles que había montados: el primero, de la Policía; y el segundo, mucho más exhaustivo, del personal de seguridad del club rojiblanco. Me registraron hasta el monedero y me requisaron un ¡gelocatil!, que siempre llevo encima para aliviar mis jaquecas. No hubo explicaciones. "Medicinas, no". Y punto.

"Los hacen para que no entremos bengalas, cuchillos, armas de fuego o bombas", me dijo un joven *Delije* que intentó traducirme lo que me decía el empleado del club. No tardaría mucho en descubrir la *eficacia* de tales cacheos. La tribuna norte estaba ya casi a rebosar. Apenas quedaba un hueco libre, pero tuve suerte porque casi de inmediato me crucé con uno de los integrantes del grupo *Ultras*, con el que había iniciado la marcha al estadio, y el tipo me invitó amablemente a ponerme con su gente. Savija, *nuestro* líder, ya estaba manejando el cotarro megáfono en mano.

Ni que decir tiene que el humo y el fuego volvieron a ser (como cada vez que el calendario hace coincidir en el mismo recinto deportivo a los dos gigantes de la Jelen Super Liga), las estrellas principales de un clásico, el 145 de la saga, que pasará a la historia por el nacimiento de un nuevo frente bélico, esta vez en el seno de la propia hinchada del Partizan.

Como si no fuera suficiente trabajo litigar a bengala o bombazo limpio con mis *camaradas* de la tribuna norte, las fuerzas de seguridad que rodeaban su *posición* en la tribuna sur y los bomberos, encargados de sofocar en primera línea sus reiteradas tentativas de reducir a cenizas el estadio más grande de la extinta Yugoslavia, los *Grobari* las tuvieron tiesas también esa tarde con una de sus facciones, los llamados *Zabranjeni* (los prohibidos), decididos desde hace un tiempo a hacer la guerra por su cuenta e ignorar la escala de mando, a cuya cabeza está el grupo llamado *Alcatraz*. El resultado de esa escisión provocó el estallido de una guerra civil interna que se ha cobrado varias vidas. La última, a fines de octubre de 2013, cuando Vlado Zivkovic, uno de los radicales alineados con el nuevo grupo, fue asesinado de una cuchillada en el barrio de Karaburma.

Precisamente, el momento en el que el millar de miembros de los *Zabranjeni* desplegó una pancarta recordando lo sucedido, dio pábulo a la primera escaramuza seria del derbi con el intercambio de bengalas entre seguidores del Partizan, separados por un tramo de 50 metros de grada y dos cordones de antidisturbios, que asistieron impertérritos al fratricidio pirotécnico previo al pitido inicial.

Como era de esperar, los exhaustivos cacheos a la entrada resultaron completamente estériles y las tres hinchadas desplegaron su inagotable arsenal de bombas, petardos, bengalas y cohetes montando un sarao que en nada tiene que envidiar al día grande de Las Fallas valencianas. Mientras que en Inglaterra los *supporters* revientan los decibelios del estadio entonando *a capella* de manera solemne la canción—himno de su equipo, en Belgrado lo iluminan literalmente con un formidable zafarrancho multicolor de fuegos de artificio cuya procedencia es, sin duda, el gran misterio de esta batalla cíclica entre *héroes y enterradores*.

El autogol de Obradovic desató la locura entre los *Delije*, que empezaron a bailar sobre los asientos y a lanzar bengalas y bombas de manera compulsiva. La demencia se adueñó del sector norte y los 20 bomberos que había en ese fondo fueron incapaces de dominar el *infierno* que se había desatado en segundos. El efecto lumínico que provocaron por unos instantes en el graderío en el que me encontraba fue impresionante.

Ese festival pirotécnico resultó ser el preludio de los enfrentamientos a gran escala entre todas las fuerzas desplegadas en el interior del estadio. Como si de una partida de ajedrez se tratara, uno de los contendientes movió ficha en espera de la reacción de sus rivales. Esta vez, fue el grueso de las *fuerzas* del Partizan quien llevó la voz cantante iniciando en el minuto 48 de partido una ofensiva en toda regla que arrancó con el lanzamiento de al menos 100 bengalas, siguió con un bombazo que se escuchó hasta en Croacia y finalizó con la quema compulsiva de banderas, que abriría varios focos de incendio a la vez en su misma tribuna.

El esfuerzo titánico de los bomberos por controlar el desaguisado en forma de llamas resultó insuficiente y el juez de la contienda decidió parar el encuentro, puesto que la atmósfera comenzaba a ser irrespirable por mor de las inmensas columnas de humo que ya invadían el césped.

El mensaje del árbitro fue claro: si no se apagaban los diferentes focos de fuego, suspendía el clásico. El calentón de mis *camaradas* rojiblancos era, a esas alturas, de tomo y lomo. ¿El motivo? sospechaban que el ataque desencadenado por la parroquia forastera perseguía romper el ritmo de un Estrella Roja dominador, que pasaba por sus mejores minutos de fútbol.

El juego se reanudó 10 minutos más tarde sin que una de las fogatas, la más grande, estuviese aún dominada. Los *Grobari* habían desplegado una bandera enorme a modo de protección de las llamaradas, dificultando que el agua de los camiones cisterna alcanzara el corazón del fuego. Pura estrategia militar.

David Ruiz de la Torre

Aplacadas las llamas tras 20 minutos de lucha vertiendo litros y litros de líquido elemento, los incondicionales del Estrella Roja dedicaron una ovación cerrada al equipo de bomberos, que replegó líneas para tomarse un merecido respiro, ya definitivo puesto que a esas alturas sendas hinchadas se habían pulido el quintal métrico de material pirotécnico que colaron esa tarde en el Marakana balcánico.

El triunfo final por la mínima de los locales sirvió para suturar la herida provocada por el flojo inicio de campaña y devolver un rayo de esperanza a sus tropas después de seis años consecutivos viendo cómo el máximo enemigo conquistaba la liga.

La celebración, tanto en el césped como en la grada, tuvo sabor a título. Y mientras los *Delije* despedían a los duros *guerreros* ataviados de negro a la voz de "*Grobari*, que os den por el…", éstos obligaron a sus futbolistas a repasar junto a su grada durante media horita, a modo de castigo, el CD completo de su repertorio. Y es que en el derbi de Belgrado, la ley se escribe con la U de ultra.

17. INFILTRADO EN LAS FILAS DEL AL SADD

Cuando pregunté a Bora Milutinovic sobre la posibilidad de vestirme de corto y ejercitarme a sus órdenes como un miembro más del Al Sadd qatarí, su respuesta fue tajante. "¿Pero es que quiere que me chinguen?". Por suerte y después de explicarle que mi intención era contarle a los lectores del Marca las sensaciones de un tipo de la calle interpretando el papel de un futbolista profesional en una escuadra árabe, logré vencer su comprensiva reticencia inicial.

El veterano técnico serbio había desplazado a sus mesnadas hasta la pequeña villa de Roissy—en France, a media hora escasa en coche de París, para efectuar un *stage* de pretemporada con vistas al arranque liguero en el diminuto país del Golfo Pérsico. Así que allí me planté tras media jornada larga de coche, en compañía de un técnico vasco muy amigo, José Javier Barandalla, interesado en estudiar de cerca los métodos de entrenamiento del único hombre que ha guiado a cinco selecciones diferentes en la historia de los Mundiales.

Como en el actual equipo de Raúl González estaban aguardando la llegada del brasileño Clayton, su último refuerzo foráneo, más de un integrante del plantel qatarí me confundió con el defensa nacionalizado tunecino, dado el cariñoso recibimiento que me dispensó Milutinovic nada más entrar por la puerta del hotel. "Ya sabrán lo que tienes de brasileño en cuando te vean entrenar", me soltó entre carcajadas el míster.

Pese a que mi condición física había mejorado notablemente gracias a los carrerones que me pegué en los días precedentes por la madrileña y nunca lo suficientemente valorada Casa de Campo, Bora me absolvió de la paliza matinal. "Mejor te reservas para el entrenamiento de por la tarde, porque si te dejo en manos de Salvatori (el *profe* italiano), no llegas vivo al almuerzo". Acepté sus *órdenes*, no sin antes refunfuñar un poquito, aunque horas más tarde comprendí la razón que tenía.

Mis nuevos *compañeros* se dejaron ver por el hall del hotel pasado el mediodía. Estaban *doblados* a causa de la rigurosa sesión física de primera hora, la que me había saltado gracias a mi enchufe con el técnico. Algunos tenían cara de no haber pegado ojo. Bora despejó mis dudas. "Se levantan todos los días a las 4:30 de la madrugada para cumplir con sus deberes religiosos (primera oración del día), y luego vuelven a acostarse".

Entre su escaso inglés y mi flojito manejo del árabe, la comunicación estaba resultando bastante ruinosa hasta que apareció Carlitos Tenorio. El atacante internacional ecuatoriano era, además de la gran figura del equipo, el ídolo de los pipiolos. Y él estaba a muerte con los chavales. "Los *pelados*, bien. Sobre ruedas. Son buenos tipos, con ganas de aprender", me explicaba Carlos, mi ángel salvador, no sólo por hablar la misma lengua, sino porque me integró en el grupo hasta el punto de conseguir que no me miraran como un ente extraño que se había colado sin permiso dentro de su mundo.

Durante la comida, Milutinovic me presentó a su cuerpo técnico, una versión qatarí de la ONU: su segundo, Miki Rajevac, era serbio, al igual que el propio Bora y uno de los fisioterapeutas, Branko Eric; el otro recuperador, Tlili Rashid, tunecino; su ayudante personal y tercer técnico, Julio Moreno, chileno; el preparador físico, Salvatori Nazzareno, italiano; el entrenador de porteros, iraní; el masajista, Luis Sergio, brasileño; y el traductor, Saidi Deraz (hablaba ocho idiomas), egipcio.

Bora no perdía ocasión para interactuar con sus jugadores. Los recibía en la entrada del comedor con un abrazo, les preguntaba qué tal se encontraban y les gastaba alguna broma. Era su forma de involucrar a la gente en el proyecto.

Tras una extensa sobremesa futbolera y un ratito de relax en la habitación, llegó el momento de la verdad. A las 17:15, un cuarto de hora después de que los jugadores hubieran vuelto a postrarse en el suelo sobre una esterilla mirando a La Meca, el autobús partió con destino al estadio Municipal de Le Thillay, el siguiente pueblito pasado Roissy.

Apenas pusimos el pie en tierra y Bora ya había organizado un improvisado concurso de tiros a canasta en el que participaron varios jugadores y algún técnico. Aquel fue mi primer contacto con la pelota, aunque no del modo que esperaba. Salvatori, el prepa, nos dio un buen repaso a todos. Su muñeca disparaba con la precisión de la de Antonello Riva, aquel mítico alero al que, además, se parecía un montón. ¡Y encima italiano! Yo sigo convencido de que el tío nos la dio con queso.

La primera *charla* me la llevé por el deplorable estado de mis botas. "¿Está caro el betún en España?. Hay que venir a trabajar un poco más presentable", me espetó con gesto serio el técnico del Al Sadd. Mal presagio para empezar.

Bora distribuyó a su gente en varios grupos para realizar diferentes ejercicios con balón (toque interior con el pie, dominio de pelota y fútbol—tenis). A mí me tocó en el último. Las reglas eran muy sencillas: después del primer bote, tenías que mandar el balón al otro lado de la red sin que cayera al suelo. Había premio para el que perdía el set: una vueltita al campo.

No sé si fueron los nervios iniciáticos, al fin y al cabo habían pasado más de 15 años desde que entrenara en serio por última vez con un equipo de fútbol, el caso es que corrí más que Forrest Gump durante la primera media hora de sesión. Al menos, dejé para la galería un par de taconazos *a lo Ibra* y una chilena que hubiera firmado el mismísimo Hugo Sánchez.

Pese a sus 60 años y tener maltrecho el pie derecho a causa de un pisotón que le dio unos días antes el brasileño Emerson, el preparador balcánico se implicaba en todos los ejercicios. No podía casi ni meterse la bota, pero hacía de tripas corazón y no perdía detalle de cada movimiento de sus discípulos más jóvenes, a los que animaba y casi mimaba con el objeto de *socializarlos* con los más veteranos. "Bien hecho es siempre mejor que bien dicho. Predicar con el ejemplo es el mejor sermón posible", apuntaba este inagotable filósofo de los banquillos con el que años después llegaría a descubrir lo que es tener a mil la adrenalina durante una excitante aventura en tierras iraquíes.

Nunca en mi vida había visto a nadie saborear cada minuto de aquel modo, como si hubieran puesto ya fecha de caducidad a su excitante experiencia vital. Lo suyo era como compilar un máster de liderazgo deportivo en 90 minutos. "Sin un buen ambiente, si no consigues que tus jugadores disfruten entrenando y viviendo, no hay chance de ganar nada". Por tal motivo, insistía, es tan importante fomentar la alegría en cada sesión de trabajo. "Lo pasamos bien entrenando, jugando al tenis—balón, buscando que los chicos tengan la mente abierta en todo momento. Hay que tratar de ser feliz a cada instante y ser consciente de la suerte que tienes por poder trabajar y vivir de lo que más te gusta hacer en la vida".

Como ya le sucedió en Nigeria, China, Costa Rica u Honduras, el choque cultural obligaba a Milutinovic a adecuar sus métodos a las peculiaridades del lugar. Sin ir más lejos, los entrenamientos vespertinos no podían empezar hasta después de la hora de la oración. "Hay cosas contra las que uno ni puede ni debe luchar. Cada quien vive como vive y hay que aceptarlo".

Yo me puse a las órdenes de *Riva*, el preparador físico, que acababa de finiquitar un trabajo de recuperación con un par de jugadores recién salidos de una lesión. El tío era realmente intenso. Cuando no te martirizaba a base de tiros de 6.25, te hacía sudar la gota gorda mientras te soltaba su currículo. "Yo fui el que puso en forma a Guardiola y Baggio cuando jugaron en el Brescia".

El césped parecía piedra pómez y al cabo de varias progresiones, llegó el momento crítico de la tarde: el gemelo se me subió hasta la garganta. Por suerte, mi fisio favorito, el gran Branko, surgió de la nada y sus prodigiosas manos me relajaron la pierna derecha en un santiamén.

Cuando por fin tomé contacto con la pelota, estaba ya con la reserva encendida. Pero había que aguantar el tirón al precio que fuera. Decirlo es fácil, pero había que estar ahí para soportar el ritmo de látigo de la pachanga sin la preparación adecuada. "¿Cuál es la acción más importante en el fútbol?: la siguiente. Recordadlo siempre", decía una y otra vez Milutinovic a sus pupilos. Mientras, yo me lanzaba de cabeza a por una botellita de agua, que estaba tirada sobre el césped. ¡Qué resecor de garganta, madre mía!

Fútbol que estás en La Tierra

Como no olía el cuero ni con catalejo, opté por salirme y estirar un ratito. Cuando acabó el simulacro de partido y los jugadores iniciaron el estiramiento final, Bora me retó a un ejercicio de precisión en el golpeo de balón. El tipo era infalible, aunque conseguí al menos ganarle una serie de cinco. "No la tocas mal. Lástima de esa barriga porque sino...", me comentó riendo a mandíbula batiente, mientras daba por finalizada la sesión. ¡Alá es grande! Misión cumplida.

18. BORNEO ES DEL MILAN POR KAKÁ

La aldea Ngemah está enclavada en el corazón de Borneo, a casi tres horas de la ciudad de Kuching, capital del estado de Sarawak, una de las dos porciones de la tercera isla más grande del mundo que pertenece a Malasia. Allí, desperdigados por la jungla, viven los Iban, otrora temida tribu que hasta el siglo pasado alimentó su sanguinaria fama cortando las cabezas de sus enemigos.

Sus actuales descendientes son mucho más pacíficos y viven en las llamadas *longhouses* (casas grandes), edificaciones alargadas construidas en madera que dan cobijo a una comunidad entera. Casi todos los miembros adultos de la tribu presentan tatuajes en distintas zonas del cuerpo que simbolizan la historia de sus respectivas familias, y también un pasado teñido de sangre. En sus bastones se pueden ver todavía mechones de pelo de las últimas víctimas de sus abuelos, aunque hoy día se conformen con la pesca y la caza de animales para llenar el buche.

El río Lemanak es la barrera natural que separa Ngemah del mundo civilizado. Un paraíso rodeado de vida salvaje (orangutanes, serpientes pitón, miles de especies de aves...) que apenas se ve alterado por esporádicas visitas, y que sin embargo no es ajeno a la globalización del balompié.

Michael y Chen son hijos de Lemaah, jefe de la comunidad en la que cohabitan 38 familias bajo el mismo rústico techo. La caza y la pesca colman sus quehaceres diarios, cuando no tienen que remontar casi una hora el río para aprovisionarse de maíz y otros productos básicos en un almacén manejado por unos comerciantes chinos.

Inseparables y siempre con la sonrisa a flor de labio, tan entrañables hermanos andaban durante mi visita por aquellos pagos más felices de lo habitual. La culpa, según me contaron, era del fútbol. Más en concreto de su querido Milan, que hacía un mes escaso les había hecho vibrar como a cualquier otro *rossonero* de pro con *la séptima* Copa de Europa del cuadro lombardo.

Lo que resultó ser mucho más extraño fue el motivo de su filiación. "Somos milanistas desde que hace tres años vino a la aldea un italiano, Giacomo, que era hincha del equipo. A nosotros ya nos gustaba el fútbol, pero nos contó tantas historias del Milan que, antes de marcharse, nos convirtió. Desde ese día, hemos apoyado a estos colores", chapurreaba Michael en su arcaico inglés mientras se agarraba con orgullo la elástica roja y negra con el escudo de su *squadra del cuore*, regalo de despedida de aquel *agente* encubierto de Adriano Galliani.

Los dos hermanos capitaneaban el equipo de la aldea, que participaba en una mini liga de siete equipos, todos pertenecientes a distintas comunidades de los Iban. "Tenemos un campo junto al río, un poquito más adelante. Ahí disputamos nuestros partidos. No hay mucho nivel, si lo comparas con lo que vemos por televisión, pero nos divertimos mucho, que es lo que buscamos", apuntaba Chen.

La única televisión existente en Ngemah hacía de nexo de unión entre las poco más de 200 personas que habitaban la aldea y el mundo exterior. Obviamente, también era el medio a través del cual Chen y Michael, tanto monta, seguían a su equipo cada vez que sonaban los acordes de la Liga de Campeones y, de paso, a un futbolista en particular, Kaká. "Es un verdadero crack. Da gusto verle jugar. Es nuestro jugador preferido y la bandera del Milan".

Fútbol que estás en La Tierra

El 23 de mayo de 2007 vivieron su día más grande como *tifosi rossoneri*, y eso a pesar de los 11.000 kilómetros de distancia con Atenas (escenario de la finalísima frente al Liverpool de Rafa Benítez), la fuerte lluvia que caía sobre Borneo y los aterradores rayos y relámpagos que se adueñaron aquella noche de la selva.

"Casi nos da algo porque la televisión se iba por causa de las descargas eléctricas de los rayos. Vimos el partido a ratos y nuestro nerviosismo fue en aumento. Por suerte, pudimos ver el final sin interrupciones y lo celebramos por todo lo alto con licor de arroz", recordaban con una lagrimilla resbalando por el pómulo mientras entonaban el "uuuuhahhhhh" (larga vida), grito con el que festejan las buenas nuevas en ese rincón perdido de la selva malaya, que bien podría estar hermanado con A Coruña por mor de una palabra que retumbaba cada dos por tres en mis oídos: Makaay.

No deja de ser curioso que el apellido del ex delantero holandés del Depor signifique comer en el dialecto de los Iban, una conexión en absoluto desconocida para los hijos del jefe Lemaah. "Claro que sabemos que hay un jugador que se llama igual, porque le hemos visto jugar la Champions League. La primera vez que lo oímos, nos hizo mucha gracia". Lo que el fútbol no enseñe...

19. UNA SEMANA EN EL *INFIERNO* DE BAGDAD

SIN DESTINO

Supongo que Bora Milutinovic y un servidor nos sentíamos un poco como György Köves, trasunto de Imre Kertész en su memorable libro *Sin destino*, mientras aguardábamos pacientemente en el aeropuerto de Frankfurt la llamada para embarcar en el vuelo de Lufthansa con destino a Ammán, puerta de entrada obligatoria a suelo iraquí.

Con cinco Mundiales entre pecho y espalda, siempre con equipos diferentes (México, Estados Unidos, Costa Rica, Nigeria y China), el técnico que más partidos de selecciones ha dirigido en la historia del fútbol (312) asumía en de abril de 2009 su último desafío: guiar los pasos de la escuadra iraquí, uno de los países más convulsos de la tierra.

Aunque no le hiciera mucha gracia, al flamante nuevo seleccionador del entonces campeón asiático y rival de España en la Copa de las Confederaciones de ese año, no le quedaba otra que plantar bandera en uno de los lugares más peligrosos del planeta para establecer, con sus nuevos jefes, las pautas para un plan de trabajo exprés.

Fútbol que estás en La Tierra

Restaban menos de dos meses para el debut con Sudáfrica, así que estaba obligado a desplazarse a *territorio comanche* para conocer de primera mano el material humano del que dispondría para la cita africana y en qué condiciones se encontraba.

"Debo ir allí. No hay otra, aunque el presidente me dijo que lo haremos todo en una zona tranquila, en Arbil, porque yo a Bagdad prefiero no ir. Uno nunca sabe...", me comentaba Bora días atrás en Madrid, minutos antes de que le propusiera ser su compañero de fatigas rumbo a lo desconocido. "¡Estás más loco que yo! Pero como eres medio árabe, igual me vienes bien como traductor. Dale. En una semana nos vemos en Alemania y que sea lo que Dios quiera".

El acuerdo se había fraguado visto y no visto durante una informal reunión que el preparador balcánico mantuvo en Qatar con el presidente de la Asociación Iraquí de Fútbol, Hussain Saeed. Bora lo explicaba con ese particular sentido del humor que siempre le acompaña hasta el fin del mundo. "Resulta que ellos andaban buscando a alguien que pueda *chingar* a España en Sudáfrica. Me enteré y les llamé para decirles que yo les he *chingado* ya dos veces. Así que, ¿por qué no una tercera? Así que me contrataron al momento" (risas).

Nuestro cuaderno de bitácora deambuló de sorpresa en sorpresa desde que pisamos territorio jordano. Algo nos olíamos, todo sea dicho. Valga si no la conversación telefónica que el técnico serbio mantuvo unos minutos antes de despegar con Julio Moreno, su hombre de confianza y ex ayudante de Luis Fernández en el Betis.

El chileno demandaba más detalles de nuestra excursión al corazón de la vieja Mesopotamia. "Ni idea tengo, Julio. Sólo sé que nos vienen a buscar y cruzamos por tierra a Irak, pero no sé ni cómo, ni cuándo. Y además está el tema de los visados. Ya te contamos una vez lleguemos allí", atajó Bora.

Alcanzamos Ammán tras casi cuatro horas de vuelo. Nada más salir del aparato y escuchar un cordial "auf wiedersehen" —adiós en germano—, cambiamos el chip bruscamente cuando alguien se acercó a Milutinovic y le hizo una reverencia: "Salam malecum, Mister Bora". Era Mounir, un empleado de la Federación jordana que nos iba a ayudar con los siempre incómodos trámites aduaneros. Una vez fuera, nos presentó a Saad Al Zuhairi, coordinador de la Asociación Iraquí de Fútbol y el encargado de llevarnos en su coche... ¿a Irak? La aventura se ponía en marcha, aunque por unos derroteros muy diferentes a los que sospechábamos.

Ojeando un mapa de Irak durante el vuelo, teníamos el convencimiento de que iríamos a Rutba, en el suroeste del país, dada su cercanía con la frontera de Jordania, para luego dirigirnos a Arbil, en la zona del Kurdistán. Pero al establecer la primera toma de contacto con el presidente de la Federación, Hussain Saeed Mohammed, en un céntrico hotel de Ammán, nuestras previsiones se vinieron completamente abajo.

"Ya sé que usted me había pedido no ir a Bagdad, pero creo que es totalmente necesario porque el próximo fin de semana habrá al menos dos partidos en los que podrá ver a varios jugadores internacionales. Quédense tranquilos que la situación actual es muchísimo mejor que la de hace un par de años. Ahora, salvo algunas zonas de la ciudad, que son un poco conflictivas, hay bastante tranquilidad". La primera, en la frente.

Cuando les comenté que hacía menos de una semana habían muerto 32 personas en una cadena de atentados en la capital iraquí, otro miembro de la Federación se aprestó a quitar hierro al *incidente* con un comentario glorioso. "En todos los sitios pasan cosas, no sólo aquí. Ustedes en España tienen el problema de la ETA en el País Vasco, ¿no? Bagdad es un sitio seguro, de verdad". Pues nada. Si usted lo dice...

Nuestra agenda de ese día resultó más apretada que la mítica zona de Sacchi. Después del desayuno, primera reunión con el presidente para tratar de cerrar la planificación camino del torneo sudafricano. Mister Hussain era de la opinión de que debían jugarse varios amistosos antes del debut contra los anfitriones, mientras que Bora entendía que no era tan necesario.

"Yo tengo la experiencia con Costa Rica en el 90, donde sólo tuve 70 días para preparar el Mundial. Decidí no jugar ningún amistoso oficial, sólo partidos medio informales que me ayudaron mucho. Así llegamos al debut contra Escocia. Íbamos de víctimas y al final les ganamos con un gol de Cayasso. Si vamos a jugar lejos, perdemos cuatro o cinco días de entrenamientos, y eso no nos va a beneficiar. Pienso que es mejor trabajar bien a diario que jugar partidos amistosos. La cuestión es decidir lo correcto para el grupo", abogaba el serbio.

El presidente asintió a regañadientes con la cabeza, mientras aprovechaba para dar un consejo a su nuevo empleado. "Este grupo necesita disciplina. Aquí las cosas son muy diferentes a Europa o Sudamérica. Estos jugadores forman un grupo familiar. Si respetas eso, su forma de ser, puedes tener la llave del éxito", afirmó convencido mientras Milutinovic le estrechó la mano y le confió entre risas. "Tranquilo, Mr. Hussain, ésa es mi especialidad".

La cita con la Prensa se alargó más de lo esperado, debido a la cantidad de peticiones que Bora recibió para atender de manera individual a todas las televisiones presentes en el acto

—unas quince—, y que el nuevo seleccionador aceptó con su habitual cortesía y buen humor.

La noche se nos había echado encima y seguíamos sin saber nada de los famosos visados, cuando nos avisaron de que en diez minutos nos recogía un coche para ir a cenar fuera.

El último acto protocolario fue, sin duda, lo más provechoso en una jornada intensa, interminable y plagada de incertidumbre por no saber si podríamos viajar finalmente a Bagdad. Saad, el coordinador de la Federación, nos llevó en coche a un coqueto restaurante iraquí, "van a probar la auténtica comida de nuestro país", sito en una de las mejores zonas del centro de la capital jordana.

Allí nos aguardaba otra sorpresa, aunque ésta, para variar, agradable. En la amplia mesa estaba sentado, junto al *presi*, Adnan Hamad, el técnico que llevó a los *Leones de Mesopotamia* hasta el cuarto puesto en los Juegos de Atenas 2004 y una figura indispensable del balompié iraquí desde que arrancó el nuevo milenio.

Sus idas y venidas para guiar los pasos de la selección se habían cerrado de momento el verano anterior, cuando fue destituido tras fracasar en su intento de llevar a Irak al segundo Mundial de su historia. Pese a ello, Hamad se había ofrecido a compartir *hommus*, *moutabal*, *labne* (una crema árabe de yogurt que es un verdadero escándalo) y demás excelentes viandas jordanas con Milutinovic para darle una mano en lo que necesitara.

Mientras el preparador iraquí explicaba sobre una servilleta de papel cómo *paró* a la selección durante los Juegos y le recomendaba algún jugador, Bora no perdía detalle de un partido de la Liga qatarí (Rayyan—Wakrah), que emitía Al Jazeera en directo. El motivo no era otro que la presencia de dos de sus nuevos pupilos: el volante Muhamed Karrar y el central Ali Rehema. "Qatar es el país donde tenemos más jugadores en este momento", apuntó Mr. Hussain, el presidente, feliz de ver que había acertado plenamente con el acto final del día.

Como si de una película de Hitchcock se tratara, el *boss* esperó a despedirse de nosotros para entregarnos, con una sonrisa de oreja a oreja, nuestros pasaportes. "Todo está arreglado. Salimos para Bagdad mañana. Estén listos a las 4:30 con las maletas y nos vamos para el aeropuerto, que habrá que pasar varios controles de seguridad", nos espetó mientras Bora y un servidor escarbábamos en el documento con avidez en busca del maldito sello. Y allí estaba. Aunque, tras las últimas palabras del *presi*, meterse en el corazón de las tinieblas ya no parecía tan buena idea...

DÍA 1: Objetivos de Al-Qaeda

Ni en los tiempos de las Cruzadas costaba tanto llegar a la Ciudad de las Mil y Una Noches. Pero al fin lo conseguimos. El que algo quiere, algo le cuesta y la tozudez de Bora Milutinovic para estar lo antes posible en el punto de partida de su más arriesgada aventura como técnico especialista en selecciones de perfil abrupto, tenía un precio: pegarnos el madrugón padre para subirnos al vuelo de Iraqi Airlines con destino a Bagdad, que despegaba a las ocho de la mañana.

Waleed Tabra, responsable de asuntos internacionales de la IFA y a la sazón nuestro acompañante hasta territorio *infiel*, se personó en nuestro hotel en mitad de la noche para recogernos. Y nunca mejor dicho, porque en ese momento no éramos personas. Al pobre hombre no le dimos ni bola hasta que el taxi llegó al aeropuerto de la capital jordana.

Esa media horita de sueño reconfortante nos vino de perlas para encarar, ya sin la caraja mañanera, el incómodo trago de los controles de seguridad. Hasta tres debimos atravesar, con cacheo intensivo, incluyendo dos más de pasaportes, para alcanzar sanos y salvos la puerta 7.

Curiosamente y a diferencia de cualquier otro aeródromo del mundo, para volar a Bagdad no es necesario sacar el ordenador portátil de la mochila, aunque a Bora le *pitó* algo y no tuvo más remedio que encenderlo para demostrar que no era un detonador de explosivos, ni nada por el estilo. Aquí, bromas las justas.

Waleed, un tipo de lo más interesante a la par que servicial, nos explicó mientras embarcábamos que sólo dos compañías aéreas cubrían el trayecto Ammán—Bagdad: "Iraqi Airlines y Royal Jordanian, pero es mucho mejor la segunda. Es más cara, pero es más seria y, si te dicen que el avión parte a las cuatro, es que parte a las cuatro. Iraqi tiene muy pocos aparatos, así que la hora de salida es imprevisible. Los días entre semana no viaja mucha gente a Bagdad, con lo que hay un solo vuelo diario que comparten a medias".

Al entrar en el aparato, nos percatamos de que lo que acababa de comentarnos Waleed era una verdad a medias. El vuelo era, efectivamente, de código compartido, pero la línea aérea que lo operaba era una tercera, Seagle Air. O lo que es igual, *Nisu Airlines*, hablando en plata.

"No sé si con estos llegamos a Irak, David", me susurró Bora después de echarle una primera ojeada al vetusto cascarón en el que nos metieron y percatarse de que, en los asientos delanteros, destinados habitualmente a las azafatas, se sentaban dos agentes jordanos que no perdían de vista un instante al pasaje. Inevitablemente, el recuerdo del 11—S se nos vino de sopetón a la cabeza.

El flamante seleccionador de los *Leones de Mesopotamia* aprovechó la hora y media que duró el trayecto hasta la capital iraquí para devorar con fruición varias informaciones sobre el conflicto en Irak y la situación del país: "Hay que saber lo que te vas a encontrar, por si tenemos que salir corriendo (decía entre risas)", y repasar su informe sobre cómo hacer un buen trabajo mental con sus nuevos discípulos. Sólo se tomó un respiro cuando el piloto anunció las maniobras de descenso hacia Bagdad.

Motivadísimo por su enésimo reto como director técnico, no paró de hablar hasta que tomamos tierra de la Copa de las Confederaciones, de España, del Barça y de Guardiola, por quien siente un especial cariño tras compartir mesa y tertulia muchas veces en Qatar. "Lo conozco bien a Pep. Se ve que aprendió mucho el tiempo que estuvo con nosotros en Doha (risas). No, ahora en serio, es un tipo excelente y me alegro mucho por él. Está manejando fenomenal el vestuario del Barça, sacando lo mejor de cada jugador. ¡Fíjate en Henry! Anda como cuando estaba en el Arsenal".

La amplia silueta que dibuja el celebérrimo río Tigris desde el aire puso fin, justo antes del aterrizaje, al anodino paisaje desértico que nos acompañó durante la última media hora de vuelo. A un costado del aeropuerto se divisaba también la imponente base militar que el Ejército estadounidense tenía en la capital iraquí.

Ya en pleno descenso, se distinguían perfectamente dentro de su perímetro las hileras interminables de carros de combate, una cantidad brutal de contenedores y material de todo tipo hasta donde la vista alcanzaba, y se quedaba corta. Aquella base era comparable en tamaño, según nos contaron luego, a la que los yanquis desplegaron en 1965 en Da Nang, durante la Guerra del Vietnam. De hecho, no tardamos en darnos cuenta que el antiguo feudo de Sadam Hussein y sus secuaces todavía vivía aún, seis años después de la invasión de las fuerzas multinacionales lideradas por Estados Unidos, bajo los efectos de un estado de sitio.

Como sospechábamos, el flamante dispositivo de seguridad montado por la Federación Iraquí que nos esperaba tras superar, esta vez con enchufe, el aburridísimo e interminable papeleo de ingreso al país, consistió en un Toyota blanco del año del caldo en cuyo maletero no hubo forma humana de cuadrar nuestro equipaje.

Para colmo, aún me estaba subiendo en el coche cuando el chófer decidió iniciar la marcha sin previo aviso. Suerte que Bora reaccionó rápido y le reventó el pabellón auditivo con un tremebundo *stop* que hubiera firmado el mismísimo Alfredo Kraus —DEP—, porque sino habría acabado el día con la pierna izquierda enyesada hasta la cintura en algún centro asistencial de Bagdad. ¡Qué miedo!

La hora y media de coche hasta el hotel Al Sadeer, cuartel general de la Federación Iraquí, no tuvo desperdicio alguno y sirvió para conocer de primera mano la realidad de una nación que, en un quinquenio gobernado por el horror, perdió a más de un millón de súbditos a causa de un conflicto que continuaba y todavía hoy sigue dando sus últimas bocanadas.

Fútbol que estás en La Tierra

Los primeros diez kilómetros camino de la urbe se hicieron insoportables por el intenso calor y los múltiples controles, con policías locales armados hasta los dientes, que había en una carretera reducida a un solo carril por motivos de seguridad.

La hilera interminable de vehículos que veníamos del aeropuerto pasamos enfrente del antiguo palacio del dictador destronado por las tropas de Bush. "Lo están reformando ahora, de ahí esas grúas", nos explicó Waleed, en lo que circunvalamos el exagerado perímetro de cemento que lo protegía de las miradas indiscretas.

No había nudo de comunicaciones o puente que cruzásemos que no estuviera fuertemente custodiado por soldados iraquíes, montados en carros de combate tapados por redes de camuflaje, con sus ametralladoras listas para abrir fuego en el caso de que apareciera algún insurgente cargado de dinamita hasta las orejas.

Las casamatas de cemento con su inquilino dentro, para dar protección a la gran cantidad de vehículos que circulaban, se sucedían sin parar a los lados de la autopista una vez cogimos al fin velocidad. "Últimamente ha habido varios ataques dirigidos, sobre todo, contra los milicianos que combaten a los radicales y a la gente de Al—Qaeda, por eso hay este despliegue. Pero no se preocupen, la zona donde vamos es tranquila y muy segura", nos decía el empleado federativo con ferviente optimismo. Bora, con voz lacónica, le replicó: "Espero que estos de Al—Qaeda no me tengan entre sus objetivos porque sino...". Las risas que atronaron dentro del coche ayudaron a descargar la tensión que se palpaba fuera.

El estado de sitio encubierto se percibía hasta en los edificios aún resquebrajados por los sangrientos combates del inicio de la guerra. En su interior, soldados con ametralladoras de posición pasaban a toda velocidad delante de nuestras ventanillas. Waleed nos dijo que estaban allí "para impedir que los insurgentes se hagan fuertes en ellos e iniciar un ataque contra las fuerzas del gobierno".

Según avanzamos por el centro de Bagdad observamos numerosos edificios cuya entrada estaba protegida por enormes bloques de hormigón, que de vez en cuando se abrían y cerraban para dar paso a los vehículos que ingresaban en sus tripas. Waleed, una vez más, sació nuestra curiosidad. "Esos bloques son la mejor defensa contra los ataques suicidas. El efecto de las explosiones es mucho menor con ellos cerrados". Silencio de cal y mirto.

La mayoría de las calles habían sido literalmente invadidas por artículos en venta (televisiones, muebles, grupos electrógenos, lavadoras...) que parecían escaparse de las tiendas. La explicación era bastante sencilla: el fondo de los edificios quedó devastado por los efectos de la guerra, así que los comerciantes tenían que exponer su mercancía en plena acera, y además apilada para dejar sitio al vecino.

Cuando por fin arribamos a nuestro destino, convenientemente custodiado por supuesto, un tipo ataviado con un traje militar de camuflaje nos dio el alto y activó un aparatito que emitía un ruido bastante impertinente. "Es un detector de bombas", nos dijo el conductor... Al otro lado del portón de hormigón, salió a nuestro encuentro el vicepresidente de la Federación, Najih Hamouel Harib. "Welcome to Bagdad, Mister Bora", dijo mientras se fundían en un entrañable abrazo.

Uno de los utilleros de la Federación hizo entrega al técnico serbio de un ramo de flores, tras lo cual dio un breve *spitch* agradeciendo el cálido recibimiento y prometiendo "trabajar al máximo para lograr que los iraquíes y toda Asia se sientan orgullosos de mi equipo". Palabra del señor Bora.

DÍA 2: Rodeados de paramilitares y peregrinos Chiíes

Viajar *empotrado* al nuevo seleccionador iraquí tenía no pocas ventajas, habida cuenta de que nos hallábamos en el corazón de uno de los tres países más inestables del globo terráqueo, junto a Sudán y Afganistán. El personal de la Federación que, como nosotros, se alojaba en el hotel Al Sadeer, se desvivió en todo momento para que tanto Bora Milutinovic como yo nos sintiéramos a gusto y dispusiésemos de lo que nos hiciera falta. La única desventaja de acompañar al míster serbio surgía en el momento en el que comentabas que querías ir a dar una vueltecita por el barrio y echar de paso un vistazo al estadio Al Shaab, el epicentro del balompié en la capital de la antigua Babilonia.

Entonces, saltaba la alarma y dos o tres miembros de la IFA se ponían serios de verdad y trataban de disuadirte de semejante *locura*. "No es muy aconsejable salir solo del hotel, y mucho menos andando. El estadio no está lejos, es cierto, pero no se puede ir a pie. No te preocupes, que mañana o pasado iremos en coche allí, a la sede de la Federación y a otros lugares que tenéis que visitar. El ambiente fuera lleva un par de días algo enrarecido, así que es mejor quedarse en el hotel", me aconsejó Aamer Abdulwahab, el entrenador de porteros de la selección, que también vivía enclaustrado, como nosotros, en aquella *prisión*.

El sonido constante de sirenas y los helicópteros que sobrevolaban todo el tiempo nuestro hotel, eran un indicativo diáfano de que el patio andaba revuelto por el centro de la capital iraquí. De hecho, el inconfundible ruido de uno de esos aparatos aéreos fue el culpable de que me desvelara a las cinco de la mañana. Y ya no dejaron de pasar.

Bora también había movido sus hilos por otro lado para poder estirar las piernas fuera del hotel, pero la respuesta con la que se encontró fue mucho más elocuente y demoledora que la que me dieron a mí. "Me comentan que nos olvidemos de salir solos. El vicepresidente dice que, por mi aspecto, me pueden confundir con un *gringo* y entonces... chao. Ya sabes. Hay que esperar a que nos pongan una escolta".

Semejante argumento nos hizo desistir de nuestras inquietudes y ceñirnos al dedillo al programa del día diseñado por la IFA (firma del contrato, presentación oficial a nivel local, almuerzo con la directiva, reunión de trabajo con Radhi Shneashel, el segundo entrenador; y el preparador de porteros, cena con la directiva...). Todo ello en nuestro dulce hogar, claro.

Aunque resultase paradójico, teniendo en cuenta la tensión y clima semibélico que se palpaba en esa ciudad, en el Al Sadeer no quedaba un solo cuarto libre. Como lo oyen. Un par de días metido en ese agujero, en el que de tanto en cuando se iba la luz por unos minutos hasta que el generador principal volvía a revivir a trancas y barrancas, bastaban para enterarte de cómo funcionaba allí el tinglado. Las plantas superiores estaban copadas por milicianos sunitas, paramilitares que colaboraban desde hacía tres años con el gobierno iraquí en su lucha contra insurgentes y terroristas, para erradicar la violencia de las calles de Bagdad.

Como la mayoría eran grandes aficionados al fútbol, el chorreo de individuos con trajes mimetizados que se acercaban a Milutinovic para retratarse con el *coach* era continuo, aunque siempre con mucho respeto y admiración hacia la figura de un técnico que ya era considerado un héroe entre los iraquíes. "Gracias por venir, *general*. Gracias por ayudar a Irak. Confiamos en usted", le decía Ahmed Walid, uno de los más jóvenes miembros de la milicia *Consejo del Despertar*, que tenía su base en nuestro hotel.

Una inesperada oleada de *turistas* apareció en nuestra residencia a última hora de la tarde. En pocos minutos, la recepción parecía la entrada de *El Corte Inglés* el día que comienzan las rebajas. Se trataba de grupos de peregrinos chiíes, ataviados con sus típicas vestimentas negras, venidos desde Irán para visitar Al Kadmay, uno de los lugares sagrados que esta etnia musulmana tiene en suelo iraquí. En un par de días, seguirían hacia el sur para cumplir con sus obligaciones religiosas en Kerbala y Najaf. Y mientras, nosotros ¡sin poder doblar ni la esquina!

DIA 3: El Everest de los desafíos

El fichaje de Bora Milutinovic como seleccionador de los *Leones de Mesopotamia* tuvo un enorme impacto en tierras iraquíes. Su primera comparecencia ante los medios locales lo puso claramente de manifiesto, ya que el evento fue cubierto por al menos un centenar de profesionales de la información, tanto nacionales como extranjeros (estuvo presente el corresponsal de France Presse). Hasta quince canales de televisión desplegaron sus cámaras para captar el momento de la rúbrica del contrato por parte del técnico serbio, que estuvo acompañado en el acto por el vicepresidente de la IFA, Najih Harib. El gran jefe, Mr. Saeed, tenía asuntos que atender en Ammán y no nos había acompañado. Pero, ¿había algo más importante en su agenda que presentar a Bora a su pueblo?.

El preparador balcánico aceptó de muy buen grado el apodo de *general* con el que le tildaron el día antes varios periódicos de la capital, aunque matizó: "Nunca he sido de utilizar el látigo con los jugadores. Creo que hay que llegar a ellos a través del cariño, no de la severidad, salvo que sea estrictamente necesaria". Un mensaje envenenado en un lugar donde uno de los hijos de Sadam Hussein había ordenado azotar a sus internacionales tras una derrota.

A renglón seguido, Bora, que se calzó la camiseta verde según se la dieron, calificó su octava aventura en el banquillo de un combinado nacional como "el mayor desafío de mi vida. Quiero expresar mi felicidad por tener esta oportunidad al frente de una selección que es el orgullo de un pueblo que ha sufrido tanto en los últimos años, y que dentro de muy poco tiempo tendrá el privilegio de defender en Sudáfrica el pabellón de todo un continente. Soy optimista y confío en que seamos capaces de demostrar al mundo que somos un buen equipo".

El seleccionador iraquí confesó que su nuevo país de adopción le traía recuerdos imborrables por un hecho que marcó su vida hacía 23 años. "Nunca olvidaré aquel México—Irak del Mundial 86 porque fue un 11 de junio, el día que mi mujer salía de cuentas para dar a luz a mi hija. El problema fue que, como nos jugábamos el pase a la siguiente ronda, yo iba a tener difícil estar en el hospital y sospechaba que hasta los médicos estarían más pendientes de lo que fuera a hacer mi equipo, así que le dije al doctor que lo mejor era adelantar su nacimiento un día. Y así ocurrió. Darinka vino al mundo el 10 de junio, y todos suspiramos de alivio", explicó entre risas mi dicharachero *jefe*.

Ante las insistentes preguntas sobre si pensaba contar con los jugadores profesionales que militaban en Qatar para la Copa de las Confederaciones, Bora se limitó a decir que "mi idea es contar con el mejor equipo posible, así que primero quiero saber cómo están todos los jugadores disponibles y después decidiré, nunca antes".

Respecto a la inseguridad de Bagdad y el resto del país, el técnico nacido en Bajina Basta sacó a relucir su cara más optimista y se permitió el lujo de bromear sobre el tema. "Si esto fuera realmente peligroso, no estaría aquí. Les puedo decir que he dormido muy bien, mejor que en mi casa. No oigo nada. Para mí lo único importante es poder ayudar a Irak a lograr otra alegría. Por eso estoy aquí. Es en lo único que pienso ahora mismo".

DÍA 4: ¡Por fin llegó la escolta!

Más vale tarde que nunca. Y en este caso era un cumplido en toda la regla para la Asociación de Fútbol Iraquí, cuya política de acometer los problemas de logística que iban surgiendo sobre la marcha se acercaba bastante a los de una república bananera. Sabié, la persona de la IFA encargada de atendernos las 24 horas del día, aunque apenas podíamos cruzar con él gestos y los clásicos "good" y "sokram" porque sólo hablaba árabe, apareció a media tarde por el hall del Al Sadeer, donde Bora Milutinovic se encontraba viendo unos vídeos de los últimos partidos de su nuevo equipo, con una sonrisa de oreja a oreja. Y nos dio la buena nueva: ¡teníamos escolta!

En realidad, fue una deducción nuestra al ver a sus espaldas una cohorte integrada por nueve hercúleos guerreros asirios camuflados de paramilitares, que por lo que pudimos observar desde que aterrizamos en Bagdad, servían tanto para un roto como para un descosido.

Después de presentarnos a los forzudos guardaespaldas, el *intendente* Sabié los reunió en un corrillo para darles unas cuantas instrucciones antes de que se disgregaran con bastante disimulo por el hotel. Se veía que los tipos tenían sus horas de vuelo en este tipo de *curro*. Tanto mejor. Lástima que hubieran venido tan tarde, porque la capital iraquí dejaba de ser un lugar recomendable para salir a la calle a partir de las seis. Eran ya cerca de las siete de la tarde, con lo que por segundo día nos quedamos con las ganas de dar una vuelta allende los bloques de hormigón que protegían la entrada de nuestro *búnker*.

A decir verdad, el horno no estaba para bollos en el centro. Media hora antes de que Sabié y sus muchachos entraran en escena, escuchamos con toda nitidez el tableteo de una ametralladora y la réplica de varios fusiles de asalto. No estaban a más de medio kilómetro de distancia. La escaramuza o lo que fuera apenas duró un minuto, pero sirvió para convencernos de que la "tranquilidad" que nos vendieron en Ammán de este lugar, distaba mucho de la realidad.

Tampoco es que nos pillara por sorpresa. Las *señales* inequívocas en el trayecto entre el aeropuerto y el hotel de que

Fútbol que estás en La Tierra

Bagdad no es el mejor lugar de la tierra para hacer turismo, se reafirmaron al día siguiente mientras Milutinovic atendía al corresponsal de France Presse. El tipo sólo llevaba una semana en el país, pero no se había atrevido a salir de su hotel hasta ese momento por la inseguridad reinante, más si se trataba de un rubiales con inconfundible aire de *guiri*. Eso sí, a la rueda de prensa llegó acompañado por un par de guardaespaldas, uno de los cuales hacía también las veces de chófer.

La entereza de Bora era digna de elogio. El hombre no aparcaba un solo instante su perenne sonrisa para atender a las interminables peticiones de fotos por parte de casi todo el que asomaba la cabeza por recepción. Se le veía en su salsa, improvisando tertulias de fútbol conmigo o con el entrenador de porteros. Estaba deseando ponerse a los mandos de sus nuevos discípulos. "Este ambiente y la forma de ser de la gente me recuerdan muchísimo a Sarajevo, a Belgrado, a mi tierra, a Los Balcanes. Es como si hubiera vuelto a casa", comentaba risueño.

El viernes es el día festivo en el mundo musulmán y el hotel se convirtió a última hora del día en un constante fluir de parejas de recién casados, que llegaban para inmortalizar su compromiso en el estudio fotográfico que había junto al restaurante. Los trajes de las novias no diferían demasiado del atuendo occidental, aunque por sus rostros pareciera que iban a un velatorio más que a retratarse en el día más feliz de su vida. Mientras esperaban su turno, alguno de los chicos recién casados reconoció a Bora y le pedió que se fotografiara con ellos. Sin saberlo, el míster puso la guinda al pastel nupcial. Y comieron perdices...

DÍA 5: *Alí Baba*, los 40 ladrones y una kalashnikov

Salir a la calle en Bagdad seguía siendo una actividad de alto riesgo, máxime si 24 horas antes un atentado se había llevado por delante a 60 víctimas inocentes, te delataba tu aspecto occidental y encima eras el seleccionador de fútbol de Irak.

Pero la tentación de conocer lo que quedaba de la histórica urbe en la que el rey Hammurabi concibió su Ley del Talión (esa del ojo por ojo, diente por diente), era demasiado fuerte para que un intrépido aventurero de la talla de Bora Milutinovic la dejara pasar por alto.

El operativo montado por la Federación Iraquí a las puertas del hotel Al Sadeer para la escapadita mañanera dejó boquiabierto al mismísimo preparador serbio: nueve guardaespaldas, cuatro coches, dos por delante y otros dos por detrás del vehículo en el que viajaba Bora y su séquito (dos empleados de la IFA y quien esto escribe). Vamos, ni Obama y Rajoy juntos.

Camino del mercado de Om el Maleef, en el suroeste de la ciudad, uno de nuestros acompañantes, Waleed Tabra, se sinceró a medida que dejábamos atrás las raídas siluetas de los edificios de la antaño señorial calle Haifa. "La gente está decepcionada con los americanos. Al principio, cuando llegaron, había esperanzas de que las cosas cambiaran para mejor, pero con el tiempo nos dimos cuenta de que lo único que les interesa es controlar el petróleo y asegurar el abastecimiento a través del Estrecho de Ormuz. No han hecho nada por el pueblo y su presencia hace tiempo que no tiene sentido. Es más perjudicial que otra cosa y las consecuencias de ella son, por desgracia, las bombas y los atentados de los grupos extremistas".

La interminable sucesión de puestos de control que sorteamos con soldados, policías y paramilitares transmitían un extraño y paradójico halo de inseguridad. También había mercenarios traídos de medio mundo por compañías de seguridad yanquis e inglesas para ocupar el vacío que habían comenzado a dejar las tropas de ocupación, ya en retirada.

Mientras, Waleed seguía con su perorata. "No me fui nunca de Bagdad durante la guerra. Si decidí quedarme fue por mi familia, por estar con ellos en un período tan terrible. Es cierto que siguen pasando cosas, pero muchísimas menos que antes. Casi nada en comparación a los cuatro primeros años de la lucha. Había días que morían 300 personas. Hemos tenido una guerra civil, aunque ninguno sabíamos quién era el enemigo, pero a diario había muertes, bombas, secuestros, tiroteos con los soldados americanos. No había un lugar seguro en todo Bagdad. La verdad es que es un regalo de Alá que aún sigamos vivos".

A todo esto, a los *gringos*, ni se les veía el pelo. Desde que cedieron los trastos al ejército iraquí, no salían de la Green Zone, una Nueva York de bolsillo (ocupaba seis kilómetros) encastillada por el río Tigris y mil cañones por banda, a la que intentamos acceder sin suerte. Un policía reconoció a Bora en el primer control y nos dejó pasar. Pero en el siguiente, nos topamos con un *marine* de los Lakers al que no le gustaba el *soccer*...

El aspecto desolador, la miseria y la falta de higiene que transmitía cada rincón de esta especie de cárcel a cielo abierto, sin derecho a un futuro digno y en la que una vida equivale a poco o nada, contrastaba con la frenética actividad de sus bazares y del ramillete de mercados que se agolpaban en los anchos costados de las aceras, convenientemente protegidos por bloques de hormigón contra eventuales kamikazes.

Bora decidió plantar bandera en el zoco de Alewei, en pleno corazón de Bagdad, para desgracia de nuestra guardia pretoriana. Su repentino nerviosismo nos inquietó, aunque muy pronto supimos el motivo: una bomba de Al—Qaeda había matado allí mismo tres días antes a 12 personas, y herido a otras 25.

Sabié, uno de nuestros guías, me agarró del brazo y nos anudamos para que entre ambos no cruzara ni una ráfaga de aire. "Alí Babá está aquí. Más de 40. Mucho ladrón. Hay que ir con cuidado", me previno entre risas con su inglés de telegrama, mientras Waleed hacía lo mismo con Bora. Entre la infinidad de puestos donde vendían hasta a su madre, surgió un tenderete cutre en el que exponían todo un arsenal militar.

En plena Gran Vía de la ciudad más *segura* del mundo, se podían adquirir granadas de mano, munición de cualquier calibre, cuchillos, pistolas... De repente mis ojos se clavaron asombrados en un AK—47. Aún estaba flipando por tener ante mis narices un Kalashnikov, cuando el tipo del quiosco me escupió algo en árabe. "Te lo vende por 30 euros", me tradujo Waleed. "Es el último que le queda". Tentador, pero decliné su oferta. No fuera a ser que al salir del país me pusieran alguna que otra pega...

De regreso a nuestro hotel—búnker, Bora llamó mi atención hacia una silueta que se aproximaba a toda velocidad por nuestra izquierda. "Stop, stop", gritó el míster como si estuviera a pie de cancha cuando nos pusimos a su altura. "Para no creer. Vamos rápido. Tienes que hacerme una foto ahí". Medio segundo más tarde, Milutinovic se plantaba delante de los restos de un coche completamente calcinado que pacía a un costado del Tigris.

"Era de la policía. Aquí mismo hubo un ataque suicida hace dos semanas y los insurgentes se inmolaron contra este vehículo. Murieron seis personas en total y hubo importantes daños en otros carros, pero el que peor parado salió fue éste", nos informó Waleed el gacetillero. "¿Y lo dejan ahí no más?", preguntó Milutinovic en un tono que rayaba la excitación. "Sí, claro", respondió nuestro guía como quien ingiere un trozo de pizza. Por desgracia, escenas tan dantescas como aquella eran para él y su gente algo de lo más normal.

DÍA 6: Dos *bajas* en nuestro hotel

Después de la tempestad, llega la calma. Siempre sucede lo mismo. O casi siempre, porque un terrible viento *Harmattan*, procedente del desierto saudí, invadió el amanecer. La inmensa nube de polvo, movida por el caprichoso Eolo, impedía la visibilidad a 100 metros de distancia. Y, lo que es peor, invadió cada rincón del hotel creando un clima irrespirable que se iría diluyendo según avanzó la mañana.

Lo que no conseguimos sacarnos de encima fue la desazón y la tristeza provocada por el sangriento atentado de la tarde anterior en Al Kadmay, uno de los lugares sagrados de los chiíes en la capital iraquí. La inmolación de dos mujeres suicidas contra un nutrido grupo de peregrinos de esa etnia religiosa se llevó por delante 60 vidas inocentes, y dejó más de 130 heridos.

Las tremendas imágenes que comenzó a emitir la televisión local dejaron a Bora totalmente hundido, sin poder articular palabra.

No era para menos, ya que por segundo día la sangre teñía de dolor las calles de Bagdad. El jueves habían muerto 84 personas en otros dos atentados. Lo único que sacó al míster de su ensimismamiento fue la necesidad de llamar a su casa, en México D.F., y contactar con María, su mujer, y con su hija Darinka para tratar de tranquilizarlas en el caso de que hubieran tenido noticias de la terrible tragedia que había acontecido allí. "Estos son los días más tristes de mi vida. Estos atentados no tienen nombre. No puedes ni imaginarte cómo han destruido este país con tanta historia", le dijo con un tono apesadumbrado a su esposa por teléfono.

El drama se hizo mucho más intenso y doloroso cuando supimos que al menos dos de las víctimas de la matanza, formaban parte de uno de los grupos de peregrinos de nacionalidad iraní que se alojaban en nuestro hotel. Un recepcionista nos señaló con la vista una cesta con un papel y una llave sobre él, que reposaba sobre una mesa. "Los que estaban en ese cuarto no volvieron en el autobús. Dicen que son dos de los que fallecieron".

Un silencio sepulcral reinaba en el siempre ruidoso hall y en el comedor, donde un centenar de peregrinos desayunaban sin mover un labio, aún sobrecogidos por la atroz experiencia que les había tocado vivir la fatídica jornada anterior. Mientras, algunas mujeres chiíes, cubiertas de la cabeza a los pies con sus trajes color negro azabache, rezaban arrodilladas sobre el césped que rodeaba la piscina del hotel, formando una línea recta perfecta.

Ávidos de información sobre lo ocurrido, bombardeamos a preguntas a Aamer, el entrenador de porteros, durante el almuerzo, en un céntrico restaurante, donde obsequiaron al míster con un enorme y sabrosísimo pescado de río hecho al grill, como le gusta a Bora. "Nadie sabe quiénes fueron los autores de los dos atentados, pero todo el mundo sospecha que detrás de estos ataques está Al—Qaeda", nos explicó.

Bora continuó toda la tarde en estado meditabundo. La precaria situación de Irak le recordaba más que nunca a lo vivido en la antigua Yugoslavia, su tierra, a principios de los 90. Por eso sus sentimientos no podían estar más cercanos a los del pueblo iraquí. "El fútbol pierde sentido cuando se produce una matanza como ésta. Ver sufrir a esta gente indefensa me pone muy triste, y más aún saber que sus vidas, en la mayor parte de los casos, no tienen futuro. Hoy más que nunca me siento orgulloso de ser el seleccionador de este país", sentenció justo antes de darme las buenas noches con voz trémula, y retirarse a su cuarto. Nunca antes, desde que nos conocíamos, lo había visto tan cabizbajo.

DÍA 7: Y al séptimo día... fútbol

No hay mejor medicina para curar los males del alma que un buen partido de fútbol. Eso pensé al reunirme con un resplandeciente Bora para desayunar. "Hoy es el día, mi querido. Tengo unas ganas locas de ir a la cancha a ver fútbol y empezar a trabajar, porque el tiempo apremia y queda todo por hacer". No le faltaba razón. Estábamos a 40 días del debut de Irak ante

Sudáfrica, en Johannesburgo, y todavía no conocía ni a los utilleros de la selección...

Antes de montarnos en el convoy paramilitar que nos trasladó al estadio Nacional de Bagdad para ver el choque entre Al Sinaa y Al Tabala, Milutinovic recibió una lista de los jugadores de ambos equipos que habían sido en alguna ocasión internacionales, lo que sorprendió gratamente al técnico serbio. "En Nigeria no me dieron ni la hora", me espetó con una sonrisa de oreja a oreja mientras recitaba los nombres que aparecían en el papelito.

Un espectacular cordón de seguridad rodeaba el Al Shaab stadium, también conocido como el *Estadio del Pueblo*. Construido en 1966 por un influyente magnate del mundo del petróleo, que posteriormente se lo regaló al Gobierno como pago por las prebendas recibidas, es el coliseo más grande del país, con capacidad para 45.000 espectadores.

El otrora inmaculado manto verde del Al Shaab fue durante cuatro años el hangar más seguro para los helicópteros *Tigre* estadounidenses, aunque eso no impidió que se librara de los continuos ataques insurgentes. Los importantes daños que sufrió durante la guerra civil no dejaron otra alternativa a los invasores que costear su reconstrucción en 2005, aunque no sería hasta 2007 que la casa del fútbol iraquí recuperó su función primigenia, albergando partidos del reanudado campeonato doméstico.

A punto de ingresar al estadio por una zona acordonada y alejada de miradas indiscretas, pasamos por delante de un carro blindado y Bora se giró para pedirme que le tirara una foto delante del vehículo. Le hice un par de instantáneas rápidas, pero no lo suficiente para que un policía me empezara a gritar como un poseso. Bora y un servidor nos hicimos los *suecos*, pero en cuanto nos dio alcance me puso la mano encima y se armó la gorda.

La escena parecía la clásica trifulca que los futbolistas montan en un visto y no visto sobre el césped, porque nuestra cohorte de *matones* se puso en guardia. El repentino griterío llamó la atención del inseparable Waleed y otro miembro de la Federación que iban ligeramente adelante. Ambos intervinieron de inmediato para sacarme de las garras de los cinco policías que no paraban de increparme en árabe, dando por hecho que yo era un lugareño, mientras forcejeaban conmigo y nuestros *sabuesos* para quitarme la cámara.

El gabinete de crisis atrajo la atención de un oficial del Ejército, a quien el fiel Waleed explicó que el señor que estaba a mi lado era el nuevo seleccionador y que yo era su *asistente*. Los agentes me soltaron y el mando me pidió que le dejara la cámara. Observó las fotos que había hecho y me dijo que tenía que borrarlas "por razones de seguridad. No se pueden sacar fotos en ciertas zonas del estadio. La próxima vez pregunte antes de hacerlas". Así las cosas, no tuve más remedio que darle al *delete* ante su presencia.

Cuando por fin estábamos ya en el interior del recinto deportivo y la adrenalina empezaba a estabilizarse, Bora se puso a mi altura y entre risas me soltó: "¿Pero cómo se te ocurre hacer esa foto? No te han *chingado* de milagro". No sabía si estrangularle o matarle, pero acabamos dándonos un abrazo y compartiendo a carcajada limpia la frenética experiencia recién vivida.

La pasión del pueblo iraquí por la redonda es perfectamente equiparable a la de países como Inglaterra, Argentina, España o Brasil. Los incesantes cánticos y el aderezo musical envolvieron al estadio en una atmósfera mágica que maravilló a Bora, quien cámara en ristre no paró de registrar todo lo que acontecía en derredor nuestro. La pertinaz percusión de los tambores, al estilo de las *derabucas* magrebíes, emitía ese peculiar soniquete típicamente morisco que marcaba de continuo el ritmo acompasado de las tonadas de ambas hinchadas.

Digo yo que nos verían con cara de famélicos, porque no pararon de agasajarnos con comida y bebida durante todo el partido: palomitas, bocadillos, chocolatinas, caramelos, jugos, Pepsi, agua mineral... Cada cinco minutos, un par de camareros desaliñados aparecían por la zona VIP para ofrecernos de todo. De nada servía decirles que no, porque igual te lo iban dejando en una especie de repisa que teníamos delante, donde acumulamos el *material*. Parecía que su misión durante los partidos era atiborrar al personal, y a fe que lo consiguieron ya que casi todo el mundo se pasó los 90 minutos zampando. "Luego metes todo eso en la mochila y nos lo llevamos para dárselo a los niños de la calle, que lo necesitan mucho más que nosotros", me diría el *jefe* poco antes de concluir el duelo.

Bora estaba en su salsa, disfrutando como un crío. Tan pronto departía con Radhi Shneashel, uno de sus asistentes, como grababa unos detallitos del juego o de la grada, se daba tres besazos —es la costumbre local— con todo el que aparecía por el palco para darle la bienvenida —Marhaba—, o se hacía una foto con un dirigente y su hijo.

El tema de la seguridad raya en la obsesión por estos pagos. A nuestro lado se apostaron dos agentes vestidos con una especie de chándal que no pararon de fumar. Y con ellos, nosotros. De vez en cuando me tenía que levantar y hacer como que iba al baño porque la humareda que formaban era insoportable. Pero claro, después del incidente de la cámara cualquiera les decía algo. ¡Ya estábamos fichados!

Fútbol que estás en La Tierra

Desalojamos la tribuna cinco minutos antes del punto y final del encuentro por la razón de siempre. En nuestra *huida* escuchamos un par de veces a nuestras espaldas gritar el nombre del nuevo técnico iraquí, pero los guardaespaldas impidieron que nadie se nos acercase. "Nunca sabes quién puede venir y con qué intenciones, así que es mejor prevenir", nos comentó Waleed, nuestro ángel de la guarda. Tranquilizador, vaya.

Decir adiós siempre me ha costado más que levantarme a las cinco de la mañana. Máxime cuando dejas solo a un amigo en medio de esa especie de infierno terrenal que seguía siendo Bagdad. Pero la arena de mi reloj se había filtrado por completo, señal inequívoca del final de un ciclo, de una vivencia ya imborrable de mi disco duro.

Encontré a Bora ultimando algunos detalles de su *informe Irak*, una especie de plan de acción que había diseñado para tratar de integrar y hacer causa común con un plantel en el que había futbolistas de al menos cuatro grupos étnico—religiosos (árabes chiíes, sunitas, kurdos y cristianos). "El talento en fútbol es lo más importante, porque lo tienes o no, pero la actitud es fundamental, aunque es un aspecto que se puede trabajar y mejorar muchísimo. Este informe no sólo servirá para motivar al futbolista, sino también para fomentar desde el primer día un espíritu de grupo para que todos rememos en la misma dirección. Mi experiencia me dice que, si logras que el equipo tenga la actitud adecuada en el campo, tienes mucho ganado", respondió cuando le pregunté si tenía fe en poder obrar otro *milagro* como los de Costa Rica, Nigeria, Estados Unidos o China. Y allí se quedó solo, ligero de equipaje, como los hijos de la mar, pero convencido de estar donde debía.

20. LA PRIMAVERA PALESTINA

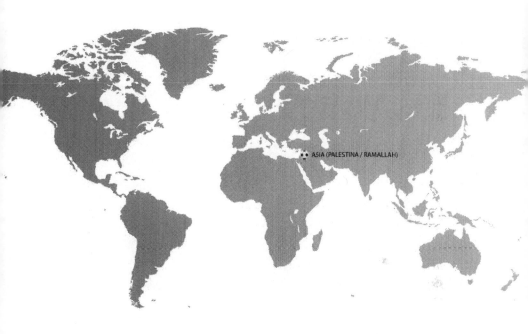

El 30 de noviembre de 2012, Palestina dio un paso de gigante en su cruzada por liberarse del yugo israelí al obtener el reconocimiento, por parte de la ONU, de su condición de *Estado observador no miembro* en el organismo internacional. El importante logro diplomático cosechado en Nueva York por Mahmoud Abbas, presidente de la Autoridad Nacional Palestina, encontró réplica inmediata con el recrudecimiento de unas tensiones que son el pan nuestro de cada día en los territorios ocupados por las fuerzas armadas hebreas desde hace más de cuatro décadas.

La proliferación de asentamientos de colonos israelíes en Cisjordania continúa siendo el epicentro de unas disensiones que imposibilitan el acercamiento de posturas entre ambos pueblos, y cuyo símbolo más traumático es el muro de 753 kilómetros que rodea y separa a más de un millón y medio de palestinos de sus vecinos hebreos.

La intensificación de esa presión asfixiante por parte del Ejecutivo de Benjamín Netanyahu la padecen todos los estamentos de este *país* de bolsillo, con una superficie que apenas

Fútbol que estás en La Tierra

alcanza los 5.640 km². El fútbol, no es una excepción. La naciente y popular Cisjordanian Premier League se estrella una semana y otra también con los efectos nocivos de una guerra sucia que lamentablemente tiene visos de ser el cuento de nunca acabar.

Roberto Karin Pesce Kettlun es la vedette del Hilal Al—Quds, acaso la mejor de las doce escuadras que conforman la élite del balompié palestino. Un *Messi chileno* en Tierra Santa que abandera también a la selección nacional por mor de su bisabuelo paterno, originario de Belén. Pero su notable habilidad con la redonda, que le ha valido la condición de ídolo máximo de su patria adoptiva, sirve de muy poco cada vez que encara los *M16* o los *Tavor* de las fuerzas armadas hebreas en los múltiples controles militares que sesgan la geografía del llamado West Bank.

"La situación se ha endurecido bastante desde ese guiño de la ONU a Palestina. Poco después tuve que viajar con mi familia a Jordania un par de días, para renovar los visados de turistas que teníamos para ingresar en Israel, y a la vuelta no nos querían dejar entrar. Íbamos con mis dos hijas, una de ellas recién nacida, pero les daba lo mismo. Sólo después de cinco horas de espera y tras un montón de llamadas de los dirigentes de mi club a las autoridades israelíes, además de la ayuda del cónsul chileno en Palestina, pudimos pasar la frontera con un permiso temporal de dos semanas. Con el tiempo justo para tramitar los nuevos papeles. Ahora me han dado el visado de trabajo por un año, pero sólo para los territorios ocupados, con lo que ya no podemos pasar a Israel", me contaba con aire resignado *El Peto*, apodo por el que le conoce todo el mundo, en el salón de su casa en Ramallah, la capital de este reino de Taifas contemporáneo.

Esa estresante vida rodeada de alambres de espino, muros infranqueables y *check—points* a la vuelta de cada esquina, mediatiza por completo la actividad de los pocos profesionales que viven del balompié en un terruño acuciado, además, por una crisis pandémica. "Los sueldos siempre van con dos o tres meses de retraso, si hay suerte. Pero no sólo en el fútbol, también en las entidades publicas. Aunque hay cosas peores. Nuestro club tiene su sede en Jerusalén oriental, la parte antigua de la ciudad, pero pocos jugadores tienen permiso para ir allí, así que entrenamos y jugamos en El Ram, el estadio Nacional. Está a 15 minutos en coche de la capital, pero como hay que pasar junto al principal control fronterizo, la congestión por los controles israelíes es siempre tremenda, así que puedes tardar un par de horas fácil".

Ante tal panorama, no es de extrañar que rara vez se cumplimenten las jornadas ligueras sin sobresaltos: "Lo de llegar tarde es bastante habitual por los desplazamientos, así que no se aplican castigos si un partido empieza media hora más tarde o un equipo no se presenta porque quedó retenido en un *check—point*. A veces, incluso, se programa jornada doble los fines de semana por la falta de estadios (sólo hay siete), porque el ambiente se caldeó de repente o simplemente para enganchar un poco más al público".

La espiral de buenos resultados obtenidos en los últimos tiempos por el combinado nacional también se ha visto frenado en seco por el deterioro de la situación, que entre otras cosas impide que los internacionales que residen en la franja de Gaza puedan unirse a sus compañeros cisjordanos. "También hemos dado un paso atrás con esto. Volvemos a los tiempos en los que los jugadores que venían de Gaza no tenían permiso para venir a Ramallah. Es una lástima que el fútbol tenga que pagar las consecuencias de la política, pero así están las cosas y de momento no hay mucho que nosotros podamos hacer".

La realidad es que en esta tierra de interminables colinas pedregosas, prácticamente yermas de vida, e inundada de rutas en dramático estado de descomposición, salvo los tramos que unen los *kibutz* con Jerusalén, el balompié es mucho más que un simple deporte. Y sus enemigos del otro lado del muro lo saben muy bien.

La histórica victoria de los *Leones de Canaán* en el Torneo Internacional *de la Nakba al Estado* (catástrofe en árabe, o diáspora del pueblo palestino), que en la primavera de 2012 reunió por vez primera en este convulso territorio a diez selecciones (Palestina, Túnez, Indonesia, Vietnam, Pakistán, Mauritania, Uzbekistán, Jordania, Srilanka y el Kurdistán Iraquí), supuso un impulso moral de notables proporciones a las reivindicaciones de sus sufridos moradores, que ansían conquistar un día no muy lejano el estatus de ciudadanos de pleno derecho en su propio suelo y poder regresar, en no pocos casos, al lugar del que fueron expulsados, víctimas de un conflicto que el paso del tiempo ha sido incapaz de detener.

El triunfo del once dirigido por Jamal Mahmoud sobre Túnez en la finalísima con un gol *a lo Panenka* del *Peto* Kettlun en la tanda de penaltis, tuvo el efecto de una nueva *intifada* del pueblo palestino en su desigual lucha por construir una patria de verdad y liberarse definitivamente de las ataduras de un régimen opresivo que les obliga a malvivir en una especie de cárcel a cielo abierto.

La locura colectiva que se apoderó del estadio Municipal de Dura, el más grande de toda Cisjordania, se extendió como un interminable reguero de pólvora por Ramallah, Nablus, Hebrón, Belén o Jericó, los núcleos principales de una población que tiene en el fútbol el mejor refugio para abstraerse de una vida plagada de limitaciones. "Aquel fue un día grande para nuestro pueblo. Ese grupo de futbolistas nos dio la mayor de las alegrías ganando un torneo que tiene un gran significado para todos los palestinos, por lo que conmemora y por ese mensaje de paz y buen entendimiento que proyecta hacia el futuro", relataba sacando pecho Jebril Rajoub, presidente de la Asociación de Fútbol Palestina.

Adscrita a la FIFA como federación independiente desde 1998 y con un bagaje de cuatro eliminatorias mundialistas a su espalda (2002, 2006, 2010 y 2014), Palestina descubrió en el deporte rey un nuevo e incisivo mecanismo para recordar al mundo su trágica realidad.

El apoyo permanente del presidente de la FIFA, Joseph Blatter, no sólo ha proporcionado al fútbol doméstico una nueva sede social, cursos de formación de técnicos impartidos por instructores internacionales o ayudas para la reconstrucción de instalaciones deportivas destruidas por las bombas hebreas en Gaza.

La mediación del dirigente helvético resultó clave para que las autoridades palestinas se anotaran un gol por la escuadra con el indulto, a fines de 2012, de Mahmoud Sarsak, mediocampista internacional detenido y encarcelado tres años antes por Israel, acusado de formar parte de una célula de la Yihad Islámica.

El futbolista fue interceptado en el *check—point* de Eretz, cuando abandonaba Gaza para dirigirse a Cisjordania, y enviado a galeras sin juicio previo. Harto de proclamar inútilmente su inocencia, Sarsak decidió iniciar una huelga de hambre que estuvo al borde de acabar con su vida. Al límite ya de sus fuerzas, después de 96 días negándose a ingerir alimentos, el volante del equipo del campo de refugiados de Balata recuperó la libertad de la que nunca debió verse privado.

Esa fiebre que desata el balompié en este claustrofóbico reducto del Oriente Medio no es, sin embargo, una simple arma arrojadiza para plantar cara a las fuerzas armadas hebreas. El fútbol en Palestina es una pasión interminable de la que se habla y discute con vehemencia en los tenderetes de venta de frutas del efervescente zoco de Hebrón, en la distinguida pastelería Arafat de Nablus, o a las puertas de la mismísima iglesia de la Natividad de Belén.

Real Madrid y Barça, tanto monta, fagocitan en gran medida esa liturgia que ha hecho del fútbol una verdadera fe en Tierra Santa, sin distinción de razas, ni creencias religiosas. Y mucho menos de Política. El propio jefe del Gobierno, Mahmoud Abbas, lo corroboró desde su despacho en Ramallah. "Cada vez que juega el Barça contra el Madrid es como si se declarara una guerra. Todo el mundo está pendiente del clásico, ya que la gente está dividida casi por igual entre seguidores de uno y otro equipo. ¿Cuál me gusta más? Los dos son equipos fantásticos. Uno tiene a Cristiano Ronaldo. El otro, a Messi. No hay una sola persona a la que no le guste el fútbol en mi país. Y esa pasión ayuda muchísimo a este pueblo, le hace más llevadera la situación tan dura que le ha tocado vivir a la inmensa mayoría desde que nació".

No todo es, en cualquier caso, idílico en torno a esa pasión popular. Kettlun lamenta que la ausencia de una Ley contra la Violencia en los estadios palestinos dé pábulo demasiadas veces a situaciones reprobables. "El público es bastante eufórico. Por desgracia, no es raro ver botellas de agua volando en dirección a la cancha. Una vez incluso cayó una muleta de titanio delante de un juez de línea. En uno de mis primeros partidos con Al—Quds, el árbitro lo detuvo durante 10 minutos y amenazó con suspenderlo si los aficionados no detenían los cánticos ofensivos contra él. Hay muchos detalles por pulir, entre ellos el de la falta de civismo".

Israel arrebató a los jordanos la parte oriental de Jerusalén y todo el West Bank después de su fulgurante victoria en la Guerra de los Seis Días, en 1967. Se anexionó Jerusalén Este para crear una zona de seguridad entre el estado judío y sus vecinos árabes hostiles, mientras que Cisjordania, al igual que la franja de Gaza, quedó sometida a ocupación militar israelí, una situación que 47 años después persiste por causa de los omnipresentes *check—points* o zonas de control que el ejército hebreo tiene desplegados en las carreteras y accesos a todas las localidades palestinas.

La limitación de movimientos de los lugareños es permanente y notoria a causa de estos puestos militarizados, en los que los soldados deciden parar de manera aleatoria a todo el que pasa por ellos y, si lo estiman oportuno, negarle el tránsito en la ruta o el acceso a la ciudad o pueblo al que se dirija. El seleccionador de Mauritania, el francés Patrice Neveu, lo padeció en sus propias carnes durante el citado torneo internacional, al quedar retenido por espacio de varias horas en el control de acceso a Ramallah, cuando venía de ver un encuentro de su siguiente rival.

Esa misma situación la han sufrido durante años los internacionales palestinos que residen en Gaza. "Llegar hasta Ramallah era toda una odisea. Muy pocas veces, de hecho, lo lográbamos a tiempo porque el ejército nos impedía desplazarnos hasta aquí para las concentraciones antes de los partidos. Tardábamos días, y lo mismo para volver. Así que llegó un momento en que la Federación pensó que lo mejor era que viniéramos con un mes de antelación y nos quedáramos en un hotel de la ciudad hasta que llegara el momento de juntarnos con el resto de compañeros", explicaba el zaguero Abdelsalam Swirke.

La militarización de las llamadas *zonas de seguridad* se hace aún más extrema a la entrada de los cerca de 200 asentamientos israelíes que se expanden como un goteo interminable por toda la geografía de esta tierra en estado de conflicto latente desde tiempos bíblicos.

La campaña de colonización en Cisjordania no ha cesado nunca, a pesar de lo estipulado en los Acuerdos de Oslo de 1993. Más bien al contrario, ya que la cifra de colonos asentados en suelo palestino supera ya el medio millón (un 12% del terreno), esto es, más del doble de los que había cuando el gobierno israelí concedió a los territorios ocupados el estatus de autonomía, otorgando el control civil de la población a la Autoridad Nacional Palestina. Al mismo tiempo, adquirió el compromiso de ir retirando gradualmente la presencia de ciudadanos hebreos, algo que sólo ha cumplido hasta ahora en Gaza.

En los valles donde deberían crecer los trigales, aún permanecen los campamentos creados por la ONU para dar cobijo a los cientos de miles de palestinos que fueron expulsados de sus hogares ancestrales, cuando en 1948 nació el Estado israelí. Las interminables ristras de chabolas insalubres han evolucionado a pequeñas edificaciones de piedra caliza, rodeadas de escombros y basura por doquier, levantadas por sus habitantes sin orden ni concierto gracias a la ayuda de sus vecinos más pudientes: Qatar, Emiratos o Arabia Saudí. Naciones Unidas se encarga del suministro del agua potable, la luz y la electricidad. Y gracias, porque la crisis mundial les ha rebañado un buen pellizco de las ayudas internacionales, con lo que la mayor parte vive míseramente.

En el de Al—Amari malviven 8.000 personas en un terreno equivalente al espacio que ocupa el estadio Santiago Bernabéu. La única alegría registrada en los anales de uno de los campos de refugiados de mayor antigüedad en los territorios ocupados, fue el título del campeonato de Liga cisjordano conquistado por su equipo en 2011, el primero de la era profesional. "Fue un milagro, un regalo de Alá a nuestra gente, que lleva toda la vida recluida en este campo sin derecho a nada", comentaba Khalil Al—Masri, presidente del club y una de las personas con más peso específico dentro de este agujero inmundo, ubicado en uno de los promontorios que dominan el centro de Ramallah.

Aquel inesperado logro, obtenido en la jornada final gracias a su mejor coeficiente goleador con respecto al Hilal Al—Quds, sigue siendo el motor de impulsión moral de una comunidad que, pese a la pertinaz escasez de empleo y la dificultad extrema para conseguir que sus hijos aspiren a un futuro digno, alimenta todavía, 66 años después de la *Nakba*, la esperanza de que algún día se arregle todo y puedan regresar a sus antiguos pagos, sin temor a que la violencia sectaria vuelva a ponerles frente al muro de la incomprensión y la intolerancia.

21. LA TERMINAL

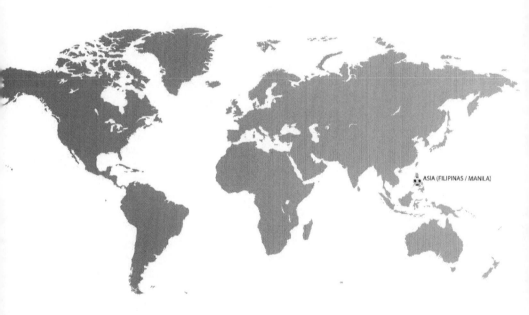

Ayi Nii Aryee se sentía afortunado por haber recibido una jugosa oferta del Sporting Afrique, uno de los clubes más conocidos de Singapur y plagado de futbolistas de su continente. El primer viaje en avión de su vida bien merecía la pena: además de un salario en condiciones, próximo a los 1.000 dólares, este prometedor mediocampista ghanés tendría a sus 18 años ese escaparate que buscaba para tratar de dar el salto a Europa y seguir la estela de su ídolo, Stephen Appiah.

Nada hacía sospechar a este joven interior diestro, natural de Accra, que su llegada a suelo asiático le iba a reportar tantos disgustos. El más gordo de todos ellos pareció sacado del mundo del celuloide, puesto que *Bimbo*, el apodo por el que le conocen sus íntimos, se pasó cerca de siete meses retenido en el aeropuerto internacional Diosdado Macapagal de Manila. Como lo oyen.

El comienzo de la pesadilla, que le convirtió después de 186 días de *cautiverio* en toda una celebridad en Filipinas, se produjo al enterarse de que, en realidad, iba a cobrar sólo una décima parte de lo que le habían prometido antes de viajar. Indignado por el engaño, Aryee se negó a firmar el contrato y acto seguido se apuntó a un curso de informática, paso previo para poder solicitar un visado de estudiante que le permitiera quedarse en Singapur y buscar acomodo en algún club *honrado* de la S—League, en el que poder demostrar su calidad.

Mientras le arreglaban los papeles, decidió viajar a Filipinas para visitar a un primo que vivía en Manila. Pero al retornar a Singapur, se encontró con la desagradable sorpresa de que las autoridades migratorias habían denegado su visado. Aryee fue devuelto a Filipinas, país que a su vez le cerró también sus puertas por cuestiones de legislación interna.

Sin billete de vuelta a ninguna parte y con apenas unos dólares en el bolsillo, el futbolista ghanés inició, aquel 13 de julio de 2006, su larga peregrinación sin rumbo por la terminal del aeropuerto filipino. Ataviado con una camiseta amarilla de la Juventus, el equipo de sus amores, y en chancletas, su presencia no tardó mucho en llamar la atención entre las riadas de pasajeros que pisan a diario el aeródromo capitalino, aunque apenas le sirvió para ganarse unos pesos vendiendo tarjetas telefónicas a los tripulantes recién llegados.

Resignado a su dramática suerte, *Bimbo* concentró sus esfuerzos diarios en evitar que su figura se fuera descomponiendo por la falta de alimentos. Pero hacia finales de agosto sucedió lo inevitable: el hambre le provocó un desmayo en los lavabos y tuvieron que darle seis puntos de sutura en la cabeza a consecuencia del porrazo que se dio.

Semejante percance llegó a oídos del director del aeropuerto, Alexander Cauguiran, quien le ofreció trasladarse a vivir al pabellón de bomberos, tres comidas diarias y la posibilidad de entrenarse. Todo ello a cambio de no lucir su esquelético lomo a todas horas por la terminal, lo cual empezaba a dañar la imagen de las instalaciones aeroportuarias. A *Bimbo* le pareció un trato justo y aceptó.

Sus condiciones vitales mejoraron notoriamente desde aquel día del mes de septiembre. Disponía de su propio habitáculo, en el que había un minúsculo camastro donde poder descansar como Dios manda. Incluso le consiguieron un par de balones para que no perdiera el toque y pudiera entrenarse en el hangar, donde sus nuevos colegas estacionaban los vehículos. Empero, ese apoyo logístico y emocional de sus amigos bomberos no bastaron para alterar su condición de *sin estatus* y sacarle definitivamente de una torre de marfil en la que estaría encastillado más de medio año.

La pesadilla de Ayi tocaría a su fin a mediados de enero de 2007, tras su fichaje por el Unión de Manila. Un contrato por dos años con este equipo de la Primera división filipina destrabó su situación como deportado y las autoridades aeroportuarias le devolvieron el pasaporte y, de paso, la libertad.

Ser el trasunto accidental de Tom Hanks, en su papel de Victor Navorski, un par de años después de que se estrenara la película de Steven Spielberg, hizo de *Bimbo* una celebridad en su patria de acogida, en la que, cosas de la vida, ha seguido desarrollando su carrera deportiva hasta que el pasado mes de enero colgó las botas para hacerse técnico. Ahora dirige al Pasargad FC, de la United Football League filipina.

Ayi me tuvo al tanto de su esperpéntica desventura vía telefónica, como a otros periodistas de medio mundo interesados en su singular historia. Fue al año de recuperar su estatus de hombre libre cuando cruzamos nuestros caminos en Accra. Yo estaba cubriendo mi tercera Copa de África y él visitaba a su familia mientras disfrutaba con el ambientazo del torneo.

Sentados en un tugurio enfrente del Ohene Djan Stadium, antes de un partido de los *Black Stars*, el auténtico héroe de la terminal me dio las gracias por haber contado al mundo su película. "Saber que mi historia se publicaba en España, Argentina, o Italia me ayudó a tener esperanzas y a ser paciente. Al principio querían mandarme de vuelta a Ghana, pero yo me negué. Luego, ya era muy tarde porque no tenía dinero para regresar, pero sentía que mi situación se podía arreglar. Después surgieron los contactos con dos clubes locales, gracias a las entrevistas que me hicieron dentro del aeropuerto, y recé con todas mis fuerzas para que alguno pudiera ficharme. Dios me escuchó y me ayudó a salir de aquella cárcel que llegó a ser para mí el aeropuerto de Manila".

Bimbo me contó al borde de la emoción su triunfal regreso a casa en febrero de 2007, pocos días después de estampar su firma como nuevo jugador del Unión. "Mi familia me recibió como a un héroe. Yo sabía que no podía volver siendo un fracasado, por eso decidí apostar a quedarme y pelear por tener una oportunidad de jugar en Filipinas. Tuve suerte y lo logré. En un par de días pasé de dormir en el gimnasio de los bomberos a tener apartamento propio. No me lo podía creer".

Ayi nunca perdonará a quienes se sirvieron de su buena fe para meterle en el peor atolladero de su vida. "Confiaba en la gente que me ofreció jugar al fútbol en Singapur. Todo parecía claro, pero quisieron estafarme y no lo iba a permitir. Si acepté ir a jugar al fútbol en Asia fue únicamente por dinero, no para convertirme en esclavo".

Al mediocampista ghanés no le dolían prendas en reconocer que llegó a ver la muerte muy de cerca. "Lo pasé realmente mal. Al principio tenía algo de dinero y me las arreglaba para poder comer, pero a medida que empezaron a pasar los días, mi situación se fue complicando. Nadie me sabía explicar qué crimen había cometido, por qué no me dejaban entrar en Filipinas. Lo que más echaba en falta era poder jugar al fútbol. Cada vez que intentaba dormirme, pensaba que estaba en un campo. También necesitaba respirar aire fresco, ver el cielo. En la terminal estaba todo cerrado".

Hasta la FIFA le dio la espalda cuando buscó su apoyo para tratar de arreglar el desaguisado de su interminable retención. "Les llegué a enviar un correo electrónico pidiendo ayuda, pero nunca me contestaron. Mi hermano, que vivía en Tailandia, trató también de sacarme de allí, pero no hubo forma".

El pabellón de bomberos se convirtió, luego de tres meses vagando por la terminal, en su improvisado campo de entrenamiento. Lo único que le faltó fue contar con unos *sparrings* de garantías. "A los bomberos no se les daba bien jugar al fútbol porque a ellos lo que les gusta es el baloncesto. Les tiraba el balón y la cogían con la mano por instinto. Al menos, podía mantener el tono físico entrenando con ellos".

Su primer pensamiento cuando abandonó el aeropuerto, después de siete meses, fue para el motivo de sus desvelos y, a la sazón, lo que le había llevado a padecer semejante odisea. "Lo que se me pasó por la cabeza es que iba a volver a jugar al fútbol profesionalmente. Que terminó mi pesadilla. Volvía a vivir".

Encantado con su nueva vida, *Bimbo*, como le gusta que le llamen, sólo ponía una pega a su experiencia asiática. "Le he cogido manía al arroz. En el aeropuerto me lo daban en el desayuno, en el almuerzo y para la cena. Cuando llegué a mi casa en Accra, le dije a mi madre: por favor, nada de arroz".

Fútbol que estás en La Tierra

Con el último sorbo de *JulBrew*, me tiró una anécdota personal que había guardado para sus adentros. "Durante los meses que estuve encerrado en el aeropuerto conocí a una chica que trabajaba allí. Me gusta. A veces me llama y nos vemos. Lo mismo que en la película de Tom Hanks, ¿no?".

22. EL RESURGIMIENTO *DE LA NARANJA BUDISTA*

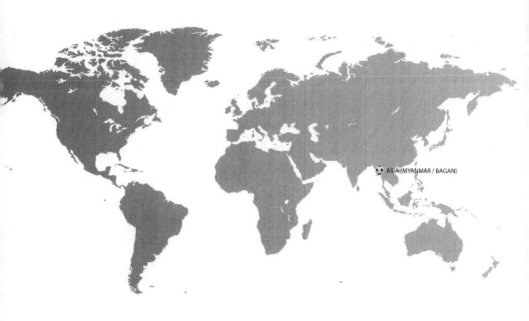

En la antigua Birmania han tardado algo más de un siglo en dar la razón a Mahatma Gandhi y su lema de que dar patadas a un balón todos los días le venía mejor al karma que la propia meditación.

El aún incipiente proceso de apertura político—económico de una de las grandes cunas del budismo en el planeta, incluye la recuperación de una vieja pasión popular, heredada de los antiguos colonos británicos, y que fue extirpada casi de raíz por los diferentes regímenes militares comunistas que han gobernado el país del sudeste asiático durante las cinco últimas décadas.

El final del largo aislamiento internacional, tras las elecciones democráticas de 2011, no sólo está atrayendo al rico suelo birmano las inversiones de numerosas multinacionales, como Coca—Cola, que desde el año pasado se puede consumir ya legalmente. El fútbol vuelve a recuperar su pretérito papel preponderante como deporte de masas en una sociedad que descubre la existencia de internet y las nuevas tecnologías de comunicación al mismo tiempo que a Messi, Cristiano Ronaldo o Andrés Iniesta.

Considerada una de las grandes potencias continentales en los años 60 y 70, en los que conquistó dos Copas de Asia, cinco títulos del sudeste asiático e incluso llegó a participar en los Juegos Olímpicos de Munich 72, Birmania está protagonizando un paulatino retorno a la normalidad en busca de sus esencias futbolísticas.

La potenciación de la hasta hace muy poquito insignificante Myanmar National League (MNL), formada por 12 escuadras, la contratación del surcoreano Park Sung—Hwa como seleccionador nacional, o la existencia de sitios web como el *soccermyanmar.com*, con cinco millones de pinchazos únicos al día, reflejan con meridiana claridad el decidido empeño que existe en las altas esferas por devolver al pueblo su viejo y amado opio.

Ese impulso social que está recibiendo el balompié tiene como uno de sus principales valedores a la religión. Seguidores de la rama *Theravada* del budismo, la más austera y ascética de todas las existentes, los líderes espirituales del movimiento fundado por Siddarta Gotama ven con buenos ojos que el balón tenga su espacio en la vida monacal.

No hace falta deambular mucho por las calles de Yangon (la antigua capital), Mandalay, Bagan, Kalaw o Piyn para comprobar el grado de fascinación que ejerce la redonda en el más de medio millón de monjes que pueblan la geografía de una nación en la que el 89% de sus 60 millones de habitantes profesan el budismo.

David Ruiz de la Torre

A pesar de lo estricto de su programa diario, los *samanera*, o monjes novicios de entre 10 y 20 años, sacan siempre un ratito poco después del amanecer, tras sus primeras oraciones, para improvisar una canchita con cuatro palos de madera y practicar su nuevo hobby a las puertas del templo o a orillas del caudaloso Irawaddy.

Con sus tradicionales togas color burdeos o naranja arremangadas y, en ocasiones, sin sus inseparables havaianas *made in Phuket*, cientos de miles de aspirantes a integrar el estamento más respetado y venerado por sus devotos compatriotas liberan sus mentes gracias a esta suerte de nirvana moderno, tratando de emular con una mísera pelota de goma a CR7, GB11 u ÖZ11, a quienes idolatran casi tanto como a Messi, su *Dalai Lama* indiscutible en materia futbolística.

Los jóvenes budistas no viven sólo de la religión. Hasta que se ordenan como *hpongyi* (monje con hábitos vitalicios), disfrutan de ciertos placeres mundanos, entre los que se cuentan los vídeojuegos, chatear con el teléfono móvil, abrirse una cuenta en Facebook, salir a divertirse con los amigos o ver la televisión.

Media hora después de seguir los sabios consejos de quien fuera el gran icono del siglo XX contra las desigualdades sociales y la discriminación racial, los *samanera* recogen sus cuencos a la carrera y enfilan la calle en busca de esa ración de arroz, fruto de la caridad, que les permita llenar la barriga antes de meterse de lleno con sus quehaceres espirituales.

La Liga española es la predilecta de los monjes birmanos y, por ende, de los millones de aficionados que tiene el deporte rey en Myanmar. Real Madrid y Barcelona, tanto monta, se llevan la palma también en un país que durante varias décadas se vio forzado por la dictadura a olvidar el magnetismo popular que ejercía Suk Bahadur, su gran estrella en los 60, cuando Birmania lideraba el ranking de los países del sudeste asiático. Hoy día no pasa del puesto 165 en la clasificación mundial que elabora mensualmente la FIFA.

El lento despegue del fútbol profesional local y el efecto fagocitador de los grandes cracks mundiales hacen inviable, al menos a corto plazo, que chavales talentosos como Kyaw Ko Ko, un delantero de 21 años que en 2012 estuvo muy cerca de probar fortuna en el Nuremberg germano, gocen del estatus de figura nacional, por más que su imagen empiece a dejarse ver en algunas campañas publicitarias.

Recién aterrizada en los mercadillos birmanos, la globalización ha traído consigo el boyante negocio de las camisetas de fútbol, en un territorio prohibido para las marcas registradas. Los precios aquí distan tres galaxias y media de los noventa y pico euros que cuesta a los madridistas la blanca con el 11 de Bale a la espalda en la tienda del SantiagoBernabéu, no tanto la calidad. El género, procedente de países vecinos como Vietnam, Camboya o Tailandia, es en no pocos casos similar a ese del que se surten las grandes multinacionales del ramo.

No en vano, la mayoría confeccionan una parte nada desdeñable de su producción en este rincón del planeta en el que la fiebre por el balompié es un valor en alza permanente, del mismo modo que los *smartphones* de última generación, las redes sociales o la señal *wifi* en sus monasterios y pagodas, donde ya es posible incluso sacar dinero en los cajeros automáticos que existen a cada entrada. ¡Cosas de la modernidad!

23. MURUN ALTANKHUYAG: PROFESIONAL GRACIAS A LA RED

A una parte nada despreciable de los tres millones de habitantes que tiene Mongolia le gustaría encontrarse en el pellejo de Murun Altankhuyag. Este prometedor delantero de 24 años logró hacer realidad, en los primeros días de 2014, el sueño prohibido del puñado de compatriotas que tratan de amaestrar la redonda en el país más gélido del planeta: alcanzar el profesionalismo y poder vivir de su gran pasión.

Murun completó con éxito su semana de prueba con el Krabi FC tailandés, una pequeña escuadra ascendida el anterior verano a la Segunda división de aquel país y cuya meta es la de afianzarse en la categoría de plata. Altankhuyag sedujo desde el primer día a Thongsuk Sampahungsith, el técnico de las *águilas de Andaman*, de modo que antes de que concluyera el test pactado por el club con el representante del jugador, le ofreció un contrato por lo que restaba de temporada.

Fue el final soñado desde hacía infinidad de lunas por este explosivo ariete forjado en el balompié universitario estadounidense, a donde llegó en 2010 gracias a una beca que le permitió estudiar y jugar durante cuatro años en el Central Methodist Eagles de Missouri. Pero también resultó ser el último capítulo de una aventura que arrancó dos meses antes en Bangkok y a lo largo de la cual Altankhuyag probó fortuna en cuatro equipos de Tailandia y Laos.

Ese periplo de Murun por el sudeste asiático durante 55 días en plan buscavidas no habría sido posible de no haber contado con el apoyo logístico de varios miles de paisanos, fanáticos del deporte rey, que sufragaron con sus donativos desinteresados buena parte de los gastos del jugador, relativos a viajes, alojamiento y manutención.

La campaña para recoger fondos con los que alimentar las esperanzas del internacional mongol comenzó a través de las redes sociales una vez se dio a conocer que el Rangsit FC, la escuadra tailandesa que había invitado a Murun a probar fortuna en sus filas, le había *cortado* abruptamente después de dos semanas trabajando a las órdenes del japonés Yoshiaki Maruyama.

"La decisión del técnico nos pilló completamente en fuera de juego, ya que había sido él quien se había interesado porque viajáramos a Bangkok después de haber visto varios vídeos de Murun con su universidad. ¡Incluso le pagaron el vuelo desde los Estados Unidos! Después de las primeras sesiones me dijo que le gustaba mucho y que estaba seguro que podía ser un buen refuerzo para el ataque. Y, de repente, cambió de discurso y nos dejó tirados", me contó indignado Takashi Morimoto, el periodista japonés que ejerce de agente del ariete.

Compañero de fatigas en varios torneos continentales y Mundiales, Morimoto ha invertido estos últimos años mucho tiempo y parte de sus ahorros en dar forma a un hermoso proyecto en la capital del antiguo y temido imperio mongol, la academia FC Sumida Ulaanbaatar para la formación de nuevos talentos. Precisamente el nido del que partió su protegido para hacer *las américas*.

Con la decepción aún a flor de piel y los billetes de regreso a casa en las manos, Morimoto recibía la llamada del Suphanburi FC, otro equipo de la Thai Premier League al que Murun se había enfrentado en un amistoso, para ofrecerle la posibilidad de entrenar con ellos y optar a ese ansiado estatus profesional que en el balompié de su país sólo goza un jugador: el brasileño Ernani Moura, mediocampista del Erchim FC, el club más poderoso de la Niislel Lig. Dicha competición está integrada por ocho equipos y se disputa durante cinco meses escasos por culpa del frío polar que azota a Mongolia durante más de la mitad del año.

La escasez de efectivos en las filas de los *war elephants* y el deseo de su técnico, el brasileño Alexandré Pölking, de reforzar la vanguardia, fue la perfecta combinación astral que colocó de nuevo al mejor jugador mongol de todos los tiempos a las puertas de un hecho histórico para ese gigante estepario, con una extensión tres veces la de España, que conserva aún con orgullo muchas de las costumbres heredadas del temido imperio forjado en plena Edad Media a sangre y fuego por las hordas de Gengis Kan.

Sólo faltaba encontrar el modo de cubrir los gastos que generase el nuevo período de prueba, puesto que el Suphanburi no estaba dispuesto a correr con ellos, al menos en su totalidad. Morimoto, un fanático de las redes sociales, tuvo la genial idea de lanzar un S.O.S. a través de Facebook para que el pueblo mongol auxiliase a su máximo ídolo y evitara que el hombre gol del equipo nacional tuviera que regresar a Ulaanbaatar sin cumplir el objetivo que le había llevado a Tailandia.

La respuesta de la afición fue absolutamente brutal. El nombre del atacante fue *hashtag* en Mongolia durante varios días y su propia peña organizó una campaña para recaudar dinero con el que sufragar su costosa estadía. El efecto mediático logrado fue de tal envergadura que un canal de televisión local, el UBS, se subió al carro enviando a Tailandia a un equipo que comenzó a seguir diariamente todo lo que se cocía en la vida de Altankhuyag, como si se tratase de un reality show.

"Estoy muy contento con la visita de UBS. Espero que después de verme en acción, muchos compatriotas me sigan apoyando en mi aventura por conseguir hacer realidad el sueño de mi vida. Doy las gracias a UBS y a todos los aficionados al fútbol", comentó el futbolista en su primera entrevista en directo, justo después de saber que los donativos populares habían superado los 3.000 dólares en menos de una semana.

Convertido de la noche a la mañana en estrella televisiva, Murun continuó su camino bajo la atenta mirada del gran público, que pudo así conocer de primera mano su frustración tras ser descartado por parte del Suphanburi, su posterior viaje a la vecina Laos, donde disputó, sin demasiada fortuna, un par de amistosos con el Lao Toyota FC de Vientiane, o su regreso a Tailandia para ver si a la cuarta podía ser la vencida con el Krabi FC, en este caso un escalón por debajo de sus pretensiones iniciales.

Y vaya si lo fue. El anuncio en directo, por parte de Morimoto, de la oferta realizada por el entrenador de las *águilas de Andaman* para contratarle llegó en la víspera de la Nochebuena y disparó la audiencia del canal UBS, convirtiéndose en el tramo de programa más visto en la historia de la televisión de Mongolia, superando por mucho el de la reciente visita de Michel Platini al país, invitado por la federación local, para conocer de primera mano los importantes progresos realizados en lo que a infraestructuras deportivas se refiere.

    Un Murun sollozante de felicidad aprovechó la presencia de las cámaras en el acto oficial de su firma para dar las gracias a todos sus benefactores durante los cerca de dos meses que duró su periplo. Al mismo tiempo, prometió destinar una parte de sus emolumentos a la academia dirigida por el hombre que hizo factible su sueño, para potenciar el aún incipiente fútbol base de la nación que ocupa el puesto 181 en el ranking FIFA, con el deseo de que, en un futuro no muy lejano, los mejores talentos mongoles puedan seguir el mismo camino que él ha tenido el honor de abrir.

24. EL ÚLTIMO JEDI DEL BALOMPIÉ

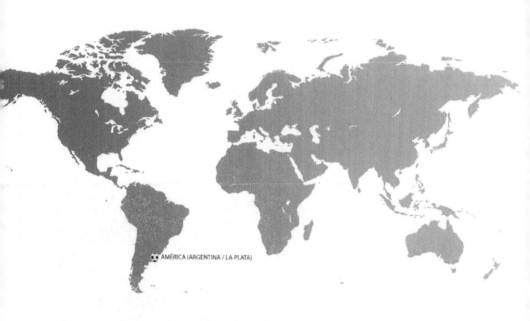

Buenos Aires, abril de 2005. Ahora puedo decirlo: hablar con Pancho Varallo (1910—2010), aunque fuera por teléfono, ha sido una de las experiencias más extraordinarias que he tenido la fortuna de experimentar como periodista. Ni que decir tiene que haberlo hecho en vivo hubiese sido todavía más emocionante y seguro que se me habría escapado alguna lagrimilla escuchando, cara a cara, las increíbles vivencias de esta entrañable leyenda del fútbol. Por desgracia, la nula predisposición de su hija, que quiso aprovechar mi interés en rendir tributo a la figura de Varallo sacándose unos pesitos, hizo imposible que la conversación pudiera realizarse en su casa de La Plata.

Aquella charla a puro fútbol nunca se habría producido de no ser por mi estimadísimo Martín Mazur, quien había contactado anteriormente en varias ocasiones con la antigua gloria boquense para hacerle una *notita*. "El viejo no sabe nada del asunto de la *plata*. Seguro, David, si a él le encanta hablar con la gente. Déjame que le contacte y le pregunto si quiere hablar contigo. Ya verás como el tipo dice que sí", me decía *Mazurkie-*

wicz mientras almorzábamos en D'oro (Perú 159), a tiro de piedra de *El Gráfico*, la legendaria revista deportiva argentina en la que mi admirado colega nos deleita a sus muchos incondicionales con su ágil y brillante uso de la palabra escrita.

La intentona resultó de lo más satisfactoria puesto que *Panchito*, inocente de toda culpa, accedió gustoso a entablar conversación con este *gallego*. Su lucidez y brutal capacidad nemotécnica hicieron posible que me embarcara en un viaje excitante a la prehistoria del balompié. Porque Francisco Antonio Varallo era casi tan viejo como el fútbol mismo. Su longeva existencia discurrió paralela a la del deporte que le consagró como uno de los mejores arietes de siempre. Maestro entre maestros, príncipe de fieros, el *Cañoncito del Bosque*, apodo que le venía de sus primeras tardes de gloria con Gimnasia y Esgrima de La Plata, ha sido sin lugar a dudas el más prominente nexo de unión entre el balompié de entreguerras y el de nuestros días.

Hasta el día de su muerte, el 30 de agosto de 2010, vivió en la misma casa que adquirió en 1930 con el dinero que le pagaron por su traspaso a Boca Juniors, equipo del que hasta no hace mucho era máximo goleador histórico, con 181 tantos.

Contar la vida de *Panchito*, como le seguían llamando sus amigos y familiares pese a rondar la centena, daría para escribir una magnífica enciclopedia de lo que fue su gran pasión, dada su impresionante capacidad para recordar detalles, anécdotas y resultados que sucedieron hace más de 80 años. De todas sus experiencias, la que más le emocionaba y, al mismo tiempo, le pesaba rescatar de su memoria de elefante era la final del Mundial de 1930, el primero de la saga. Y es que Varallo tuvo el privilegio de ser el último superviviente de un partido que marcó para siempre su vida.

"Fue la emoción más grande que tuve en el fútbol. Imagínese que sólo tenía 19 años. Yo era el más chico de la delegación argentina y tuve la suerte de jugar la final junto a aquellos cracks: el *Nolo* Ferreira, Guillermo Stábile, Carlitos Peucelle, Mario Monti… jugadores que me llevaban diez años. Lo más lindo fue cuando entré en la cancha del estadio Centenario, que estaba recién construido. Lo habían hecho precisamente para el Mundial. Recuerdo que minutos antes del partido me entregaron un montón de telegramas de gente de La Plata dándome ánimos. ¡Cómo me dolió perder ese partido!".

Las anécdotas sobre aquel campeonato se agolpaban de forma atropellada en la cabeza de Varallo y su imponente torrente de voz resultó ya imparable, como cuando agarraba la pelota frente al portero rival. "Yo había ido allí como suplente de Alejandro Scopelli, pero el primer partido, contra México, me pusieron a mí. Y como lo hice bien, me mantuvieron. El único partido que no jugué fue el de Estados Unidos, porque me dolía mucho la rodilla izquierda de una patada que me dio un chileno cuando estábamos celebrando un gol. Los norteamericanos eran los más malos de todos. Recién empezaban a jugar y no se sabían ni las reglas. Luego volví contra Francia, en semifinales. Ese día acabé con la rodilla hinchada".

Su presencia en la finalísima se decidió por un procedimiento que hoy escandalizaría a las organizaciones protectoras de animales. "Pensaba que no iba a poder jugarla, pero cuando vieron lo emocionado que estaba y las ganas enormes que tenía de estar contra Uruguay, decidieron probarme. Me fui a un gallinero que había detrás del hotel y allí pateé con la izquierda contra un muro lleno de gallinas. No sentí dolor, así que Scopelli me dijo: si estás bien, juega tú *Panchito*. ¡Y jugué!".

Fútbol que estás en La Tierra

Enfrascado en plena actividad verbal, el ex *Cañoncito* de Boca remarcó lo mucho que ha cambiado el fútbol desde su época, ciñéndose a un aspecto concreto: el de los entrenadores. Tan importantes en el balompié actual, su figura pasaba totalmente desapercibida en los años 30. "¿Qué quién era el técnico argentino? Ni lo recuerdo, pero tampoco importa mucho porque en aquella época era una figura que casi ni existía. El equipo lo formaban siempre los jugadores de más experiencia, así que eran ellos los que decidían quién entraba y quién salía. Esto era muy importante porque durante el partido no se podían hacer cambios. A mí, Roberto Cherro, que luego fue compañero en Boca, me decía: Varallito, recupérate que tienes que jugar".

Varallo y sus compañeros sabían que batir a *La Celeste*, dos veces seguidas campeona olímpica y su tradicional *bestia negra*, iba a ser una misión poco menos que imposible. Pero a esas dificultades, se añadieron el hecho de jugar en casa de su roqueño contrincante y las increíbles presiones a las que se vieron sometidos en las horas previas al choque decisivo del campeonato.

"Los uruguayos nos ganaban siempre. Era un equipo mucho más experimentado que el nuestro. Nos sacaban como diez años a la mayoría de nosotros, y jugaban muy fuerte. Eran muy duros. Luego pasaron cosas raras en aquel Montevideo. No es que las viera en aquel momento, pero me las hicieron ver después. La noche anterior vinieron a la Barra de Santa Lucía, donde estábamos concentrados, a tirarnos piedras para que no pudiésemos dormir. Había algunos jugadores nuestros, como Monti, que no querían jugar. A Cherro le quisieron pegar y tampoco quería. Tenían miedo, así que hubo varias reuniones con los dirigentes para ver qué pasaba. Yo, en cambio, estaba a lo mío. Sólo pensaba en recuperarme y volver a salir a la cancha".

Pero el gran día se le torció a *Panchito* por un problema logístico, impensable si le tocara jugar la final de Brasil 2014. "Aquel día estrenamos ropa nueva. Cuando nos la dieron y me fui a poner el pantalón, resulta que me llegaba hasta las rodillas. Me tuve que hacer varios dobleces para que me quedara más corto. Parecía que iba disfrazado. Nos hicieron la foto y salí horrible porque se me habían caído los dobleces. ¡Qué bronca me dio!".

El inicio del partido se demoró unos minutos a causa de un percance que hoy día sonaría a chiste, pero que hace 84 años era de trascendencia capital. Hasta el punto de llegar a decantar la balanza a favor de un equipo o del otro. Hablamos del... balón. "Hubo un problema con la pelota porque cada selección tenía la suya propia, pero eran de diferente tamaño. La uruguaya era más grande que la nuestra, así que se tuvo que sortear con cuál de las dos se jugaba. Ganamos el sorteo y se empezó a jugar con nuestro balón. La primera parte acabó 2—1 para nosotros, pero nadie sabe qué pasó con la pelota en el descanso que desapareció, así que en la segunda parte tuvimos que jugar con el balón uruguayo... Y nos remontaron".

Varallo calificó de "tremenda" la atmósfera con la que se vivió el choque en las gradas. El Centenario era una caldera a punto de estallar, sobre todo al final del primer tiempo, cuando Argentina mandaba en el marcador. Prefirió no imaginarse qué hubiera pasado si *La Albiceleste* llega a conquistar la Copa, ya que aún perdiendo sus seguidores salieron malparados.

"En esa época no había vallas, así que tenías a la gente muy encima. Era otra cosa. Recuerdo que el presidente de Gimnasia, mi equipo de entonces, mandó dos barcos llenos de gente desde La Plata para ver el partido, pero uno de ellos no llegó a tiempo porque se perdió con la niebla en el Río de La Plata. Aún así, tuvimos bastante apoyo, aunque los argentinos hubieron de tener cuidado con los hinchas locales. Mi padre estaba en el estadio con gente de mi barrio, Los Hornos. Les dieron entradas en una platea donde estaban los uruguayos. Cuando hicimos el primer gol, lo gritaron, y empezaron a increparles. La tensión era tal que mi padre terminó por comprarse una bandera de Uruguay. ¡Tuvo que gritar sus goles para poder salir de allí ileso!".

Al final, las amenazas, el cambio de balón, el infernal ambiente y la *garra* charrúa fueron demasiados obstáculos para que Argentina pudiera dar el *Centenariazo*. La derrota por 4—2 llegó como consecuencia de la concatenación de todos esos factores y de la suerte esquiva que aquel día acompañó a *La Albiceleste* en general y al propio Varallo en particular.

"Fue un desastre aquel partido para nosotros. Se dio todo mal. Monti y otros salieron a jugar achicados. Luego supe que Luis había recibido una carta en la que amenazaban con matarle a él y a sus hijas si ganábamos. Yo, en cambio, no me achiqué en ningún momento. Tampoco Stábile y Peucelle. Recuerdo que miraba el arco de ellos y no veía nada más. Lo tenía clavado entre los ojos. A mí me insultaban y me pegaban todo el rato. José Nasazzi, el capitán del equipo uruguayo, me decía: *a vos hay que darte duro porque si no, nos haces gol.* Con 2—1 a favor nuestro recibí el balón de uno de los *insiders* y le pegué con el alma de zurda. El *shot* era mi fuerte, pero la pelota golpeó el larguero y me terminé de joder la rodilla. Nos quedamos con nueve jugadores, así que tuve que seguir hasta el final. Yo ni pensaba en la pierna. ¡Qué pierna! Sólo quería ganar. Cómo sufría cuando los uruguayos se besaban la camiseta. Lo que habré llorado cuando terminó todo. Aún hoy me duele que perdiéramos tan mal aquel partido, porque lo tuvimos ganado. A veces, en sueños, me creo que sí, que salimos nosotros campeones".

No deja de ser curioso el uso que el ex ariete de *La Albiceleste* hacía de una terminología ya en desuso. Un montón de vocablos ingleses en honor a los creadores del juego, que también lo introdujeron en Sudamérica. "A mí me gustaba que los *insiders* (interiores) me tocaran la pelota en profundidad, pero recto, de cara al arco. Esa era la mía. Ahí mataba en la definición. Mi fuerte era el pique y el *shot* (disparo)".

Pancho Varallo saldaría su dolorosa deuda contra *La Celeste* cuatro años después de perder la final del Mundial en Montevideo. El platense sacaba pecho al recordar cómo logró al fin y después de tantos esfuerzos, tumbar a los uruguayos. "Mi único consuelo fue ganarles la Copa Lipton, en el 34. Les derrotamos por 1—0 e hice yo el gol. Marcar aquel día fue una de mis mayores satisfacciones. Tanta fue mi alegría al marcar que me desmayé... Zito, el jugador que me sustituyó, falló un gol sobre la hora y yo me agarraba la cabeza, pero de felicidad, porque quería que ganáramos con ese tanto mío".

El gol fue, desde muy jovencito, la seña distintiva de este argentino inmortal sobre un terreno de juego. Su insigne olfato realizador le permitió dar el salto al primer equipo de Gimnasia tras probar con el juvenil en una gloriosa tarde que aún hoy se recuerda en El Bosque, el estadio del *Lobo* platense. "Empecé jugando a los 14 años en el Doce de Octubre porque allí jugaban mis tíos. Fui ascendiendo categorías hasta que un día, en el año 28, me probaron en la *Tercer*a de Gimnasia. Ganamos 9—1 al Rioplatense, y yo marqué los nueve tantos, así que al domingo siguiente debuté en Primera".

Fútbol que estás en La Tierra

Con apenas 20 años, *Panchito* dejó su querido hogar en La Plata para irse a Boca Juniors, en lo que fue uno de los primeros grandes traspasos de la era profesional del fútbol argentino. Si Pancho llegó a ser ídolo y máximo goleador histórico *xeneize* fue debido a su padre, que prácticamente le obligó a firmar por el club de La Bombonera.

"En Gimnasia era amateur, cobraba 10 pesos por partido y me habían dado un empleo de encuadernador. Ganamos la Liga y pasé a Boca, que me dio 8.000 pesos y luego otros 2.000. Con ese dinero me hice la casa en la que he vivido siempre. Luego me daban 800 al mes. Era una fortuna. Aun así, fiché por Boca obligado por mi padre. Yo había recibido dos ofertas de Italia. El Genoa y el Nápoles me vinieron a buscar. Me ofrecían 30.000 pesos. ¡Una barbaridad! Llegué entusiasmado a casa y le dije a mi viejo que me quería ir a Europa. Entonces, mi madre se puso a llorar, se asustó. Y mi viejo me gritó: ¿qué quieres? ¿matar a tu *vieja*? ¡Te vas a Boca y se acabó! Y así fue". Eran otros tiempos...

A Varallo se le quebró la voz al hablar de Roberto Cherro, con el que compartió vestuario en Boca y una larga e inquebrantable amistad. A él, reconoció, le debía el haber empezado a jugar en la demarcación de centro delantero. "Cherro me conocía como si fuera mi madre. Cuando él recibía la pelota, yo ya sabía lo que iba a hacer: picaba y me metía entre los dos *fullbacks* (centrales), porque él siempre me la ponía ahí. El 80 por ciento de mis goles en Boca se los debo a él. Nunca vi en la cancha un jugador de su talento. Era un fuera de serie. Luego nos hicimos grandes amigos. Íbamos juntos a todas partes. De hecho, yo empecé a jugar de *forward* (ariete) porque Roberto me lo sugirió. Cuando llegué a Boca, las cosas no me iban bien, así que un día Cherro me agarró y me dijo: Varallito, ¿y si pruebas a jugar de *forward*?. Estoy seguro de que, con tus cualidades, te vas a cansar de hacer goles. ¡Y acertó!".

El imponente físico de quien fuera gran figura boquense le ayudó a ser un ariete peculiar y diferente a los de su época, al valerse de la rapidez de movimientos para desmarcarse y buscar con ventaja sobre los defensores su letal latigazo. "Siempre le pegaba y a veces me salían unos goles increíbles. Muchas veces mis compañeros me decían, ¡cómo la colocaste, Pancho! Y me había salido de casualidad", comentaba entre risas.

Tal vez lo más sorprendente de esta historia fuera el comprobar cuán en las antípodas del balompié actual estaba el de aquellos tiempos pretéritos, en los que el futbolista concebía el juego como una diversión y su compromiso con el espectáculo deportivo estaba por encima de cualquier interés económico.

Varallo y sus coetáneos se sabían unos privilegiados porque vivían de hacer carantoñas con la pelota, ese sueño que anhelaban cuando en el potrero del barrio aprendían a domesticarla y que un buen día se hizo real. Nada ni nadie podía detener sus ansias de jugar y de dar siempre lo mejor de sí mismos, como queriendo agradecer de ese modo al público la inmensa fortuna que la vida les había regalado siendo profesionales del balón.

A partir de ahí, uno puede llegar a entender que Varallo se empeñara en saltar a la cancha partido tras partido a pesar de tener destrozada la rodilla izquierda; que se negara a pasar por el quirófano para no perderse un solo minuto de fútbol, lo que le obligaría a colgar las botas a los 29 años; o que animara a sus compañeros de club para que pidieran a los dirigentes el mismo sueldo que le pagaban a él.

Fútbol que estás en La Tierra

El fútbol, como la vida, ha dado un vuelco de 180 grados desde que Panchito desplegara su incontenible fuerza en el estadio Centenario buscando la gloria suprema. Aquel 30 de junio de 1930 a Varallo le tocó sufrir una derrota de la que nunca llegó a recuperarse del todo. Pues bien: esa tristeza inconsolable resultó ser el símbolo más consistente de su triunfo, el de un hombre que supo hacer feliz a la gente con aquel *cañón* que tenía por pierna derecha, su coraje sin par e insobornables deseos de ganar. Un prócer del fútbol con letras mayúsculas que las generaciones venideras deberían tener como espejo para tratar de recuperar la esencia de este deporte antes de que sea demasiado tarde. ¡Descanse en paz, Don Francisco!

25. LA CIUDAD DE LOS PRODIGIOS

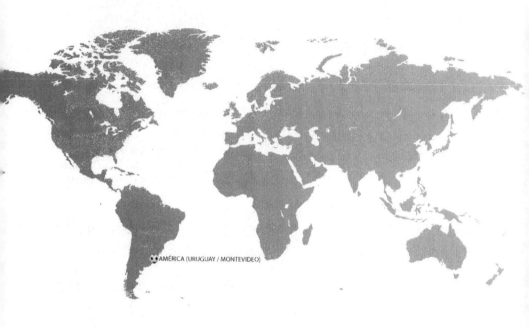

Los libros de geografía califican a la capital uruguaya como una *penillanura ondulante*. Doy fe que esa definición es de lo más acertada. Montevideo es una interminable sucesión de calles y avenidas arboladas que se elevan y descienden en suaves pendientes, muriendo siempre de forma inexorable en el océano. De norte a sur, de este a oeste. Las oscuras aguas del Río de la Plata envuelven con su tenebroso manto al poco más de millón y medio de habitantes que luchan a diario por mantenerse a flote y dar esquinazo a esa latente crisis económica que padece esta excitante urbe de raídos edificios decimonónicos. Su aire denso sabe a dramática nostalgia y recuerda de forma permanente a ese millón de mal llamados charrúas (dicho pueblo indio fue exterminado en Salsipuedes por el general Rivera en 1831) que se vieron obligados a hacer las *valijas* y cruzar el charco para enderezar sus vidas.

Pero no sólo de agua está rodeada la ciudad que acogió hace más de 80 años el primer campeonato mundial de fútbol. Sus calles, sus plazas, su hermosa e interminable Rambla, hasta los denostados cantegriles o villas miserias, están invadidos por la magia que destila un balón sobre el piso, pidiendo ser tratado con dulzura por todo aquel que se cruce en su camino.

A medida que iba recorriendo esa infinita sucesión de templos del balompié ubicados en los más insospechados rincones de Montevideo y descubría las historias de sus clubes, empecé a comprender el porqué una ciudad relativamente pequeña escondía en sus entrañas tantas pasiones futboleras encontradas.

El barrio, al igual que sucede en Buenos Aires, es mucho más que el lugar de residencia. La gente, por lo general, nace y muere allí donde vive, donde están sus padres, sus amigos, el *potrero* en el que descubrieron el adulador encanto de patear un esférico, y también el equipo al que se engancharon desde chavales como si de un primer amor se tratara y del que soñaban con llegar a ser algún día la estrella, para mayor orgullo de su entorno.

La pasión que el balompié despertó desde su aparición en estas latitudes inundó la capital charrúa de canchitas que, con el paso del tiempo y a medida que aumentaba el número de clubes, se convirtieron en estadios propiamente dichos.

Esa inusitada proliferación de pequeñas entidades barriales fue el germen del fútbol profesional y, a la sazón, la consecuencia de que el balompié uruguayo pueda presumir de ser el que cuenta con un mayor número de escuadras en Primera división dentro de una misma urbe en todo el planeta.

El fútbol entró en la capital uruguaya a ritmo de locomotora, sobre los raíles de la línea férrea que empezaron a construir los ingleses a fines del siglo XIX. Los mismos que poco después de su asentamiento fundaron el Central Uruguay Railway Club (1891), embrión de lo que terminaría siendo el Club Atlético Peñarol, llamado así por el nombre de la villa, situada a 10 kilómetros de Montevideo, donde la compañía ferroviaria tenía su centro de operaciones.

El tren pasó a la historia y su lugar lo ocupó el *colectivo*, que hoy día es el medio de transporte más utilizado por los charrúas para ir a ver en directo a su gran amor deportivo. Entre cuatro líneas (76, 79, 102 y 185) cubren las rutas que conducen a todos los feudos de la máxima categoría. Desde El Cerro hasta Parque Rodó, pasando por Capurro, La Blanqueada, Sayago, Belvedere, El Prado, El Cerrito de la Victoria, Carrasco, Peñarol, Villa Muñoz y Maroñas. La fiesta del balón llega ahora sobre ruedas, todos los fines de semana, a cada rincón de la capital uruguaya.

Peñarol, Nacional, Danubio, Defensor Sporting, Wanderers, Fénix, River Plate, Liverpool, Miramar Misiones, Cerro, Rentistas, El Tanque Sisley, Racing Club y Sud América son las catorce enseñas que se reparten los favores del aficionado montevideano en la *penillanura ondulante*. Apenas dos escuadras, Cerro Largo y Juventud Las Piedras, representan a los departamentos del interior del país en la élite de un fútbol marcado a sangre y fuego por la tradición, los recuerdos imperecederos de un pasado glorioso y un sinfín de anécdotas que han ido forjando el carácter peleón y aguerrido de este minúsculo apéndice en el mapa de Sudamérica, a caballo entre Brasil y Argentina, los dos colosos del continente.

Peñarol adoptó los colores de las señalizaciones del ferrocarril (amarillo y negro) y es, junto a Nacional, su eterno enemigo, la principal referencia del balompié capitalino. Fundador de la Liga uruguaya, al cuadro *carbonero* le cupo el honor de ser el primer campeón de Liga (1900). Su tradicional enfrentamiento por la hegemonía del fútbol local con el equipo *tricolor* alcanza hasta la mismísima fecha de nacimiento de ambos clubes: Nacional vio la luz con el siglo, mientras que Peñarol no adquirió su actual nombre hasta 1913, por lo que su tenaz enemigo se niega a reconocerle como el primer club del país, siendo el propio Nacional el que luce con orgullo en sus camisetas la leyenda "decano del fútbol uruguayo", para mayor irritación de los seguidores aurinegros.

Lo que no admite discusión hoy día es que Nacional es el equipo que más hinchas lleva a las canchas montevideanas. Cada vez que el cuadro *bolso* (apodo que le viene del origen aristocrático de sus primeros jugadores, en cuyas camisetas lucían un pequeño bolsillo) salta al césped del Parque Central, 10.000 gargantas no dejan un instante de apoyar al equipo radicado en el barrio de La Blanqueada.

Su economía es, de largo, la más saneada del fútbol charrúa. Sus números cuadran y eso le permitió reconstruir su estadio la década pasada, para lo que invirtió 150.000 euros. Pese al lavado de cara de su casa, los *bolsilludos* mantuvieron el viejo sistema para contabilizar los goles, que data del Mundial de 1930. Cada vez que alguien marca, se eleva una pequeña bandera en los dos mástiles, uno por cada equipo.

El Prado es otro de los barrios donde el balompié se respira a cada *cuadra* que recorres. En apenas medio kilómetro, River Plate, Montevideo Wanderers y Bella Vista rivalizan por adherir a sus filas a los vecinos indecisos, y también a aquellos que entregaron su corazón a Peñarol o Nacional.

Mientras los *papales* de Bella Vista (lucen los colores del Vaticano) cayeron en el precipicio de la Segunda división a fines del pasado año, el River uruguayo, un grande de la época no profesional, ha hecho de su vida un tobogán de emociones tanto a nivel deportivo como económico. Esos problemas habituales de liquidez le han jugado alguna que otra mala pasada, como el embargo de las porterías de su estadio, el Parque Federico Saroldi, que sufrió en abril de 2005.

El fallo judicial se originó tras el reclamo de una deuda impagada de 45.000 euros por parte de un preparador físico, que trabajó tan sólo 45 días para el club, en 1996. Tan insólita situación impidió al cuadro *darsenero* (llamado así porque nació en la Aduana del puerto de Montevideo) disputar el primer partido de liga en su feudo y les dejó además sin sus trofeos, el mobiliario de la sede, los ordenadores, la bandera e incluso el mástil de la puerta de entrada al feudo. El presidente de River, Juan José Tudurí, consiguió desbloquear pocos días después el embargo avalando de su propio bolsillo el pago fraccionado de la deuda.

Si hay algún equipo cuyos seguidores son considerados los más conflictivos, ése es sin duda el Club Atlético Cerro. Sus clásicos con Rampla Juniors, la otra escuadra que tiene su sede en el barrio que da nombre a *Los Villeros*, suelen disputarse en el estadio Centenario para que la policía pueda controlar a las hinchadas y evitar así violentas escaramuzas.

Dirigir a Cerro desde el banquillo supone estar permanentemente en tensión por las amenazas de los hinchas, si las cosas no funcionan. Las agresiones físicas a sus técnicos están al orden del día y alguno, caso de Fernando Rodríguez Riolfo, se vio forzado a dimitir después de que le rompieran una costilla tras perder un clásico barrial.

El Centro Atlético Fénix fue el club que más se vio beneficiado por el hundimiento económico del balompié nacional a raíz de la crisis de 2002. Desde que Jorge Chijane, antigua mano derecha de Paco Casal, el representante más poderoso del país, se hiciera cargo de la gerencia del club del barrio de Capurro, empezaron a aterrizar sin coste alguno jugadores de calidad cuyos derechos pertenecían, bien al propio Chijane, hincha del club desde niño, bien al Grupo Casal. A cambio, Fénix debía prestarse a hacer de *escaparate* con vistas a una futura venta de esos futbolistas a Europa. Los *fichajes* de estrellas como Martín Ligüera, Germán Hornos o el *Lolo* Estoyanoff contribuyeron a disparar los resultados deportivos del equipo, que conquistó la Liguilla Pre—Libertadores en 2002 y 2003.

El caso de Rentistas, así llamado porque sus fundadores vivían de sus fortunas personales, es más de corte sentimental. Propiedad de Juan Figger, agente uruguayo afincado desde hace muchas décadas en Brasil, el modesto conjunto del Cerrito de la Victoria se encontró en plena zozobra económica con el mecenazgo de este seguidor de sus colores desde la infancia. El apoyo al club de sus amores fue, desde el primer minuto, totalmente desinteresado, por cuanto en su ánimo rondaba únicamente la idea de ayudarle a sobrevivir.

Enclavado en el barrio de Belvedere, el Liverpool Football Club es uno de los cuadros más entrañables de esta Lisboa sudamericana. El origen del nombre cuenta con dos teorías: la más aceptada, y también la más romántica, habla de que durante una clase de geografía en el colegio, los fundadores del equipo hicieron girar un globo terráqueo hasta que el dedo de uno de ellos lo detuvo sobre la ciudad inglesa.

La otra hipótesis está relacionada con los creadores del deporte más populoso en el mundo y, a la sazón, quienes introdujeron el juego en las calles de Montevideo. Casi toda la colonia inglesa establecida en la capital uruguaya, estibadores del puerto en su gran mayoría, había emigrado desde Liverpool, de ahí que en señal de homenaje y como gratitud por haberles enseñado los secretos del juego, optaran por llamar a su equipo con el nombre de la ciudad que los vio nacer.

Sus colores, negros y azules a listas verticales, los tomaron de los que habían sido hasta el momento de su formación los dos grandes clubes del barrio: el Titán, que jugaba de azul oscuro; y el Defensa, que vestía de negro. En 2005 adoptaron el rojo para su equipación alternativa, en honor del club inglés que lleva su mismo nombre.

Los también llamados *negros de la Cuchilla*, que en los años 70 adoptaron al personaje de Mafalda como mascota del club, poseen en sus vitrinas un trofeo muy especial: la copa del primer campeón uruguayo de la categoría Intermedia, que en principio estaba destinada a premiar al vencedor del primer Mundial de la historia.

Empero, Jules Rimet, presidente de la FIFA e impulsor del torneo, arribó desde París con otra copa bajo el brazo, que finalmente sería la elegida y que llevaba su propio nombre. El club de Belvedere ganó tres años de forma consecutiva el campeonato Intermedio y se quedó el citado trofeo, llamado *Copa del Mundo*, en propiedad.

El Centro Cultural y Deportivo El Tanque Sisley le debe su peculiar nombre a un gran tanque de petróleo ubicado en la intersección de las calles Cerro Largo y Yaguarón, justo donde se cocinó su fundación. Aunque su sede continúa en Carrasco Norte, desde 2012 disputa sus encuentros como local en la ciudad de Florida, a 98 kilómetros de la capital.

Algo parecido sucede con la Institución Atlética Sud América, a la sazón el último recién llegado a la Primera división. Nacidos en el montevideano barrio de Villa Muñoz, los *Buzones*, así llamados porque su elástica naranja tenía el mismo color que los buzones del correo uruguayo, abandonó al inicio de la última temporada su fortín del Parque Carlos Ángel Fossa para mudarse a la localidad de San José de Mayo, a 95 kilómetros de distancia.

Dos buenas excusas, que no las únicas, para internarse en las profundidades de la patria que engendró a los autores del *Maracanazo*.

26. PORTEROS DE ALQUILER

Todo comenzó el día en que Charles Müller, un joven estudiante de origen alemán afincado en Sao Paulo, decidió inventarse una liga de un fascinante deporte que había conocido durante su estancia en Inglaterra. Lo que no podía siquiera imaginar es que su valiente resolución iba a cambiar la forma de concebir la vida de todo un país.

Han pasado 102 años desde que pusiera en marcha el *Paulistão* (Liga Paulista) y Brasil sigue siendo la meca del balompié. De Río Grande del Sur a Roraima, pasando por Santa Catalina, Rondonia, Río de Janeiro, Pernambuco, Sao Paulo, Bahía, Ceará, Matto Grosso, Minas Gerais o el Amazonas. El fútbol se ha convertido con el lento caminar del tiempo en la religión predilecta del brasileño de a pie. La cultura del balón es un fenómeno de masas y, como tal, alcanza por igual al débil y al potentado. Las diferencias sociales no existen cuando hay un esférico de por medio. La habilidad y el talento están desclasados, son innatas, van por libre.

En un país donde todo el mundo sueña con calzarse la 10 y en el que se idolatra hasta el paroxismo a Pelé, Garrincha, Ronaldo, Gerson, Romario o Rivelino, el problema llega siempre en

Fútbol que estás en La Tierra

el momento de cubrir el puesto del número 1. La sombra de Moacir Barbosa o Waldir Peres, a quienes la *torcida* sentenció a galeras como causantes estelares de los desastres en las Copas del Mundo de 1950 y 1982, es demasiado alargada como para que los *meninos* que descubren los secretos del balón en la arena de la playa o en la improvisada cancha de una rúa perdida en mitad de la Rocinha, Vidigal o Cidade de Deus, se animen a levantar la mano cuando se piden voluntarios para hacer de Casillas, Buffon o Courtois.

Esa tara que padece el balompié brasileño desde que el mundo es mundo se traslada, en menor medida, al fútbol base de los clubes, pero en cambio se multiplica a la enésima potencia en las cientos de miles de *peladas* (pachangas) o campeonatos de fútbol no profesionales que se disputan durante la semana a lo largo y ancho de esta gigantesca nación de marcados contrastes en la que el deporte rey es, junto con la lengua portuguesa, el único lugar auténticamente común que comparten sus 200 millones de habitantes.

La pertinaz carestía de *goleiros* obliga a gran cantidad de equipos a recurrir a una fórmula que ya es denominador común en los torneos aficionados de veteranos de Río, Sao Paulo o Porto Alegre: la contratación eventual de cancerberos por partidos. Los cotizadísimos porteros de alquiler.

Eduardo Toledo es pianista de profesión, pero desde hace más de cinco años alterna sus actuaciones musicales en uno de los centros comerciales más grandes y lujosos de la capital carioca, con la labor de guardameta por horas en la *pelada* de Chico Buarque y en las que se disputan en Lagoinha dos Macacos, un espectacular centro deportivo en mitad del frondoso y exuberante Parque Nacional da Tijuca, en las faldas del Cristo del Corcovado.

David Ruiz de la Torre

Natural del estado de Sao Paulo, Toledo se trasladó a Río de Janeiro para tratar de ganarse la vida ejerciendo como profesional de la música. Sus comienzos en la gran urbe carioca fueron de lo más complicados, así que no le quedó otro remedio que aceptar una serie de trabajos que estaban en las antípodas de su verdadera vocación. Así llegaría hasta el club de Los Macacos. "A mí me trajo un amigo para jugar con su gente. Pero una vez aquí, resulta que más de un equipo llegaba sin portero, y como yo había desempeñado siempre esa demarcación, no tardaron en ficharme", me contó Edú, a quien casi todo el mundo conoce en este idílico y semidesconocido rincón de la floresta carioca como el *portero—pianista*.

Este guardameta ocasional invierte tres horas de su tiempo en tratar de detener los disparos de los delanteros rivales, aunque tal vez 48 horas más tarde compartan los mismos intereses. Como no son muchos los que están dispuestos a vender sus *palomitas* al mejor postor, Edú confesaba sin acritud que ser *goleiro do aluguel* da como para sacarse un buen sobresueldo. "Me pagan 20 reales (6 euros) por partido. Suelo participar en un par de pachangas, a veces tres, un par de días a la semana. Me lo paso bien, el grupo de gente es majo y, por lo general, no se enfadan mucho cuando me meten goles".

Su buen feeling con Renan, Nado, Full, León, Barbinha, Josué y el resto de *peladeros* que despliegan sus habilidades religiosamente cada jueves sobre la cancha de hierba artificial de Los Macacos, resultó clave en su decisión de continuar viviendo en *A cidade maravilhosa*. "Estaba deprimido porque no me salía ningún trabajo de músico. Pensé seriamente en irme, pero cuando se lo comenté a la gente de la *pelada*, entre todos me convencieron para que no me marchara, me decían que seguro que encontraba otra cosa. Lo cierto es que, con el tiempo, ellos se convirtieron en mis amigos y ese cariño que me demostraron bastó para sacarme de la cabeza la idea de volver a Sao Paulo".

Edú recordaba con una simpática mueca dibujada en su rostro risueño el período que estuvo de baja por romperse el dedo de una mano. "Había mejorado bastante mi rendimiento gracias a los entrenamientos que hacía con Barbinha, y justo cuando mejor me encontraba de forma, me lo rompí de un fuerte pelotazo. Estuve como un mes sin poder jugar. Los chicos me llamaban casi a diario para saber qué tal estaba y, sobre todo, cuándo podría volver porque mientras yo estaba lesionado, ellos tenían que turnarse en la portería, y ninguno quería hacerlo".

Su colega *Pará* llegó a la floresta de Tijuca para hacerse cargo del mantenimiento de las instalaciones en horario de tarde—noche, y acabó pluriempleado por mor de esos eternos problemas de los equipos brasileños con la portería. "A veces he llegado a disputar hasta 10 partidos en un solo día, pero esos son casos excepcionales. Lo normal son tres o cuatro por jornada. También me encargo de hacer el churrasco para el *tercer tiempo* del grupo. Hay veces que tengo que ausentarme de la portería porque se me quema la carne", comentaba a carcajadas este mercenario de los guantes que lo ha vivido todo desde que alquila sus servicios por horas bajo los palos. "Al principio es siempre difícil porque no te conocen y, si fallas, te echan la bronca. Alguno que otro se calienta más de lo debido. Muchos te reclaman y te exigen que pares todo lo que te tiran, porque te están pagando. Por suerte, después de un período *de prueba* te dejan más tranquilo".

El tercer *goleiro* de pago, *Gaúcho*, vino desde Rio Grande del Sur (de ahí su apodo) para trabajar en una tienda de surf a tiro de piedra de Copacabana, vendiendo tablas y alquilando material. Como a casi todo el mundo en Río, su salario no le daba para llegar a fin de mes, así que buscando algún ingreso extra se topó con el campeonato de Los Macacos. Desde la portería, ha podido constatar lo variopinto que puede llegar a ser el comportamiento humano. "El fútbol da para hacer un tratado de sociología: tienes el jugador educado, el que siempre está de mala leche, el malintencionado, el tranquilo, el respetuoso...".

Si ya resulta difícil encontrar cancerberos en el país de la samba, más aún lo es conseguir jueces que pongan paz dentro de un rectángulo de juego. La labor arbitral es, de largo, la más cotizada y la mejor remunerada en el fútbol aficionado brasileño. El riesgo a sufrir algún percance, claro está, también es mayor.

De ello puede dar fe Fabio Pinedo, un veterano trencilla que aterrizó en el mundo de las *peladas* después de pasar por el arbitraje federado. "Entré en el club por unos *peladeros* que juegan todos los lunes. Les llevo pitando cerca de 15 años. Poco a poco fui ganando prestigio y cada vez tenía más trabajo, lo que me permitió empezar a elegir los grupos a los que arbitrar. Eso es una ventaja porque durante mucho tiempo me tocó dirigir a bastantes indeseables", explicaba Pinedo, como le conocen en Los Macacos.

La experiencia es un grado y Pinedo tiene clara cuál es la receta a seguir cuando un partido se calienta en exceso. "Cuando expulsas a alguien, tienes que mantener la calma pues es parte de tu trabajo. Además del insulto, la reacción de algunos jugadores es el intento de agresión, incluso a veces te esperan en la calle. La experiencia te hace saber cómo actuar, ya que la gente juega para eliminar el estrés de la semana y muchas veces eso hace que se comporte de forma agresiva".

Fútbol que estás en La Tierra

A pesar de las incontables horas de vuelo que lleva en su trayectoria arbitral, ese temple no siempre le salvó de la ira de sus empleadores. "He sufrido dos agresiones en mi carrera, una patada en la cadera y un puñetazo en el pecho. Pero me lo tomé como gajes del oficio. Lo más emocionante de estos partidos es que, a este nivel, puede ocurrir lo más imprevisible. El error más grande o el golazo más increíble que puedas imaginar".

Y dice haber visto absolutamente de todo. "Desde pegarse hermanos, hasta una vez que no concedí un gol porque sólo lo había visto el protagonista. El resto del equipo me vino también a reclamar, y como seguía sin darlo luego no me querían pagar. La mayoría de los problemas vienen porque éste es el único deporte en el que los jugadores no conocen medianamente bien el reglamento".

Jugarse el pellejo casi a diario tiene su compensación a nivel económico: 30 reales (9 euros) por encuentro. "Ahora mismo el arbitraje es mi principal fuente de ingresos, así que no estaría bien quejarse si la gente te reclama más o menos. Hasta cierto punto, lo comprendo. Yo también he sido jugador. De hecho, cuando faltan futbolistas, la figura del árbitro se elimina y acabo actuando como jugador". No resulta difícil adivinar el puesto que le toca. "De portero, claro".

27. DOS PARTIDOS AL PRECIO DE UNO

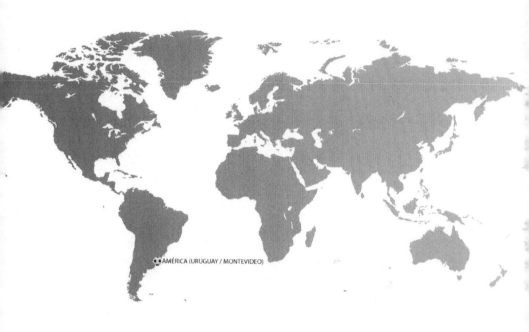

Hace ya unos cuantos añitos, durante mi primera visita a Uruguay, tuve la oportunidad de presenciar en directo un partido de la fase de clasificación mundialista en el estadio Centenario. Me saqué una entrada en la tribuna Ámsterdam, detrás de una de las porterías, bien arriba. Cuando estaba a punto de sentarme me di cuenta de que, enfrente del estadio, había otros dos terrenos de juego, pegaditos el uno al otro.

En aquel momento pensé que serían del mismo equipo, pero la curiosidad me superó y le pregunté al *comandante* Diego Muñoz por esos campos. Mi *hermano charrúa* me respondió que no, que una era la cancha de Miramar Misiones, la que quedaba más cerquita del Centenario, y que la otra pertenecía a Central Español, que como sus íntimos vecinos militaba por entonces en la máxima categoría del balompié uruguayo.

Me quedé con la copla y al regresar a España investigué en qué lugares del mundo existía un caso similar al de Montevideo. Aunque parecidos, no encontré ninguno en el que dos equipos de fútbol profesionales tuvieran sus respectivos estadios pared con pared. Así que, cuando surgió la posibilidad de viajar de nuevo por aquellos pagos, ya tenía en mente meterme de lleno en esta curiosa vecindad.

Lo primero de todo era conocer el motivo por el cual ambos equipos habían decidido construir sus feudos literalmente uno encima del otro. Y la verdad, en ese tema pinchamos en hueso porque *ni palermitanos* ni *cebritas* supieron darnos una explicación coherente de por qué Central y Miramar gozan de la rivalidad vecinal más estrecha del planeta fútbol.

En la sede del primero, cuyo estadio se construyó antes que el de sus vecinos, nos remitieron a Miramar. Y al otro lado del muro le pasaron la pelota al ayuntamiento de la ciudad, ya que el predio sobre el que están levantados ambos templos del balón es municipal, como reza claramente en un cartel a la entrada de Parque Palermo, la cancha de Central Español.

Para llegar a esa conclusión hicieron falta varias idas y venidas al Parque Méndez Piana y a la sede de Miramar, porque nunca daba con la persona que supuestamente podía facilitarme la información. Siempre me recibía el cuidador del estadio, un tipo que se pasaba todo el rato barriendo. No había forma. Y cuando al fin me tocó la lotería y apareció un mando en plaza, balones fuera.

La gente de Central, en cambio, se portó conmigo *10 puntos*. Su director deportivo, Claudio Justitz, un señor la mar de simpático por cierto, me facilitó un montón de datos sin los cuales hubiera sido muy difícil componer esta historia. A pesar del reciente descenso de categoría, el cuadro palermitano, centenario desde 1905, conserva en las entrañas de lo que fue el Cementerio Central de Montevideo uno de los museos fotográficos más hermosos del balompié uruguayo. Imágenes para el recuerdo y un nombre por encima de todos: Walter Gómez.

Para muchos el mejor futbolista que dio Uruguay en toda su historia, Gómez saltó al profesionalismo vistiendo la camiseta de Central, a cuyos hinchas regaló tardes inolvidables con sus espectaculares y entonces desconocidas *moñas*, un regate con el que dejaba sentados a sus rivales zigzagueando como si de un esquiador se tratara.

Este genio sin corona acabaría convirtiéndose en una leyenda del River Plate argentino, a donde llegó tras ser sancionado por un año en su país luego de pegar un puñetazo a un árbitro en el transcurso de un Peñarol—Nacional, club éste último al que llegó después de desmelenarse en Central. Ese castigo, por cierto, le impidió disputar el Mundial del 50. No hace falta que recuerde lo que se perdió...

A cambio, Gómez se hizo dueño y señor de los aplausos porteños, en especial los que emanaban del Monumental de River, que la gente llenaba con mucho tiempo de antelación para no perderse la función del astro charrúa. Tanto era así que se hizo famoso el estribillo de "la gente ya no come, por ver a Walter Gómez".

Pero volvamos al asunto que nos ocupa, esa estrecha rivalidad física entre Miramar Misiones y Central Español. Apenas una valla separa sus respectivos estadios, el Parque Méndez Piana y el Parque Palermo, sitos ambos en el céntrico Parque Battle, también llamado Parque de los Aliados, un lugar venerado por todos los uruguayos amantes del deporte rey, puesto que allí se encuentra también, a menos de 200 metros, el estadio Centenario, que fuera construido para la disputa del Mundial de 1930, el primero de la historia.

Producto ambos clubes de fusiones primigenias, fue el Central FC, que aún no había unido su destino al colectivo español de la capital uruguaya, quien se instaló primero en un amplísimo terreno que le cedió el ayuntamiento de Montevideo, y sobre el que construyó su estadio, con capacidad para 8.000 espectadores.

Pasarían casi tres décadas hasta que el Misiones viera cumplidos sus deseos de disfrutar de un estadio propio en Villa Dolores, su barrio de origen, y también el de Sportivo Miramar, con el que no se fusionaría hasta 1980.

Como en el caso de Central, la intervención municipal resultó decisiva para que el Parque Méndez Piana dejara de ser un sueño y se transformara en algo tangible. Con una capacidad idéntica a la de Parque Palermo, el hecho de que fuera construido pared con pared respecto a *los sepultureros* se debió a la proximidad del Centenario, que apenas dejaba un espacio de 300 metros dentro del parque entre su propio perímetro y el de Central, a lo que había que sumar la carretera que pasa delante del mítico coliseo montevideano.

Con esas dimensiones tremendamente ajustadas tuvo que apañárselas Misiones que, sin quererlo, terminó creando la rivalidad más estrecha que se conoce en el planeta fútbol entre dos escuadras que, a pesar de su notoria vecindad, pertenecen a dos barrios distintos: Central a Palermo, y Miramar Misiones a Villa Dolores.

Acaban de cumplirse 109 años desde que dos clubes del barrio de Palermo, Solís y Soriano, decidieran unir sus destinos bajo el nombre de Central, llamado así por el Cementerio Central de Montevideo, sito en pleno corazón barrial. En los primeros años de su existencia cambiaba de cancha a la velocidad del rayo. Maroñas, el Parque Ricci, Parque Fraternidad y Punta Carretas, a cuyo terreno de juego accedían jugadores e hinchas a bordo de lanchas, vieron crecer al modesto club palermitano hasta que se hizo sedentario en su feudo de hoy día.

David Ruiz de la Torre

Central ingresó en la historia del fútbol uruguayo por dos hechos significativos: fue el primer club de los considerados pequeños que ganó el torneo Competencia local, en 1944. Además, es el único equipo que hasta la fecha ha sido capaz de ganar la Liga en Segunda división (1983), y al año siguiente la Copa Uruguaya de Primera (1984). Su fusión con el colectivo hispano se produjo en 1971, pasando a llamarse Central Español. Desde entonces, los colores que luce el equipo son los de la selección española.

Nacido en Pocitos, Misiones alcanzó su centenario en 2006. El anarquismo fue el germen que dio pábulo a su nacimiento, del cual heredó sus colores (rojo y negro en franjas gruesas verticales). Nueve años más tarde vería la luz el Sportivo Miramar, que adoptó su nombre de una discoteca y comenzó jugando en la llamada Liga Anglosajona. No faltaron los clásicos barriales en categorías menores hasta que, muchos años después, en 1980, ambas enseñas decidieran unir sus destinos para convertirse al fin en Miramar Misiones. Hubieron de pasar 23 años para que sus seguidores hicieran realidad el sueño común de ver a los *cebritas* instalarse en la Primera división del fútbol uruguayo.

Al revés de lo que suele acontecer con las grandes rivalidades de equipos de la misma ciudad, Central Español y Miramar Misiones mantienen una relación bastante cordial. "Hay luces y sombras, buena relación y algún pequeño roce, más que nada por estar tan juntitos el uno del otro, aunque impera lo primero", reconocía Justitz.

Sus derbis son siempre una balsa de aceite en los que nada malo sucede. "Nunca hubo incidentes cuando se enfrentaron los dos equipos. Eso se debe en parte a que muchos de nuestros aficionados son bastante mayores de edad y, por ende, en absoluto violentos. Tampoco diría yo que tenemos con Miramar una rivalidad deportiva como la que pueden tener Peñarol y

Nacional, o Rampla con Cerro, pero eso viene motivado por el hecho de que los dos seamos *equipos ascensores*, lo que impide una regularidad en nuestros duelos. Ahora, sin ir más lejos, somos nosotros los que estamos en Segunda", me explicó el ex gerente de Central, quien bromeaba con una anécdota muy extendida entre los seguidores de la escuadra palermitana. "Aquí se dice que con una entrada ves dos partidos. Así que si te aburres con uno, puedes mirar el otro para ver si es mejor".

Paradójicamente, el mayor pique entre ambos conjuntos se produce en categorías inferiores. "Ahí si que la cosa suele estar más caliente y se deja sentir el que somos vecinos porque algunos chavales del barrio que probaron aquí y no se quedaron, fueron fichados luego por Miramar, o viceversa, con lo que se puede imaginar las ganas que tienen de vencer al equipo que no les dio pelota en su momento".

Los días de clásico y a pesar de las buenas relaciones que tienen ambas entidades, el equipo que juega como visitante acude al terreno rival vestido ya de corto. Ventajas de convivir en el mismo edificio... "Normalmente los jugadores se cambian aquí y van caminando al Méndez Piana, a través del parque. Nunca hubo problemas con hinchas de ellos ni nada parecido, aunque algunos policías se dejan ver por si acaso. Miramar también hace lo mismo cuando vienen a jugar aquí".

Uno de los escasos inconvenientes de tan pegajosa vecindad es "el tema de los balones. Como las gradas son más bien bajitas, es relativamente fácil que un balón despejado de aquí acabe en el césped del Méndez Piana, o uno lanzado por ellos aquí. Es un poco incómodo cuando hay partidos, y alguna pelota se pierde en el camino. Pero más allá de eso, que nunca nos ha creado conflictos, creo que llevamos bastante bien eso de ser unos vecinos tan íntimos". El colmo del buen rollo. Así da gusto.

28. LA *TAÇA DE FAVELAS*: UN RÍO DE CRACKS

AMÉRICA (BRASIL / RÍO DE JANEIRO)

La cuna que mece desde los tiempos de Didí, Vavá, Pelé o Garrincha el fútbol más laureado del planeta, no vive sólo de forjar estrellas icónicas con las que tratar de añadir una nueva estrella a la solapa de la *verde—amarelha* o de exportar toneladas de talento a todos los rincones del globo terráqueo.

La necesidad de promover y divulgar la práctica del balompié con una finalidad educativa y de integración social llevó a los rectores de la Confederación Brasileña de Fútbol a engendrar, hace casi dos décadas, el Instituto de Asistencia al Fútbol Brasileño (IAFB), responsable de la coordinación de dos ambiciosos proyectos sociales que, con el correr del tiempo, se han instituido como modelos a seguir en toda Latinoamérica.

El primero de ellos fue la implantación de escuelas de fútbol a lo largo de los 27 estados que conforman la geografía brasileña. El segundo y más ambicioso fue el Campeonato de Comunidades Carentes de Río de Janeiro, rebautizado en 2012 como *Taça de favelas*, que este año tan especial para la nación más populosa de Sudamérica cumple su vigésimo aniversario.

Fútbol que estás en La Tierra

Cada fin de semana, 5.000 jóvenes de entre 11 y 17 años (ellos) y 14 a 17 (ellas) participan en una competición cuya meta es tratar de ofrecer una oportunidad a chavales y adolescentes que viven en zonas marginales de la ciudad, en su formación como jugadores y darles también la posibilidad de acceder a clubes profesionales. Ese es el goloso señuelo que los atrae hasta las canchas como si la redonda tuviera las dotes infalibles del flautista de Hamelín, aunque, en realidad, el auténtico objetivo de este campeonato no es otro que el integrar a los jóvenes en la sociedad y formar ciudadanos de bien.

"Lo importante es la labor social. Buscamos que todos los chavales tengan una oportunidad en la vida y no se vean abocados a la delincuencia y las drogas en las favelas. Los números no engañan: en Río hay cerca de 1.000 comunidades de este tipo, es decir, dos millones de personas sobre una población cercana a los diez. Es demasiada gente, por eso hay que ayudar desde todos los ángulos que se pueda con esta labor de integración", me contó el coronel José Haroldo Castelo Branco, coordinador general del torneo, en su despacho dentro de la coqueta sede que la CBF, de la que es jefe de seguridad, tiene en Barra da Tijuca, el barrio pijo por excelencia de una ciudad cuya exuberante y, en ocasiones, salvaje belleza parecen extraídas de un lienzo de Paul Cézanne.

La participación está abierta a todas las comunidades carentes de la capital carioca. En estas casi dos décadas ya han participado unas 800 favelas. Debido a la ingente lista de espera que tienen, la IAFB decidió que cada año sólo los conjuntos que acceden a la segunda fase aseguren su plaza, con lo que cada temporada entran en liza 48 equipos nuevos.

David Ruiz de la Torre

Con la finalidad de que la actividad deportiva sea un complemento en la formación educativa de los participantes, la organización exige a todos los chavales, sin excepción alguna, que estén escolarizados. En caso contrario, no se les permite jugar.

La parrilla de salida está formada por un total de 64 escuadras. Cada formación puede tener un máximo de 18 jugadores y cuatro dirigentes. La figura del entrenador es obligatoria. El torneo masculino se inicia en el mes de febrero y suele acabar en junio, pero los años de mundial, como éste, se acorta para que finalice a mediados de mayo. A partir de septiembre llega el turno de las chicas, con la mitad de escuadras.

Cada fin de semana se disputan un total de 32 partidos en los cuatro campos del CEFAN (Centro de Educación Física Almirante Adalberto Nunes), perteneciente a la Marina brasileña. La duración de cada tiempo es de media hora. El IAFB cuenta todos los sábados y domingos con un grupo de trabajo formado por un coordinador general, dos supervisores, ocho observadores y seis médicos, además de los auxiliares pertenecientes a cada comunidad.

La CBF corre a cargo de todos los gastos: equipaciones de los participantes, transporte en furgonetas para desplazarse a las instalaciones donde se juegan los partidos, así como vales de comida para cada chico. A cambio, impone a los equipos como condición *sine qua non* efectuar dos o tres sesiones de entrenamiento en la favela a la que pertenecen.

El IAFB obliga igualmente a todas las escuadras a cumplir una serie de normas de comportamiento durante la temporada. Se valora su sentido de la disciplina, la puntualidad, la seriedad y el no armar jaleo. Cada jugador recibe además una *Guía del atleta* con normas básicas para saber a qué atenerse. Al final del torneo, los que no alcanzan unos mínimos establecidos son dados de baja. Cada año se renueva el 70% de los conjuntos.

Los técnicos y gestores de las diferentes escuadras son los encargados de darle un toque romántico al torneo, puesto que su labor es completamente desinteresada, pero también vital. Sin su presencia sería imposible movilizar y controlar a tal cantidad de chicos.

Francisco Javier Barba, ex jugador del Leganés en Segunda división y con una amplia trayectoria en clubes de la zona sur de Madrid (Getafe, Móstoles, Fuenlabrada, Atlético Pinto, Tri—Valderas...), colaboró un par de años en el proyecto como preparador físico y ayudante técnico en el equipo Pedacinho do Ceu, finalista en la edición de 2006.

La experiencia y anécdotas acumuladas por este filántropo del balompié, entrenando tres días a la semana en el campo del Sport Clube Dorado, en la favela de Cordovil, donde diera sus primeras patadas a una pelota de ovillos de lana un tal Romario, no se pueden pagar con dinero. "Lo que más me impresionó fue el entusiasmo que tenían los chicos. La ilusión que ponían no sólo en los partidos, sino en cada entrenamiento. Y todo por alimentar ese sueño de llegar a ser jugadores de fútbol. Conociendo la realidad en la que viven la mayoría de los participantes de la *Taça*, creo que el éxito del proyecto no está en ganar partidos o alcanzar los premios finales, sino en su formación como personas cívicas utilizando la herramienta del deporte".

La labor social de la CBF no se acaba en la mera organización y desarrollo del campeonato. Una vez disputadas las finales de la *Taça*, en las que suelen hacer acto de presencia figuras prominentes del balompié carioca, caso de Ronaldo Nazario, Parreira o Zagallo, se forma un combinado con los 22 mejores jugadores del torneo que se concentran en el CETREN de Teresópolis, las instalaciones que la CBF tiene reservadas para todas las selecciones brasileñas, incluido el *Penta*. Posteriormente, viajan por el sur del país disputando torneos para que sean observados por los clubes, que tienen la opción de contratar libremente a los que quieran, puesto que la Confederaçao Brasileña no percibe ni un solo real.

Significativo es el caso de Eduardo da Silva, que firmó por el Ipatinga directamente desde el equipo de su favela, y de ahí dio el salto al Dinamo Zagreb, Arsenal y Shakhtar Donetsk. Nacionalizado croata en 2004, el atacante carioca se estrenará en una Copa del Mundo con el combinado balcánico delante de sus amigos y familiares.

Su historia es la más relevante de los cerca de 100 profesionales que han llegado a alcanzar la meta soñada después de darse a conocer en la más grande obra social del gigante sudamericano.

29. UN *PIBE* MONUMENTAL

Santa Marta, enero de 2009. "Un mago de la inteligencia que conoce la ubicación de sus compañeros casi sin mirarlos, y que les entrega el balón como con la mano". Probablemente nadie haya definido mejor que César Luis Menotti la figura de Carlos Alberto Valderrama, el eterno 10 colombiano que condujo hace un par de décadas con su genial *lapicera* diestra a la selección colombiana hasta cotas jamás conocidas en su historia.

Retirado hace ya diez años del balompié en activo, el *Pibe*, apodo con el que se le conoce desde su Santa Marta natal hasta la amazónica Leticia, mantiene intacto el carisma y la más profusa admiración entre la gente, que lo venera como si de un dios terrenal se tratara. Aunque en su caso concreto, juega con ventaja.

El más talentoso futbolista que dio jamás el país de la cumbia alcanzó la inmortalidad en 2003, cuando el ayuntamiento de la ciudad que lo vio nacer erigió en su honor una estatua de bronce de nueve metros de altura que preside la entrada del estadio Eduardo Santos, el mismo donde Valderrama empezó a desplegar su aún recordada magia con los colores de su querido Unión Magdalena, en 1981.

La egregia figura del *Pibe* con el balón atado a la pierna derecha, haciendo su clásico amague es, de largo, el monumento más visitado de Santa Marta. Por encima incluso de la Catedral Basílica de la hermosa ciudad samaria, a la sazón el edificio cristiano más antiguo de toda Latinoamérica (1531). Hasta el propio Valderrama alucina con el cariño que aún le dispensan sus *fieles*, muchos de los cuales se desplazan a Santa Marta sólo para contemplar la gigantesca silueta de su ídolo fintando al viento.

"Es algo bacanísimo (bonito) e increíble a la vez. Que te hagan una estatua y venga a verla gente de toda Colombia... Prefiero no pensarlo porque se me eriza la piel", confesaba entre risas el ex capitán de la selección *cafeter*a. "Llámame *Mono*. Todo el mundo lo hace acá, en el Pescadito, por el color de mi pelo", me espetó a bocajarro mientras se atusaba su abombada cabellera rubia estilo rasta, la de toda la vida. "Ésa se va a caer sola. Mientras tanto, ahí seguirá. Forma parte de mí, de lo que siempre fui y seré", dijo con su eterna sonrisa a flor de piel.

Muy cerquita del astro, Carlos *Jaricho* Valderrama imita esa cándida risa caribeña. El padre del que fuera dos veces mejor futbolista de América hizo un apunte que viene a reforzar lo que este malabarista del cuero significa aún para sus compatriotas. "Al pie de la estatua siempre hay gente de acá que te explica el porqué de su construcción y hacen un bonito resumen de la carrera del *Mono*. No son personal de la municipalidad ni nada por el estilo, sino miembros de tres familias que viven de las propinas que dejan los miles de turistas que visitan el monumento". El propio Valderrama se acerca a saludarles siempre que pasa por Santa Marta y, de paso, les suelta un generoso aguinaldo por cuidar con tanto cariño de su *alter ego*.

Me llamó poderosamente la atención la camiseta blanca que lucía Carlos Senior. ¡Era del Madrid! "Sí, me las trae mi hijo. Tengo aquí toda una colección. No es que sea hincha del Real, ¿verdad?", trató de aclarar mirando a Carlos junior, mientras los dos se partían el eje a mandíbula batiente.

Apenas bastaron unos minutos para comprobar que Valderrama es un tipo campechano y la mar de simpático, que nunca olvida sus humildes orígenes. Su informal vestimenta y esa impresionante colección ambulante de brazaletes, cadenas y pulseras de mil colores que siempre le acompañaron en sus andanzas sobre el manto verde, reflejan lo poquito que ha cambiado su vida después de su llorado adiós. "Empecé con lo de las pulseras a los 14 años. Un día estaba espiando a un vecino, que era hippie, y me pilló. Me regaló una y a partir de ahí fueron llegando más, hasta que enfermé. Sólo me las quitaba para jugar, aunque en la MLS me dieron manija para llevarlas en la cancha. Por eso mismo me fui a jugar allá", explicó otra vez entre risas.

Un hervidero de niños rodeó al ídolo cuando arribamos a la entrada del campo de La Castellana, en pleno barrio del Pescadito, su primer hogar en esto del balompié. Al pisar la arena de la cancha, la memoria del *Mono* retrocedió casi cuatro décadas hasta darse de bruces con la figura de Francisco *Caballito* Atencio, su descubridor. "A mí no se me olvidará en la vida la primera vez que estuve en su escuela. Yo siempre fui un *pelao* (chico) tímido. Mi amigo del colegio FJ Kennedy, Franklin Corvacho, jugaba en la escuela de Atencio y, después de mucho insistir, me convenció para ir un día con él. A mí me gustaba mucho jugar, pero en la calle. No me animaba a hacerlo en la cancha. Por eso el primer día que fui allá me agarré al poste y no me quería soltar para entrenar con el resto de *pelaos*. Y me decían, *qué pasa contigo, ¿eres marica? Ven acá, hombre.* Ahí fue cuando el profesor me integró en el equipo. Mira que era raro yo entonces".

Le costó arrancar, pero una vez se soltó la melena, ya nadie pudo pararle. Y es que su insuperable manejo del cuero y la milimétrica precisión de sus pases hicieron de Valderrama una leyenda del fútbol mundial. "Eso es algo con lo que uno nace. Lo demás es pura carretilla. A uno lo guían, lo forman, pero el talento lo llevas puesto. No te lo enseña nadie", aseguró mientras se emocionaba ojeando la colección de fotos suyas de esa primera etapa de su carrera deportiva, que custodian el museo existente dentro del recinto deportivo. "¡Hace tantos años que no las veía! Qué chico se me ve, ¿no?", preguntó a un servidor buscando complicidad.

Su carisma y personalidad siguen vigentes, como demuestra el hecho de que cada 31 de diciembre reúne a casi todas las estrellas de la selección que él lideró para despedir el año. Un día, por cierto, que Colombia salta al ruedo del *Pescaíto* con el traje del Real Madrid. "Es que nos sienta bien el blanco, ahora de mayores", aclaró sin hacerlo, de nuevo, con su estupenda sonrisa Profidén.

Sin embargo, su célebre finta, esta vez verbal, me permitió sacar a la palestra un asunto con mucha miga: su incidente con Michel en el Bernabéu. "¿Que en España me recuerdan más por eso que por mi fútbol? Lo que pasa es que a la gente le gusta el vacile y el morbo, y como eso lo sacaron por todas partes, a los hinchas no se les olvida la famosa *tocada*. Me acuerdo que por donde íbamos la gente me preguntaba por el tema. Acá en Colombia a mi papá todavía le gastan bromas porque siempre le regalo esas camisetas del Madrid". Y otra vez, venga a reír, aunque a renglón seguido confesó que en aquel momento le hizo de todo menos gracia. "Michel lo que quería era provocarme y lo logró. Ahora no recuerdo qué fue lo que le dije, pero el *agarrón* está considerado en mi país una falta de respeto".

Su estrepitoso fracaso en su paso por la Liga española y el Valladolid, sin duda el gran lunar de su carrera, tiene desde su punto de vista una explicación plausible. "El problema fue que no nos adaptamos y las exigencias eran inmediatas. Si hubiésemos seguido un poco más de tiempo, estoy seguro de que el sabor habría sido otro".

Confesaba, sin embargo, que el peor momento de su carrera lo vivió el 1 de febrero de 2004. "Ese día me retiré de las canchas. Dejarlo es lo más jodido con mucho, porque después no hay más nada. El resto de cosas las cura el tiempo, como lo que nos pasó en el Mundial de USA 94. En cambio, cuando llega el momento de marcharte, es muy fuerte. Lo más duro".

Desde aquel día, su vida se convirtió en una incesante búsqueda de su nuevo lugar en el mundo. Ha hecho sus pinitos en la política, dirigió a su amado Junior, pero lo que realmente le cautivó fue la creación de su propia escuela de fútbol. La Academia Pibe Valderrama, con sede en Barranquilla, acoge a niños entre 4 y 18 años. Además de ser el dueño, el ex astro *cafetero* ostenta también el cargo de gerente general y, a veces, cuando sus otras ocupaciones se lo permiten, se viste de corto con la única mira de "enseñar a los muchachos para que sigan creciendo como jugadores y como personas".

Un hermoso legado de un genio al que tal vez sólo faltó ganar un título importante para haberse instalado en los aledaños de ese panteón de ilustres que ocupan los Pelé, Cruyff, Di Stéfano, Maradona o Zidane. "A mí me parece que no, aunque en Italia 90 debimos llegar más lejos porque teníamos con qué. Lo que hice junto a mis compañeros está ahí. Pasó y punto. Se acabó. No quiero vivir del cuento ese de que estuve en tres Mundiales y Colombia no ha vuelto hasta ahora. No. Yo quiero que los chicos vayan y le ganen a todo el mundo. Ahora bien, la responsabilidad de lo que se hace o no se hace es de ellos, porque el técnico hizo el trabajo en la semana. Él no juega". Palabra de *Pibe*. O de *Mono*. Como gusten.

30. EL OCASO DEL ANTÍDOTO CONTRA LA GUERRA DE LOS CÁRTELES

Fue la versión azteca del sueño de una noche de verano, porque fue justo eso lo que duró, una estación. Pero al Club de Fútbol Indios le bastó para hacer de Ciudad Juárez un lugar mejor para vivir. La urbe que llegó a ser calificada como la más violenta del mundo en 2010 por sus 3.075 asesinatos, víctimas de la guerra del narcotráfico entre el cártel local y el de Sinaloa, encontró un rayo de luz entre tanta tiniebla gracias a la espectacular campaña de la escuadra dirigida por el uruguayo Héctor Hugo Eugui en el torneo Clausura 2009 del balompié mexicano.

Fundada en 2005 por el empresario local Francisco Ibarra, la *Tribu*, como se conoce popularmente al cuadro naranja, llegó a ser la única alegría en un conurbano obligado a vivir en estado de sitio entre 2009 y 2011. Una fuerza cifrada en 11.000 efectivos de la Policía Federal y el Ejército mexicanos se vieron obligados a patrullar de manera permanente unas calles que eran escenario habitual de tiroteos y ajustes de cuenta durante el día. De noche, Ciudad Juárez se convertía en una urbe fantasma, con sus centros comerciales y locales de alterne prácticamente desiertos. Muy pocos eran los que se aventuraban a pisar las calles por temor a verse envueltos en la guerra abierta que enfrentó a los clanes de la droga por el control del mercado del oro blanco, en este punto crítico de la frontera con los Estados Unidos.

Con sólo un año en la élite del balompié azteca, el conjunto más representativo del estado de Chihuahua, fronterizo con el yanqui de Texas, fue capaz de lograr que sus habitantes hablaran de otra cosa que no fuera miedo, dolor y muerte.

El fútbol y su ilustre representante en la Liga azteca llegaron a ser una especie de fe redentora a la que se adhirieron miles de ciudadanos que vibraron con los Indios durante un mes de mayo inolvidable, sin importarles el precio exagerado de las entradas, que se cotizaron como oro en paño durante la fase final por el título liguero.

La Revolución Juarista fue vista y no vista, ya que sólo tres meses antes de desmelenarse, los *Aborígenes* llegaron a tener pie y medio en la Segunda división. Sin embargo, dos victorias in extremis sobre las Chivas y Cruz Azul cerraron una racha de seis encuentros sin perder que, además de subir posiciones en la tabla de porcentajes (que es la que determina los descensos), permitió a los Indios colarse de rondón en los *Playoffs*.

Lo que nadie podía esperar era que los de Eugui dejaran en la cuneta al último campeón, el Toluca, para jugarse un puesto en la finalísima. Y mucho menos que rozaran con la yema de los dedos esa última ronda, vendiendo muy cara su eliminación ante los *Tuzos* de Pachuca, a los que llegaron a batir en su estadio en la segunda manga de la serie.

"El equipo llegó a semifinales, pero para nosotros, es como si hubiéramos ganado la Liga. Para la gente fue una válvula de escape entre tanta violencia y el hecho de vivir encerrados en casa por miedo a los pistoleros y a los tiroteos. Los Indios se convirtieron en la única diversión de la ciudad, lo único bueno y puro que teníamos de verdad", rememoraba con nostalgia Francisco Ibarra.

Las dificultades de la plaza obligaron a quien fuera propietario y presidente *aborigen* a vivir el instante más feliz en la historia del club por televisión, al otro lado de la frontera. El ex dirigente juarista se hallaba recluido en El Paso mientras tramitaba su residencia en los Estados Unidos, motivo por el cual no podía abandonarlos durante tres meses, así que tuvo que conformarse con felicitar a sus hombres por teléfono.

El mérito del éxito de *La Tribu* quedó realzado por la humildad de su plantilla, integrada por futbolistas de Segunda división y por descartes de otros equipos de la máxima categoría. El mejor ejemplo de esa sencillez y de lo duro que resulta labrarse un futuro digno en esta tierra masacrada por la corrupción y la violencia en su estadio más avanzado, lo representaba su estrella y máximo artillero, Julio Daniel Frías. El hombre gol de los Indios fue en su juventud miembro de una pandilla de delincuentes en el barrio de Alta Vista, que le introdujo en el mundo del hampa. De ahí al narcotráfico sólo había un paso, y Frías se convirtió en *camello*.

La Policía lo detuvo y envió a un correccional de menores, donde pasó un año. Cuando salió de la cárcel, decidió cruzar la frontera y entrar como ilegal en los Estados Unidos. Fue allí, en El Paso, mientras trataba de enderezar su vida con un trabajo honesto, donde los ojeadores del cuadro naranja le descubrieron jugando un partidillo con un grupo de amigos y le convencieron para dejar la vida de *espalda mojada* y desandar sus pasos para intentar engancharse al fútbol profesional con el equipo de su ciudad natal.

Fútbol que estás en La Tierra

La apuesta le salió redonda porque en solo dos años pasó del anonimato en las divisiones menores del balompié estadounidense, a figura de sus queridos Indios. "Yo soy un claro ejemplo de que el destino de una persona puede cambiar. Si logré dejar la vida que llevaba fue gracias a las fuerzas que me dieron mi mujer y mi hijo. Ellos me hicieron ver que mi vida tenía sentido fuera de la delincuencia", reconoció *El Maleno*, apodo con el que se conoce a este centro delantero, ya retirado del fútbol en activo.

La fiesta invadió cada esquina de la castigada urbe norteña. Dejando aparcados sus temores en casa, los habitantes de CJ se lanzaron a la calle para celebrar la gesta de su escuadra. Los cláxones y gritos de euforia estallaron a bordo de una caravana interminable de coches adornados con banderas de los Indios, mientras sus ocupantes lucían en sus cabezas con orgullo el popular *koyero*, una cinta roja reminiscencia de los indios Tarahumaras, que habitaban la región antes de la irrupción de los colonos y que adorna el escudo de la entidad juarista.

La fuerza incontenible del once *aborigen* no se detuvo en sus incondicionales, que a modo de broma macabra se autodenominaron *El Kartel*, sino que alcanzó de lleno al tenebroso mundo del hampa en esta ciudad sin ley. El día que los Indios se enfrentaron al Toluca y lograron el pase a semifinales, no hubo una sola ejecución en la ciudad fronteriza.

La cifra de asesinatos llegó a los 20 durante esa misma semana, pero la sola presencia de los hombres de Eugui sobre el manto verde hizo de la jornada dominical un instante sagrado y pacífico para todos. Superada la fiebre futbolera, la guerra de los cárteles siguió lamentablemente su curso, como demuestran las 2.643 víctimas mortales con que se cerró el 2009.

David Ruiz de la Torre

El repunte del conflicto acabaría golpeando de lleno en la Santa Bárbara de los Indios, que un año más tarde enfilaban el camino del descenso tras encadenar una racha de 27 derrotas consecutivas. Para el ex presidente Ibarra la explicación del porqué se fueron a pique resulta muy evidente. "Los jugadores fueron desestabilizados por el crimen organizado. Pensaban en todo, menos en jugar. Al menos una docena de futbolistas del plantel fueron extorsionados y amenazados de muerte. En Juárez lo que menos quieres saber es quién está detrás de las balas, pero antes o después te acaba afectando. La *gente mala* quiso sacar provecho de la buena marcha del equipo, de los ingresos que tuvimos durante esos meses de éxitos deportivos, y eso acabó por condenarnos. Se dieron, además, situaciones que asustaron mucho a los miembros del equipo, como el asesinato de Pedro Picasso, un técnico del equipo sub 17. Nunca se detuvo a sus ejecutores".

Los Indios no volverían a recuperarse de semejante varapalo, que supuso además la renuncia de Ibarra al frente del club, y en diciembre de 2011 serían desafiliados de la Liga de Ascenso mexicana por el impago de los salarios a sus jugadores. Sólo la intervención de la Universidad Autónoma de Ciudad Juárez evitó la desaparición del equipo. Medio año más tarde sería rebautizado como Indios de la UACJ. Hoy día, *La Tribu* pelea por reverdecer viejos laureles en el grupo I de la Segunda división, el tercer escalón del balompié azteca. Muy lejos de esa gloria que acariciaron durante aquella primavera de vino y rosas.

31. CARLITOS HERMOSILLO: EL JULIO IGLESIAS AZTECA

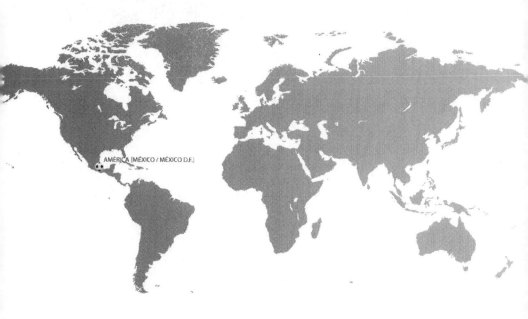

A Carlos Hermosillo se le torció el rictus cuando su hijo, Carlitos, anunció en mitad de un cónclave familiar que renunciaba a seguir sus pasos como ariete de rompe y rasga para abrazar su otra gran pasión, ésa que le había inculcado su abuelo materno: la música.

Para el segundo máximo artillero en la historia de la Primera división mexicana fue un golpe difícil de digerir, aun sabiendo que enfrente tenía un *adversario* de armas tomar: Don Lucho Gatica. El inolvidable *rey del bolero*, a la sazón suegro del ídolo mayor de Cruz Azul, no sólo consiguió que su nieto optara por seguir la senda que le llevó, a mediados de los cincuenta, a convertirse en una leyenda de la música latina, sino que además eligiera el apellido materno como denominación de origen artística.

Cinco años después de que Carlos Gatica diera semejante *disgusto* a Hermosillo, el joven intérprete de pop lanzaba al mercado su primer disco, *Cómo te explico*, aprovechando el tirón del exitazo cosechado con el tema que ha dado nombre a su ópera prima en el mercado musical.

Fútbol que estás en La Tierra

Carlitos me recibió con entusiasmo y aceptó encantado de la vida explicarme los insondables vericuetos que le llevaron de las canchas a los escenarios, mientras preparaba su doble puesta de largo en Guadalajara y Monterrey, hace apenas unos meses. "Al fútbol jugué hasta los 17 años, justo cuando tocó decantarse por ese lado o por la música. Al final me llamó más lo segundo. Elegí este camino porque siempre me sentí más cómodo cantando que en un terreno de juego. Desde luego que mi abuelo ha sido un gran ejemplo e influencia para mí en todos los aspectos de mi vida, pero esa decisión la tomé yo solo. Y tengo la suerte de que tanto mis papás como la familia en general me ha apoyado siempre", confesaba este frustrado proyecto de 9 que, desde niño, dejó constancia fehaciente de la sangre que corría por sus venas cada vez que encaraba a un portero.

Así lo reconocía él mismo al relatar su propia historia. "Hice las fuerzas básicas en el América. Fue muy curioso porque en un torneo escolar, después de un partido, me mandó llamar un ojeador y al preguntarme mi nombre no se creía que yo era hijo de Carlos Hermosillo. Fue una experiencia muy bonita que me ayudó a estar seguro de lo que quería. Jugaba de delantero o de extremo derecho, pero era diferente a mi papá porque yo me sentía más cómodo recibiendo la pelota de frente a la portería".

Aun reconociendo que resultó duro renunciar a la redonda, un siempre sonriente Carlitos no se cansa de repetir que al final tocó la tecla correcta. "¡Claro que me costó dejarlo! La música y el fútbol siempre han sido mis dos grandes pasiones, pero no me arrepiento. Creo que tomé la decisión adecuada y ahorita que estoy presentando mi primer disco y que empiezo a cantar en foros más importantes, corroboro que esto es lo mío. Mi objetivo es que la gente se sienta identificada con mi música. Es lo más importante para mí".

Hincha acérrimo de Cruz Azul, Carlos Gatica tiene, como todo futbolero que se precie, sus referentes en el manto verde. "Me gusta mucho el Chicharito. Me parece un ejemplo en todos los aspectos. Sé que en cuanto a cualidades puede haber otros mejores que él en México, como Vela o Giovani, pero ninguno tiene su mentalidad ni sus ganas de hacer las cosas bien. Fuera de mi país, admiro sobre todo a Casillas. Aparte de ser el mejor portero del mundo de lejos, es un tipo que siempre asume las responsabilidades en momentos complicados. Nunca se esconde. Me encanta su manera de hablar, siempre muy frontal, sincero y sin rodeos. Es un gran líder".

A nivel de equipo, sin embargo, se decanta por los de la acera de enfrente. "Me fascina el Barça. Un equipo impresionante, lleno de cracks que entienden a la perfección que esto es un deporte de conjunto. Como alguna vez escuché, el fútbol es como el jazz: todos los integrantes tienen que seguir juntos una partitura, pero siempre con espacio para la improvisación".

El deje romántico de sus melodías, muy al estilo Luis Miguel o del propio Julio Iglesias, con el que guarda una conexión músico—futbolera, le asocian inevitablemente con su abuelo. "Es normal. Crecí escuchando sus boleros y cuando empecé a preparar mi proyecto, lo único que tenía claro es que quería incluir ese romanticismo en mis canciones. Tengo la suerte de tenerlo a mi lado todos los días y me ayuda muchísimo. Ha sido muy importante para mí durante todo este proceso, seleccionando los temas y también vocalmente. Por otro lado, admiro mucho a Michael Bublé y a Robbie Williams. No sé si influyeron realmente en mi música, pero sí me gusta bastante lo que hacen".

Fútbol que estás en La Tierra

La ascendencia del mítico cantante chileno sobre Carlitos es tal que decidió continuar la estirpe musical hasta en el nombre. "Elegí Gatica como nombre artístico porque Hermosillo, aquí en México, es un apellido relacionado completamente con el fútbol, y tanto mi equipo de trabajo como yo no queríamos confundir a la gente. Sin olvidar, por supuesto, que el apellido Gatica tiene una gran herencia musical, así que decidimos aprovecharla".

Donde no se ponen de acuerdo nieto y abuelo es en sus pasiones futbolísticas. Del mismo modo que la debilidad de Carlos viste todo de azul, la del gran Lucho luce de blanco impoluto. "A mi abuelo le apasiona el fútbol y es muy aficionado del Real Madrid. Fue un gran admirador de Di Stéfano, Puskas y todos aquellos grandes futbolistas de cuando era joven. De ahí su pasión por el equipo. No se pierde un solo partido y, como se podrá imaginar, adora a Cristiano Ronaldo y no quiere saber nada de Messi", concluyó entre risas.

32. EL REGRESO DEL EQUIPO MÁS POBRE DEL MUNDO

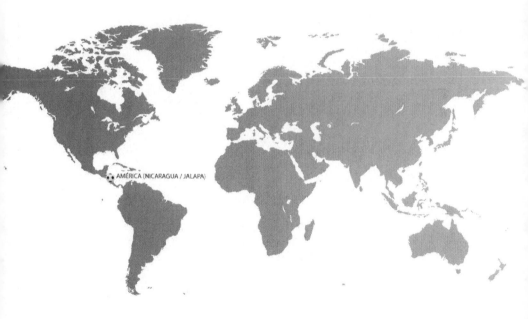

El fútbol ha devuelto la sonrisa a Jalapa. Este minúsculo reducto de la Nicaragua campesina, donde siguen sin conocer el significado de la palabra asfalto, aparcó por unas horas los sinsabores de su humilde existencia para celebrar, como si de la resurrección de Augusto César Sandino se tratara, el ascenso del Municipal ART a la máxima categoría del balompié nacional.

Los pupilos de Leónidas Rodríguez destrozaron al calor de su hinchada, sobre el irregular césped del Alejandro Ramos Turcios, a la UNAN de Managua con un inapelable 4-0 en el choque de vuelta del *playoff* por el título de campeón de la Segunda división en su versión 2013, remontando a lo grande el 2-1 encajado en la capital de la república centroamericana.

La gesta del cuadro jalapeño bien podría situarse, sin forzar mucho, en el mismo pack de las más sonadas en la historia del deporte de la redonda (El Maracanazo, la victoria de Dinamarca en la Euro del 92 o la de Grecia en la edición de 2004) a tenor de los dramáticos detalles de una vida marcada por el padecimiento extremo.

Fútbol que estás en La Tierra

Fundada en 1995 como Deportivo Jalapa, la escuadra segoviana (la ciudad pertenece al departamento de Nueva Segovia) se vio abocada a la desaparición en 2008 por culpa de una deuda acumulada de 3.000 euros y la ausencia total de apoyos, tanto a nivel institucional como en el ámbito privado.

"Somos demasiado pobres. La verdad es que no me explico cómo hemos podido volver a Primera división apenas un año después de la refundación del club. A ver qué pasa ahora", confesaba sin acritud Leónidas Rodríguez, el hombre que llevó a lo más alto al viejo Jalapa en 2002 tras conquistar el único título de Liga que contempla su palmarés, que no sala de trofeos, un concepto que suena a chino a pocos pasos de la frontera con Honduras.

Porque a fuerza de no tener, esta entidad, que en menos de 400 días pasó de renacer cual Ave Fénix a plantarse en Primera dos fases de ascenso mediantes, no cuenta con un patrocinador en el sentido estricto de la palabra, tampoco tiene utilleros, ni masajistas, ni un autobús para desplazarse y, por supuesto, tampoco cuenta con un médico.

A fuerza de carecer, no tiene ni presupuesto, mucho menos feudo propio, ni un solo jugador del plantel cuenta con vehículo privado y apenas dos, el goleador Milton Zeledón, su estrella, y el hondureño Luis Maradiaga, perciben un salario las pocas veces que cae algún córdoba en las arcas del club.

Algún progreso sí que ha hecho en esta nueva etapa como Municipal ART, acrónimo de Alejandro Ramos Turcios, fundador y mecenas del club en sus albores: la alcaldía de Jalapa accedió a invertir 4.500 euros para remozar las arcaicas instalaciones del estadio. La entidad cuenta también al fin con escudo en sus camisetas, después de que un dibujante local se brindara a diseñarlo a coste cero. Y además, no tiene deudas.

Pero esos leves síntomas de mejoría no alcanzan para esconder las interminables calamidades del equipo *profesional* con menos recursos del globo terráqueo. "Somos tan humildes que no tenemos ni aguatero (masajista). De llevar el agua se encarga alguno de los suplentes. Y ya nos ha pasado de tener que ir a jugar partidos de visitante con menos futbolistas de lo habitual. Apenas viajan 14, con lo justo para hacer los cambios. Tener un suplente de más representa un gasto extra que no estamos en condiciones de afrontar", explica el presidente, Jorge Galeano.

Dejar atrás Jalapa para hacer frente a los compromisos del calendario lejos del Alejandro Ramos es todo un ejercicio de amor al fútbol por parte de sus jugadores. Al no disponer de autobús propio y debido a la ausencia total de carreteras asfaltadas, los convocados por Leónidas Rodríguez recorren 65 kilómetros en dos camionetas destartaladas hasta Ocotal, tragando polvo a mansalva y barro si se pone a jarrear. Desde allí, y si las arcas lo permiten, alquilan un minibus cuyo chófer es el propio técnico del equipo.

Aunque las distancias que les separan del resto de ciudades no superan los 400 kilómetros, el Jalapa suele partir con al menos un día de antelación para poder llegar a tiempo a los partidos. "Dormimos donde sea. Solemos parar en unas villas donde hay un cuarto grande para todos. Sencillamente, no podemos permitirnos un hotel convencional. Aún así, vamos mejorando. Hasta hace unos años dormíamos en las mismas gradas del estadio donde jugábamos al día siguiente. Sí, al aire libre, así nomás. Lo curioso es que quien más nos ayuda es la gente pobre. Los que tienen dinero nos han dado tradicionalmente la espalda", relataba el dirigente jalapeño.

Fútbol que estás en La Tierra

Ni siquiera aquel recordado título de Liga en 2002, cuando el Deportivo batió a doble partido al Walter Ferreti, sirvió para cambiar la perra suerte del conjunto verdiamarillo. Su estreno en la Copa de Campeones de la CONCACAF (la ConcaChampions) se saldó con dos espeluznantes goleadas a manos del FAS salvadoreño (17—0) y del Árabe Unido de Panamá (19—0).

La culpa de tamaña humillación la tuvo el interminable viaje hasta El Salvador, durante el cual los jugadores tuvieron que dormir un par de noches en los asientos del microbús que les llevó desde Nicaragua, porque apenas consiguieron dinero para costear el vehículo, a lo que se sumaron algunos imponderables que surgieron al llegar a su destino. "No todos los jugadores tenían botas de tacos para el primer partido, así que tuvimos que usar parte del dinero en eso. Compramos ocho pares, y suerte que nos hicieron un 20% de descuento".

Dirigir a una escuadra tan peculiar como el Municipal ART no está al alcance de iconos del banquillo como Ancelotti, Guardiola o Mourinho. Sólo si entiendes de mecánica por si se estropea una camioneta en mitad del lodazal y eres capaz de conducir un autobús, puedes aspirar al trabajo. No es casualidad que Leónidas Rodríguez lleve tantos años en el cargo. Sencillamente, cumple todos los requisitos.

"Acá hay que hacer de todo a la vez, y a veces es complicado. No puedo estar dirigiendo y atender a un jugador que recibió un corte en el rostro, o a uno que sufre de convulsiones... Por hacer una cosa me distraigo de la otra, pero tampoco puedo dejar que un jugador se me muera en la cancha", explicaba el preparador multiusos de una escuadra que apenas dispone de tres balones para entrenar.

David Ruiz de la Torre

Pero después de tantos años de sufrimientos de todos los colores, este intrépido *alter ego* de aquel célebre guerrero espartano que frenó con sus 300 peltastes a los persas en el Paso de las Termópilas, se aferra con firmeza al nuevo eslogan del club para encarar su enésima aventura en la flor y nata del fútbol nicaragüense: "El Jalapa no tuvo infancia, nació grande".

33. HIJOS DE UN DIOS MENOR

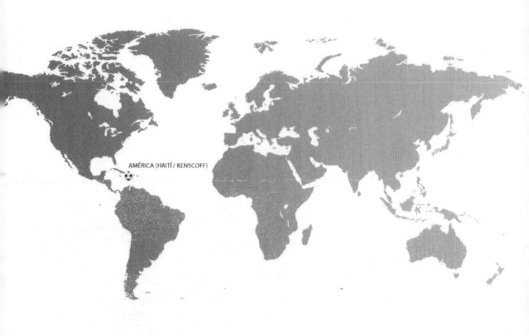

Pretoria, octubre de 2010. La selección de Haití se despidió de la Danone Nations Cup, el Mundial de niños que apadrina cada año Zinedine Zidane en algún lugar del mapa mundi, con su casillero de victorias a cero y la vitola de ser la escuadra más endeble en las diez ediciones del torneo jugadas hasta ese momento.

Pero eso poco o nada importó a un grupo de chavales procedentes de una de las zonas del planeta más castigadas por la pobreza y los desastres naturales, donde el 54% de la población vive con menos de un dólar diario, la mitad de los niños no se desarrolla bien debido a la desnutrición, y el SIDA ha dejado más de 200.000 huérfanos. Tal vez por todo ese cúmulo de desgracias concatenadas, su único anhelo era poder ver cumplido el sueño de codearse con los mejores equipos del mundo en su categoría.

La extraordinaria labor realizada de manera conjunta, durante más de dos años, por la ONG no gubernamental *Nos petits frères et soeurs* (Nuestros Pequeños Hermanos) y la multinacional francesa de productos lácteos vio recogida sus frutos con la sonrisa de unos niños a los que la vida les dio la espalda nada más aterrizar en este mundo. Ninguno de ellos tenía ya padres que velaran por sus sueños. El orfanato St. Helene, en la localidad de Kenscoff, a unas dos horas en coche de Puerto Príncipe, es el hogar que les acoge prácticamente desde que tienen uso de razón.

Hasta allí llegaron, hace algo más de veinte años, *Nuestros Pequeños Hermanos*, que además de en Haití desarrollan su labor en otros ocho países más del tercer mundo latino (México, Honduras, Nicaragua, Guatemala, El Salvador, República Dominicana, Perú y Bolivia), implicándose en esa terrible batalla diaria contra la pobreza y la desatención infantil.

Danone recogió el SOS lanzado al mundo por estos misioneros modernos sobre la dramática situación de los niños haitianos. La colaboración entre ambas entidades se hizo aún más estrecha después del terremoto de julio de 2009, que asoló buena parte del territorio de este país caribeño, uno de los más míseros del globo. Como quiera que las desgracias nunca vienen solas, medio año después la tragedia se multiplicó de manera brutal con un nuevo tsunami, aún más poderoso, que aumentó hasta 380.000 el número de huérfanos.

Fue entonces cuando surgió la idea de formar un equipo que compitiera en el Mundial sub 12 de Sudáfrica. El milagro lo hizo posible una campaña de Danone en Italia llamada *Buono per da vero* (Bueno de verdad). La multinacional gala destinó una parte de sus beneficios por la venta de este yogurt a cubrir las necesidades de este orfanato, al tiempo que ayudó a financiar el viaje de la escuadra al país del Arco Iris.

"Cuando salieron de Haití no tenían nada. Ni ropa, ni zapatillas para jugar, nada de nada. Danone, a través de esta campaña desarrollada en Italia, ha sufragado todos los gastos para poder equiparlos. No se puede imaginar la cara que pusieron los niños cuando les entregaron, a cada uno, su par de botas de fútbol. Alguno empezó incluso a llorar. Ninguno había tenido nunca esa clase de calzado", contaba Chiara del Miglio, la persona de *Nuestros Pequeños Hermanos* que acompañó a los niños en su largo viaje desde Haití hasta Sudáfrica.

La sensibilidad del resto de participantes con estos niños fue tal que uno de ellos, el pequeño Christopher, quien apenas levantaba un metro veinte del suelo, se convirtió en la atracción del torneo por su simpatía y descaro para pedir banderines a todo el que se encontraba a su paso. "Chris tiene once años, pero apenas se ha podido desarrollar físicamente por la malnutrición. Es un niño encantador y muy cariñoso, por eso se ha convertido en la mascota del Mundial. Todos los niños de todos los equipos se han hecho fotos con él, le han regalado banderines, camisetas. Ha sido algo extraordinario".

Esa sensibilidad tan solidaria mostrada por estos jugadores de futbolín hacia sus *petits frères et soeurs* haitianos, resultó clave para que la presencia del combinado caribeño se haya hecho habitual en esta competición que se celebra con carácter anual, y en la que todos los equipos deben pasar por varias etapas clasificatorias en sus países y continentes antes de conquistar el ansiado billete para la fase final. Todos menos uno: Haití. En algo tenía que sonreírles la diosa Fortuna.

34. LAS DUEÑAS DE *LA REDONDA*

OCEANÍA (TONGA / NUKU'ALOFA)

P aul Gauguin nunca estuvo en Tonga. Pero su legado pictórico estuvo presente todo el tiempo en mi cabeza mientras deambulaba por las calles de Nuku'Alofa. Ese idílico color turquesa de las aguas de un mar intrigante o la frondosa hermosura de sus mujeres, que tanto cautivaron al rey del post—impresionismo, parecían estampas sacadas de los lienzos del genio francés. Precisamente uno de ellos, *Never more*, alumbró mis sueños en el Waterfront, un coqueto hotel con sabor *guaguiniano* propiedad de Giampietro y Daniela, dos italianos errantes que hace muchos años juraron fidelidad eterna al Torino.

Esa simpática pareja hablaba de *Calcio* con la autoridad de un Ancelotti o un Capello. Dos extraños en este pequeño paraíso del Pacífico Sur, ya que el fútbol vive en el anonimato en un lugar en el que los chavales vuelven de clase con una pelota ovalada bajo el brazo. Porque hablar de Tonga, es hablar de rugby.

El legendario reino de la Polinesia sigue siendo un coto privado del deporte del balón oval, cuya selección nacional, los famosos *Ikale Tahi* (águilas del mar), es una habitual en las Copas

Fútbol que estás en La Tierra

del Mundo y acostumbra a realizar giras por su propio continente, Asia (no fallan en el internacionalmente famoso *Seven de Hong Kong*) y también por Europa. Su posición hegemónica y excluyente en el panorama deportivo de estas exóticas tierras descubiertas hace ya más de dos siglos por el omnipresente Capitán Cook, deja muy mal parado al fútbol.

El balompié sobrevive, a duras penas, con las ayudas económicas que la Federación tongana recibe de la FIFA. Ni el Gobierno ni las empresas locales, que sólo tienen ojos para el forzudo XV del oval, les prestan la más mínima atención. Y eso que al difunto monarca del país, Taufa'ahau Tupou IV, le tiraba más la redonda. "Le gustaba mucho, pero no se atrevía a echarnos una mano por si la gente del rugby se enfadaba, algo muy poco aconsejable, dicho sea de paso", me explicaba Kalifi, uno de los técnicos de la selección, la noche que me *levantó* en el aeropuerto de la capital.

La última tentativa por parte de los dirigentes del fútbol tongano de comer terreno a su *enemigo* se produjo hace ya una década con la contratación del ex madridista Milan Jankovic como máximo responsable técnico de todas las selecciones. El dinero de la FIFA (unos 200.000 euros anuales) hizo posible el fichaje del ex mediocampista serbio, quien a pesar de sus esfuerzos no fue capaz de revertir la situación. "Es muy difícil evolucionar en un país en el que existe una cultura tan arraigada alrededor del rugby. Y eso a pesar de que haya más niños jugando al fútbol que a cualquier otro deporte en los colegios, incluido el propio rugby. Nuestro gran drama es que, cuando cumplen 16 años, se los llevan".

El entonces seleccionador tongano explicaba con su particular parsimonia, no exenta de resignación, que "nos quitan a los mejores jugadores porque pueden ofrecerles mejores perspectivas de futuro, como salir de la isla a jugar a Nueva Zelanda o a Australia, o bien hacer giras con los *Ikale Tahi*. Es doloroso perder a chavales que realmente tienen clase, pero la realidad manda y hay que comprenderlos".

Esa *fu*ga de jugadores sigue repercutiendo de forma negativa en la Primera división del fútbol isleño, que pasó de contar con 10 equipos a ocho por falta de recursos... humanos. "Se quedaron sin jugadores. Así de sencillo". La Segunda división, en cambio, ha conseguido mantener a duras penas sus 14 escuadras, lo mismo que la categoría sub 17. "Es un verdadero milagro que subsistan, porque nadie les ayuda. No cuentan con un solo patrocinador que sufrague sus gastos. Van a jugar simplemente porque se divierten, aunque el nivel no sea el idóneo. Pero es lo que hay".

La suma de este interminable cúmulo de trabas afecta, como es lógico, al equipo nacional, uno de los peores del planeta fútbol. En la última fase de clasificación mundialista fue humillado por la antaño peor selección del globo, Samoa Americana, que obtuvo a su costa la primera victoria de su historia. En 2001, camino de Corea y Japón, recibió la friolera de 22 tantos frente a Australia, la peor goleada que se ha comido desde aquel lejano debut ante Tahití en 1979, saldado con otra paliza, algo más discreta eso sí (8-0).

"Ahora mismo no me preocupan los resultados, el ganar, porque en la fase que se encuentra el fútbol de este país no son lo importante. Mi pensamiento es el de mejorar poco a poco, que los jóvenes entiendan el juego, tratar de progresar. En ese apartado estoy realmente satisfecho porque algunos jugadores aprenden rápido y, si tenemos algún resultado decente a medio plazo, vamos a empezar a mejorar con seguridad", señalaba optimista el técnico balcánico. Lo cierto es que las goleadas escandalosas han remitido, dando paso a derrotas más humanas e incluso a algún triunfo esporádico, como el que obtuvo ante las Islas Cook en las últimas eliminatorias mundialistas, disputadas en Apia, capital de Samoa Occidental, en noviembre de 2011.

El mayor drama, sin embargo, se produce con el fútbol femenino, curiosamente mucho más desarrollado en Tonga que el de los varones, comparativamente hablando. Milan Jankovic había conseguido armar una selección absoluta de un nivel bastante aceptable, con la que en 2003 logró la tercera posición en los Juegos del Pacífico Sur, disputados en Tahití. "Allí sólo nos superó Papua Nueva Guinea y Guam. Ganamos varios partidos y el equipo rayó a un muy buen nivel. Había perspectivas de seguir mejorando, pero algunas de esas chicas se casaron y a renglón seguido se quedaron embarazadas. No pude contar con ellas durante bastante tiempo, y cuando ya estaban listas para volver, sus maridos no las dejaron jugar más. En la siguiente concentración importante que tuvimos, sólo se presentaron siete de las 18 chicas que jugaron en Tahití".

El rugby es, otra vez, la causa de los males del balompié tongano. "Los maridos de estas chicas son aficionados del rugby, por eso les molesta que sus esposas jueguen a un deporte que a ellos no les gusta. Entonces, y dadas las costumbres de estos lugares, les prohíben volver a vestirse de corto".

La sorprendente pasión que tienen las niñas por el fútbol en Tonga se palpaba en el patio de los colegios, a donde acuden regularmente los técnicos de la federación para observar su destreza con el cuero. "Les encanta el fútbol. No juegan a otra cosa. A las que tienen más talento, las traemos a la academia de la Federación".

David Ruiz de la Torre

La escena más impactante del viaje estaba a punto de producirse. Al sonar la campana que abría oficialmente el tiempo de recreo, una cincuentena de chicos y chicas mezclados se lanzaron como posesos al patio y empezaron a disputar dos partidos paralelos con esféricos diferentes: el ovalado era el del duelo de los chavales, mientras que una legión de crías ataviadas con un uniforme rojo luchaban a brazo partido por el control de la redonda.

Tan singular imagen, clavada en la retina, me ayudaría a comprender en toda su extensión algo que me sucedió 24 horas más tarde, al entrar en un banco con la intención de cambiar unos *paangas*. Después de entregar mi pasaporte, el empleado de caja me preguntó qué era lo que se me había perdido allí. Le expliqué que había ido a hacer un reportaje al seleccionador de Tonga y antaño jugador del Real Madrid. Su respuesta me dejó de piedra. "¿Qué es el Real Madrid? No lo he oído en mi vida". Animado por la curiosidad, le tiré a bocajarro el nombre de Beckham. "¿Quién?", me respondió. Y le conté... Trabajo tiene por delante Florentino Pérez en Tonga, un lugar de otra galaxia.

35. LA MISIÓN DE WYNTON RUFER

OCEANÍA (NUEVA ZELANDA / AUCKLAND)

Pisar nuevamente las calles de Auckland, tan asépticas como cuando las descubrí en mi primera incursión por las Antípodas, me supo a gloria. Un país diferente, Nueva Zelanda, de otro mundo, y no sólo porque tengan cruces en diagonal en sus amplísimas avenidas o porque mucha gente pasee descalza como si campara a sus anchas por el comedor de su casa. También porque no es cosa de terrícolas jugar a un *gol regañao* en la plaza principal de la mayor urbe *kiwi* con un balón ovalado, placando a todo el que osara invadir su territorio o tirando a *palo*s en dirección a la torre de una iglesia ante el estupor, no exento de entusiasmo, de un pastor anglicano que parecía estar asistiendo a un duelo en la cumbre del *Cuatro Naciones*.

Un sueño imposible para el padre espiritual del balompié en el que es el país más alucinante de cuantos he tenido el privilegio de visitar a lo largo de mi vida. A Wynton Alan Whai Rufer se le hacían los ojos chiribitas cuando le contaba la tirada diaria de un periódico deportivo en España y el número de páginas que suelen dedicarle al deporte en el que ha volcado todas sus energías desde que era un adolescente. "No me extraña que en

España haya tanta pasión. Aquí estamos a años luz de llegar a esas cotas de interés".

Otto Rehhagel, el técnico que hizo de este *kiwi* de padre suizo y madre maorí un artillero insaciable, llegó a calificarle de "iluminado". Nunca mejor dicho porque fue una *visión* lo que cambiaría su vida en 1995, cuando jugaba en el Werder Bremen. "Fue un sueño muy fuerte e insistente. Dios me pedía que volviera a mi país para enseñar el fútbol a los niños. Así que tuve que convencer a mi familia para que me siguiera de vuelta a casa".

Nadie mejor que él para hacerlo porque quien fuera considerado por la FIFA mejor futbolista oceánico del siglo XX es al balompié en Nueva Zelanda lo que Tana Umaga al rugby. El mejor futbolista oceánico del pasado siglo e integrante del *Club de los 100* más grandes de la FIFA cumplió a rajatabla el mandato *divino* y abrió un par de años más tarde en Auckland la academia *Wynrs* (Ganadores), que hoy día presume de ser el mejor centro de formación de jugadores en la patria de los temibles *All Blacks*.

Rufer vive desde entonces embarcado en la mesiánica tarea de relanzar el deporte de la redonda para devolver a Nueva Zelanda el nivel y el prestigio alcanzados en 1982 con la participación de los *All Whites* en el Mundial de España, que el atacante nacido en Wellington disputó con sólo 19 años. "Para cualquier futbolista es un sueño poder estar en un Mundial. Hacerlo además en un país tan bonito y futbolero como es España y ante tres grandes selecciones como Brasil, la Unión Soviética y Escocia, fue algo inolvidable. La mejor experiencia de mi carrera como jugador" sentenció categórico como hacía en la Bundesliga mientras me mostraba las tripas de su centro deportivo, sito en Greenlane, a tiro de piedra del centro de la ciudad.

Su despacho, pequeño y sin alharacas de ninguna clase, estaba decorado con camisetas de Henry, Ballack, Zidane y una de la selección griega dedicada por Otto Rehhagel de su puño y letra. Tampoco falta un retrato de su mentor, por quien profesa una admiración sin límites. "Otto es un hombre excepcional. Mucha gente se sorprendió cuando ganó la Eurocopa con Grecia, pero a mí no me extrañó. Cuando ganamos la Bundesliga o la Recopa con el Bremen ocurrió lo mismo. No éramos favoritos porque el Mónaco tenía un equipazo, con un joven Petit, Fofana, Djorkaeff, Weah, que andaba a un nivel impresionante, Rui Barros, Ettori... Y Arsène Wenger en el banquillo. Pero nosotros teníamos a Rehhagel, un hombre excepcional que nos dijo "salir a disfrutar". Otto es un hombre milagro. Algo increíble, casi divino. Lo aprendí todo de él, su filosofía futbolística y de la vida, todo".

Inconformista y luchador por naturaleza, Rufer desarrolló sus programas formativos al margen de la Federación local, de la que se ha mantenido distante desde que renunció al cargo de seleccionador Sub 17 en vísperas del Mundial de la categoría que organizaron en 1999. "Fue una experiencia nefasta. Es algo que viene sucediendo en muchos países de África, Oceanía o Asia. Antiguos jugadores regresan para tratar de desarrollar el fútbol en sus países desde la base, pero no reciben el apoyo necesario de sus federaciones. Traté de empezar a formar chavales desde los 8 años y controlar su evolución y crecimiento, pero tuve que irme porque la mentalidad de la gente es muy estrecha. Era como predicar en el desierto".

La fama y el nombre que se labró en sus tiempos de goleador le han ayudado a mantener en vilo su costoso proyecto. "Recibimos fondos privados de Alemania, donde la gente no me ha olvidado. Por desgracia y a pesar de mi exitosa carrera profesional, no he ganado mucho dinero con el fútbol, de modo que esta academia no podría mantenerse sin esos aportes y sin el apoyo económico de los padres. Si quieres una formación de calidad para los chicos en este país, tienes que rascarte el bolsillo. No hay otra".

El precio que deben pagar los progenitores de los *All Whites* del futuro oscila entre los 150 y los 250 euros, dependiendo del curso en el que estén inscritos. Hay cuatro modalidades: anual, sabatino, de verano e intensivo durante diez semanas. "Tenemos 450 chicos de entre 8 y 16 años en Auckland, donde está el programa principal. Luego contamos con escuelas satélites en Wellington, Hamilton y Napier en la Isla Norte; y una en la Sur, en Nelson. Mi labor, además de entrenar, es buscar ayudas en nuestra comunidad para poder traer a los mejores talentos y luego llevarlos a competir al extranjero. Tenemos cinco chicos probando suerte en Europa, en Alemania, donde mantengo muchísimos contactos con clubes y amigos. Los solemos mandar aprovechando el parón invernal".

Sostenía Rufer la tesis de que el deporte es el mejor modo de educar a la juventud. Y para demostrarlo en la práctica, el neozelandés acoge desde 2005 a niños de familias que han llegado a su país en calidad de refugiados políticos. Si los chavales tienen madera, les busca un patrocinador personal que se hace cargo de su enseñanza. El propio Rufer sufraga sus gastos en la academia, al igual que los de otros 30 niños, la elite de *Wynrs*.

Es el caso de Mohammed Salad, un chaval somalí de 13 años al que Wynton encontró un sponsor que se hizo cargo tanto de su formación académica como de la deportiva; o el de Walid Omar, un año mayor y de nacionalidad afgana. Miya, un técnico japonés con el que coincidió durante su etapa de jugador en el JEF United, está siempre al quite de todo aquello que los chavales puedan necesitar en el día a día. "Tenemos chicos de varios países en guerra. Es algo bueno poder ayudarles a tener un futuro".

Su permanente batallar por el crecimiento del fútbol en esta hermosa tierra descubierta por el navegante holandés Abel Tasman en 1642 le ha dado alguna que otra alegría en los últimos tiempos, como ver a los *All Whites* nuevamente en una Copa del Mundo, la de 2010, en cuya escuadra se encontraba Chris Wood, un poderoso ariete forjado al calor de *Wynrs*. "Dedicarte a esto en Nueva Zelanda es como darte cabezazos contra una pared... Pero al final resulta hasta divertido. Siempre fui muy tozudo, así que no voy a renunciar nunca en esta lucha. Por suerte, tengo muy buenas relaciones con la FIFA y con mucha gente del fútbol. Soy miembro del Comité de Fútbol junto a Pelé, Cruyff, Platini, Beckenbauer o Hugo Sánchez. Todos me piden que siga peleando. Mientras exista gente que no vea el fútbol como un negocio, merece la pena seguir adelante. Estoy seguro de que al final seremos capaces de ganar esta batalla". Que así sea, Wynton.

36. VANUATU CREA ESCUELA

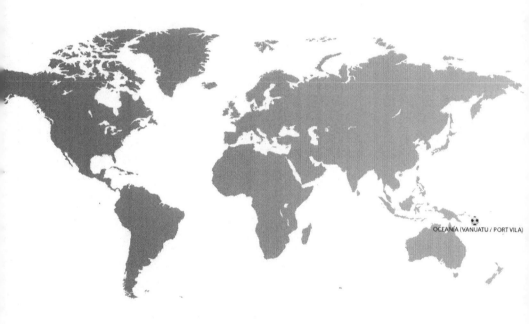

Vanuatu es posiblemente el más humilde de los países que integran las tierras oceánicas. Sin embargo, este semidesconocido archipiélago compuesto por 83 islas de origen volcánico que navega a la deriva en la inmensidad del Pacífico austral, se destapó durante la primera década del nuevo milenio como el país con mayor progresión en materia futbolística de todo el continente. Ese espectacular crecimiento se apoyó fundamentalmente en dos aspectos: un ambicioso programa de desarrollo del balompié a partir de las escuelas primarias y el ingente talento natural que atesoran los futbolistas vanuatuenses, apodados en esta parte del planeta como los *brasileños de los Mares del Sur*.

"Tienen un don natural para jugar a este deporte. Para empezar, cuentan con algo que no tenemos los blancos: flexibilidad y una habilidad brutal para hacer cosas que a nosotros nos parecen imposibles. Es lo que yo llamo un cuerpo feliz. Luego tienen una pasión que es inagotable. Si les das una naranja o algo a lo que puedan pegarle patadas, ya no hacen otra cosa en todo el día. Me recuerda mucho a Uruguay, a Sudamérica en general porque juegan en cualquier rincón", me explicaba Juan

Fútbol que estás en La Tierra

Carlos Buzzetti, el entonces máximo responsable del fútbol en uno de los puntos más calientes del llamado *cinturón de fuego del Pacífico*. Sus 200.000 habitantes raspaditos conviven casi a diario con tornados, huracanes y terremotos de todos los colores en la escala de Richter. ¡Y tan contentos!

Ese es uno de los motivos por los que conseguir un pasaje para volar a Vanuatu sin que se te descuadre el calendario es casi tan difícil como el que te toquen los *ciegos*. El otro problema radica en que la compañía local sólo dispone de un aparato, que para colmo ni siquiera es suyo, ya que se lo alquilan los australianos de Quantas, y con él se las tienen que apañar para cubrir tres rutas. El caso es que, entre unas cosas y otras, mi estancia en Port Vila fue vista y no vista. Corta, pero sumamente intensa gracias a este técnico uruguayo, uno de esos *hombres buenos* que contribuyen con su silenciosa, oscura e impagable labor a engrandecer el nombre del balompié.

Buzzetti aterrizó en 1999 en el diminuto archipiélago melanesio después de dirigir con éxito durante más de dos décadas a las selecciones inferiores del Sur de Australia y trabajar como asistente de las categorías nacionales inferiores de los *Socceroos*. El preparador charrúa traía ya en su mente la idea de potenciar el fútbol desde la base y presentó un ambicioso programa de desarrollo del deporte rey a cinco años vista con el que elevar notoriamente el nivel competitivo del balompié vanuatuense a nivel internacional.

La piedra angular de su plan estratégico era la introducción del fútbol como asignatura lectiva en las escuelas de educación primaria. El proyecto, que incluía la introducción de nuevos sistemas de entrenamiento y seguimiento de jugadores para integrar las distintas selecciones, fue aprobado gracias al inestimable apoyo del ministro de Cultura y Deportes, Jacques Sese, quien fuera jugador del equipo nacional.

El primer paso consistió en la formación de técnicos e instructores para poder aleccionar adecuadamente a los niños en los diferentes centros de enseñanza repartidos por todo el archipiélago. Entre 1999 y 2005, Buzzetti y su equipo de colaboradores (sus dos asistentes en la selección, dos coordinadores técnicos y dos oficiales de desarrollo) formaron a 1.000 nuevos técnicos, todos ellos en posesión de la licencia de la Confederación de Oceanía (OFC) para dirigir hasta en tres niveles.

Después, vendría la parte romántica del proyecto: formar a los peques en el noble arte de la redonda al tiempo que aprendían matemáticas, literatura o historia. Las clases de balompié se imparten dos veces a la semana por espacio de una hora en cada centro educativo. El profesor hace hincapié en el control y manejo del balón en espacios cortos, los controles orientados, la ejecución del pase y diferentes movimientos con el esférico. Para acabar, el clásico partidillo.

"Como tienen entre 10 y 11 años, no se trabaja nada de táctica. Eso ya vendrá luego. El objetivo es que dominen correctamente la pelota. Les enseñamos qué hacer con ella, pero sin coartar su libertad, Ante todo queremos que se diviertan, que sean capaces de inventar cosas sobre la marcha, y lo cierto es que lo saben hacer muy bien. La mayoría tiene una gran habilidad porque vienen jugando desde los tres años, más o menos", me explicó este enamorado de su profesión, que dejó en 1974 su Montevideo natal, donde regentaba una tienda de fotografía, para darle un giro copernicano a su vida.

No es raro ver a los técnicos de la Federación en los patios de las escuelas para comprobar in situ la evolución de los niños.

"La gran ventaja de este sistema educativo es que nos permite reconocer a los que tienen un mayor talento futbolístico. Esos pasan a formar parte de un equipo de desarrollo (categoría sub 12). Es en ese momento cuando empezamos a enseñarles a jugar con un sistema definido, pero aún sin un rol fijo porque nos gusta rotarlos, que sepan lo que es atacar y también que se acostumbren a defender. Que aprendan a manejarse en todas las posiciones del campo, en definitiva. Pero todo con una base de trabajo simple para que no dejen de disfrutar. No queremos inflarles la cabeza y volverlos locos. Se trata de ir poco a poco".

El punto culminante de este trabajo formativo es el Campeonato Escolar de Primaria, más conocido como *Vanuakid*, que organiza la FFV en colaboración con el Banco Nacional de Vanuatu desde el 2003 y en el que participan durante cinco semanas equipos de 20 escuelas de Port Vila, capital y principal centro neurálgico de la actividad deportiva del archipiélago, así como de algunas partes de la isla de Efate, ya que hay otras que son impenetrables por carretera.

El éxito de las tres primeras ediciones propició que la Federación ampliase en 2007 la participación del torneo al resto de las asociaciones provinciales del país. Llevar a cabo esta segunda fase del proyecto obligó a superar el obstáculo de las distancias entre las diferentes islas y la escasez de recursos económicos de los mentores del balompié vanuatuense.

"Lograr que se dispute este torneo es vital para nosotros porque así podemos controlar de cerca a los nuevos talentos que surgen en el país. Al final del campeonato haremos una selección de los mejores, unos 35, y hablaremos entonces con el ministro para que busquen acomodo a los que son de otras islas en escuelas de aquí, de Port Vila, para que puedan entrenar juntos durante un año. De ahí saldrá el grupo que integre la selección en el torneo clasificatorio para el próximo Mundial sub 15", apuntaba el preparador sudamericano, hoy día al mando de la selección de Fiji.

La explicación de por qué resulta primordial atraer a los talentos más dotados del archipiélago a la capital atiende a una cuestión logística y también económica. "Los desplazamientos aquí son un problema terrible, no sólo entre las islas, sino dentro de ellas. Aquí en Efate, por ejemplo, no disponemos de transportes para que las escuelas del norte puedan venir a jugar a la capital. Incluso hay veces que tenemos que suspender los programas de formación porque la camioneta que tenemos para desplazarnos por la isla está rota, así que hasta que no la arreglan no hay nada que hacer. Para ir a las otras islas es aún peor, porque tienes que coger un avión. Y claro, el presupuesto de la Federación no alcanza, con lo que nuestras visitas para realizar el seguimiento de los chavales y ver a los equipos que juegan las ligas locales se reducen a un par de veces al año. En esos viajes aprovechamos para seleccionar a los mejores 18 chavales de cada categoría y que integren el equipo que represente a su provincia en el Campeonato Inter Islas sub 15". Buzzetti consiguió que el programa de desarrollo en la categoría sub 12 se ampliara desde 2005 a las féminas y al fútbol sala.

Sostener tan compleja a la par que precaria estructura no sería posible de no contar con la Academia de fútbol. Inaugurada en agosto de 2005 se encuentra en la localidad de Teouma, a 15 kilómetros de Vila, y fue construida con el dinero asignado por la FIFA a la FFV como parte del *Proyecto Goal* de ayuda a los países en vías de desarrollo a nivel futbolístico. El laboratorio del balompié vanuatuense tiene una extensión de 24 hectáreas y dispone de dos campos de hierba, uno de fútbol playa y dos de fútbol sala, amén de un edificio principal con las oficinas, comedor, sala de conferencias, etc.

El *Vanuakid* suele arrancar el penúltimo sábado del mes de septiembre con un desfile de todas las escuadras participantes, pero mi visita exprés *obligó* a Buzzetti a adelantar 24 horas la puesta de largo del torneo escolar sólo para que yo pudiera disfrutar de uno de esos instantes mágicos que, de vez en cuando, tenemos en esta vida.

Previamente nos presentamos por sorpresa en la clase de fútbol de la Namburu School, campeona del último *Vanuakid*. Sobre el patio de ese modesto colegio me topé con un grupo de mocosos entregados con tal pasión y frenesí a dar patadas a un cuero que el profesor tardó casi media hora en imponer sus galones e impartir sus enseñanzas. "Así es todos los días. Sólo tenemos tres balones, por eso es tan difícil organizarlos. Quieren tener una pelota en sus pies a cada momento y le pegan patadas a lo que encuentran", contaba Ben Moli, el técnico-profesor.

"Tenemos clase los martes y los jueves, de dos a tres de la tarde. Hacemos ejercicios de todo tipo y se lo pasan fenomenal. Resulta fácil porque les vuelve locos. De hecho, le pegan patadas a lo que sea, hasta juegan a veces con balones de rugby".

Cuando Ben les dijo que en un rato iban a jugar el inaugural contra los chicos del Kawenu, casi tiran abajo el aula de felicidad. El problema surgió, como siempre sucede allá donde los recursos escasean, con el traslado de los niños desde su colegio hasta el del rival para poder jugar el partido. Como después tenían que regresar a clase, había que hacerlo en minibús, pero la Federación no tenía dinero para pagar al conductor los 2.000 vatus (15 euros) que pedía por hacer el recorrido de ida y vuelta.

Como noté que la palabra suspensión empezaba a planear peligrosamente en el ambiente, decidí sufragar de mi bolsillo los gastos del transporte. Era lo mínimo que podía hacer, dado que aquella traca se había orquestado por mi culpa.

Los partidos del *Vanuakid* se juegan en terrenos de juego reducidos, con porterías más pequeñas de las reglamentarias. La duración es de 30 minutos, dividido en dos períodos de 15, y cada escuadra puede realizar nueve sustituciones, "para que así todos los niños de la clase tengan la posibilidad de participar y disfrutar de la fiesta".

El campeón cayó por 3-1 en un vibrante e inolvidable encuentro. El bajo nivel de vida del país no permite a los chavales disponer siquiera del calzado adecuado para dar rienda suelta a su gran pasión. No en vano, la práctica totalidad de los niños juegan descalzos, y no todas las escuelas juntan el dinero suficiente para comprarles una equipación que puedan lucir en el *Vanuakid*. "Por suerte, tengo unos amigos en Nueva Zelanda que todos los años me envían tres o cuatro cajas con ropa deportiva de todo tipo que tratamos de repartir entre los chicos que más lo necesitan. De otro modo, no hay mucho que hacer", me decía Buzzetti a voz en grito en mitad del fragor de la batalla mientras el meta del Kawenu sacaba de puerta con el único de los dos pies que llevaba protegido por una vieja zapatilla. "Todos los porteros juegan con una bota para poder sacar fuerte".

Los fantásticos resultados cosechados a nivel internacional por Vanuatu en los años posteriores a la implantación de este proyecto único en el mundo dieron la razón a su progenitor. En 2002, el equipo sub 16 derrotó a Nueva Zelanda por primera vez en toda su historia, y en 2003 el sub 17 se proclamó subcampeón oceánico. En la Copa de Naciones absoluta de 2004 logró batir por primera vez en esa categoría a Nueva Zelanda y un año más tarde repitió el segundo puesto en el clasificatorio sub 17 para el Mundial de Perú, alcanzando las semifinales en el torneo sub 20 tras caer con las Islas Salomón en la prórroga.

Por desgracia, la maltrecha economía de su Federación precipitó la marcha de Buzzetti poco tiempo después de mi visita, circunstancia que provocó una involución de su fútbol, que actualmente ocupa el puesto 179 en el ranking de la FIFA. Su lugar, a nivel formativo, lo ocupa ahora el español Roberto López Ufarte, gloria eterna de aquella Real Sociedad campeona de Liga dos veces de manera consecutiva a principios de los 80, con Alberto Ormaechea en el banquillo.

Las contadas ocasiones en las que he escuchado la palabra Vanuatu desde mi visita relámpago, me vinieron de inmediato a la cabeza las imágenes de aquel choque inaugural del *Vanuakid*. Pocas veces he estado más satisfecho de tomar una decisión sobre la marcha, de ésas que ni las piensas porque te las dicta el corazón. Ver aquellos 22 niños sin calzado volar sobre un césped irregular, peleando cada pelota con la intrepidez e inmortalidad de un Dios, no tiene precio. Ni en vatus, ni en euros.

37. EL *SÍ SE PUEDE* QUE TRAJO LA PAZ

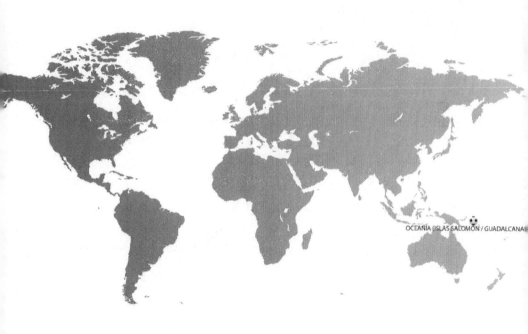

Isla de Guadalcanal, septiembre de 2005. Poco podía imaginar Don Álvaro de Mendaña, el explorador español que se encontró con el archipiélago de las Salomón en 1568, que una pelotita y veintidós individuos dándole patadas terminarían por convertirse en el símbolo de la unión de un pueblo que vive por y para el fútbol. Y eso que el calor insufrible que hace hasta media tarde les obliga a guarecerse en la primera sombra que pillan, porque si no se pasarían el día enterito disfrutando de su *droga* favorita. Y tan contentos.

El estreno de Guus Hiddink al frente de Australia, a la caza y captura del último billete para el Mundial de Alemania, me llevó hasta aquel apartado rincón de la Melanesia, famoso por haber sido testigo silencioso, muchos veranos atrás, de una de las batallas más sangrientas y decisivas de la Segunda Guerra Mundial.

El encarnizado duelo por tierra, mar y aire entre Los Aliados y las fuerzas japonesas (conocido por los Marines como *Operación Watchtower*) con el objetivo de controlar las rutas de suministro del Pacífico sur, fue un punto de inflexión en la madre de los conflictos armados del siglo XX. Mucho se ha escrito y filmado sobre un enfrentamiento que dejó los fondos marinos de este alargado archipiélago, formado por 992 islas, repleto de gigantescos pecios que hoy día son, paradojas de la vida, su gran reclamo turístico y principal fuente de ingresos.

De lo que apenas se ha sabido, aunque aconteciera a la vuelta de la esquina del nuevo milenio, fue de la sangrienta guerra civil que tuvo lugar en esos mismos escenarios como consecuencia de las diferencias sociales entre los irreconciliables grupos étnicos de las islas de Guadalcanal y Malaita. El conflicto, focalizado en Honiara, la capital del país, se prolongó durante cinco años hasta que un cuerpo expedicionario de intervención internacional, compuesto por fuerzas policiales de Australia, Nueva Zelanda y Fiji, logró restaurar el orden.

La inestabilidad social prosiguió a pesar de los esfuerzos del gobierno por erradicar los brotes de violencia étnica en el sur de Guadalcanal, la isla principal. Pero lo que el Estado y las fuerzas del orden no fueron capaces de solucionar, terminó por arreglarlo el fútbol en el verano de 2004.

Un milagroso empate del equipo nacional en Sidney frente a Australia les clasificó por primera vez en su historia para disputar el *playoff* final de Oceanía camino de una Copa del Mundo, lo que desató una euforia desmedida y despertó un sentimiento patriótico inexistente durante el último quinquenio. "Fue algo fantástico. Nada más acabar el partido, la gente empezó a cantar de manera espontánea nuestro himno nacional en plena calle y se abrazaban los unos con los otros. Poco importaba quién estuviese al lado. Todo el mundo, ya fuera de Malaita o de Guadalcanal, se dio un baño de gloria y celebramos juntos el éxito de la selección. Al día siguiente, más de 30.000 personas colapsaron el aeropuerto para recibir a los jugadores", me contó henchido de orgullo Eddie Ngava, secretario general de la Federación de Fútbol Salomonense (SIFF).

Nunca olvidaré el recibimiento que me dispensó aquel tipo tan encantador cuando fui a retirar mi acreditación para la fiesta del día siguiente frente a los *Socceroos*: estaba sentado en una butaca reclinable con una gorra sujeta... ¡por el dedo de un pie! "Disfrute de las Salomons, lo más cercano que hay al paraíso. Y si encuentra algún sitio mejor, dígamelo y me mudo", me espetó entre una enorme carcajada antes de recomendarme que fuera prontito al campo para vivir el ambientazo que se iba a montar en sus aledaños.

Le hice caso y en el camino al pequeño coliseo salomonense pude comprobar que, efectivamente, el balompié es mucho más que un simple deporte en ese edén para submarinistas cuya economía quedó completamente devastada por su guerra tribal.

La fiebre del fútbol alcanza tales cotas en todo el archipiélago que cada colegio o instituto cuenta con su propia cancha de juego, aunque aquel día todas ellas se encontraban vacías. Lógico. Su selección se jugaba la vida ante los de Hiddink y nadie se lo quería perder. El gobierno local, por si acaso, había dado todas las facilidades del mundo al respetable decretando jornada festiva a partir del mediodía, con lo que el estadio nacional estaría a reventar una hora más tarde. La *encerrona* había sido perfectamente sincronizada por la autoridad competente.

El sol ya abrasaba con furor el pavimento cuando llegué, pasadas las once de la mañana, al Lawson Tama Stadium a bordo de uno de los cientos de minibuses que recorrían constantemente la Mendana avenue, única vía asfaltada de toda Honiara y que cruza de este a oeste la capital de la isla de Guadalcanal, que también lo es de las Salomón. Riadas de aficionados animaban ya a sus jugadores al grito de ¡*Go, Solomons, go!*, algo así como el equivalente del "sí se puede" que universalizó la hinchada ecuatoriana.

El termómetro marcaba ya los 40 grados, con una humedad que superaba el 80%. El horno estaba listo para empezar a freír a los australianos y al pobre Guus, que sudaba la gota gorda pertrechado en un banquillo mientras observaba por vez primera el calentamiento del gigante oceánico. "Me da que vamos a sufrir un poquito", vaticinaba ya el holandés cuando me acerqué a saludarle y desearle suerte.

El Lawson Tama se vino literalmente abajo cuando Yolanda Macsasai, Miss Deporte y Cultura del año en Guadalcanal, interpretó el *God save our Solomon Islands*. Era el preludio de un día grande y el estadio olía a fiesta tanto en la grada principal como en la espaciosa ladera de hierba que rodeaba la tribuna Sur, en la que los huecos terminaron de cubrirse justo cuando ambos equipos ingresaron al cuidado césped, considerado por los expertos uno de los mejores del mundo, en medio de un ensordecedor griterío.

El juego arrancó con Australia venga a tocar y tocar el cuero, mientras el técnico local, el brasileño Airton Andrioli, se desgañitaba tratando de que sus hombres no perdieran la compostura defensiva. "Ponedle huevos. Demostrad el orgullo salomonense", gritaba desde la Popular un *hincha—orangután* con la boca roja de masticar *Betel—nut*, un fruto amargo típico de allí que, mezclado con cal, les relaja y abstrae de la chicharrera. "Es el segundo deporte más popular de la isla", me explicarían más tarde.

La pelota cambió al fin de pies. Uno, dos, tres, cuatro... y hasta doce toques seguidos de la escuadra local. El público alucinó y rompió a aplaudir, gritando como si las Salomón se hubiesen puesto por delante en el marcador. Para ellos, *burrear* a Australia de ese modo valía tanto como un gol. La comunión entre el equipo y su gente era total: "Espera que me limpie las gafas, no saques el córner Henry", gritó un aficionado a Fa'arodo, la estrella local, que con una sonrisa se tomó unos segundos de más para dar tiempo a la puesta a punto de su compatriota.

Un gol de Archie Thompson silenció el Lawson Tama. Mientras el ariete australiano regresaba al medio campo con el balón, alguien reaccionó en las gradas y contagió con su grito de guerra al resto. "Go, Solo, go; go, Solo, go; go, Solo, go". El apoyo popular se tornó clave para evitar el hundimiento de los chicos de Andrioli. La actitud beligerante del graderío logró contagiar a su equipo, que volvió a meterse en el choque. Desde ese instante, cada falta australiana era abucheada con más fuerza.

Rae junior, el portero local, desvió con pericia un tiro con mucha mala leche de Emerton. "Félix, ¿rezaste mucho anoche?", le gritaron justo a sus espaldas, lo que provocó la carcajada general, hasta la del propio cancerbero, que estaba parando fenomenal.

Al concluir el acto inicial dejé el césped y me dispuse a ver la segunda parte en la tribuna, para apuntar alineaciones y tomar notas de la *fiesta*. Pregunté dónde me podía sentar para escribir la crónica, y Francis, el jefe de comunicación, señaló con el dedo entre risas. "Ahí arriba, amigo". El sector para la Prensa era... el techo de la tribuna principal del Lawson Tama. Así que tuve que ver los segundos 45 minutos haciendo el pino sobre una teja, al borde del precipicio. "Menuda experiencia, ¿eh?. De todos modos, éste es el lugar desde donde mejor se ve el campo", me explicó un cámara australiano que estaba grabando el partido justo a mi lado. Y tenía razón. Aunque si me hubiera prestado su gorrito de *Cocodrilo Dundee*, no me habría calcinado el cuero cabelludo.

El delirio se apoderó del ambiente nada más arrancar la segunda mitad: el árbitro señaló penalti de Lucas Neill sobre Fa'arodo. Commins Menapi, el goleador, le pidió tirarlo, y el *capi* accedió. Presa de los nervios, su disparo fue despejado por Kalac. La jugada continuó y George Lui le soltó una patada descomunal al meta australiano. El árbitro lo expulsó y, en medio de un amago de tángana, el linier reclamo su atención.

El cancerbero de origen croata ¡se había movido! Había que repetir el lanzamiento. Fa'arodo relevó a un tenso Menapi y logró engañar a Kalac, provocando el éxtasis máximo en los graderíos. De nuevo, el estruendo del "Go, Solo, go" se adueñó del viento melanesio.

Andrioli pidió un esfuerzo más, justo cuando el césped alcanzaba su punto máximo de cocción. Hiddink, contrariado, buscó en el banquillo soluciones a la incapacidad ofensiva de su escuadra. La ventaja numérica les permitió tomar de nuevo el mando de las operaciones y así, nueve minutos después, Emerton se plantó solo al borde del área y su potente derechazo dobló las manos de Félix *el gato* Rae.

"No pasa nada, chicos. Hay que seguir peleando. Go Solomons", se escuchó desde megafonía, en medio de las risas de la prensa australiana, que estaba disfrutando de la experiencia tanto como yo. Empero, las fuerzas estaban ya al límite. Los *Aussies* se volcaron en busca del gol que acabara con su sufrimiento, pero se toparon de nuevo con *el gato*.

El combinado local aguantó a duras penas el arreón final de Australia, para lanzarse a una desesperada contra en los tres minutos de prolongación. Iniga estuvo a punto de convertirse en héroe nacional con un cabezazo picado que rozó el palo. El tiempo se había consumido y aunque el sueño mundialista se esfumó al tiro en un vuelo de Quantas rumbo a Melbourne, todo el mundo en el Lawson Tama coincidió en que las Islas Salomón habían dado la talla.

Y mientras las humildes tropas del general Andreoli le sacaban hasta las botas a sus afamados homólogos *aussies*, la cerradísima ovación de despedida estuvo acompañada, cómo no, del grito de guerra que volvió a unir a las etnias, antaño rivales, en torno al equipo de todos los salomonenses. "Go, Solo, go".

38. UNA SELECCIÓN DE PELÍCULA

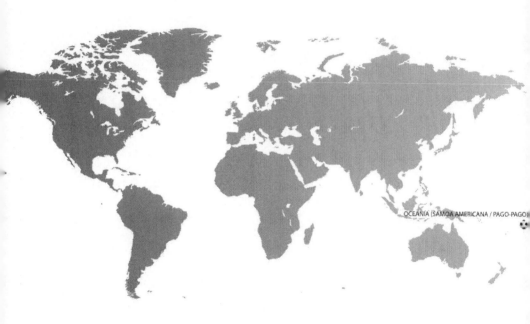

"Talofa". Decididamente, el samoano es un idioma hermoso, de una musicalidad casi poética. El cariñoso hola de David Brand me supo a gloria, más que nada porque llevaba casi dos meses tratando de dar con alguien que trabajase para la Federación de Samoa Americana y me pudiese ayudar a localizar a Nicky Salapu, el portero más castigado en la historia del fútbol internacional. ¡Y mira que ya ha llovido desde aquel Escocia—Inglaterra de 1872!

Tenía previsto volar a Pago—Pago al día siguiente y sacar la lupa de Sherlock Holmes para dar con el paradero de mi hombre, así que el contacto con el nuevo mánager del fútbol en las dos Samoas me llegó como agua de mayo. Pero mi fugaz gozo se fue directamente al pozo porque mi tocayo inglés estaba a punto de coger un avión para irse al Congreso de la FIFA en Marruecos. "No es posible vernos. Lo siento. Pero, ¿para qué quieres venir a Samoa? Esto es un solar, por eso me ha mandado la FIFA. Vas a perder el tiempo y, lo que es peor, mucho dinero, porque el viaje es caro. Respecto a Salapu, lo hemos perdido de vista. Creemos que ya no está en la isla. No me extraña, el pobre tiene que estar quemado de tantos goles que le han hecho. Ahora estamos viendo a quién ponemos de portero".

Al menos, Brand me dio una buena pista antes de colgar para arrancar con mis pesquisas: la dirección de Tunoa Lui, el técnico que se hizo tristemente famoso por aquella goleada de pesadilla que aún figura en el libro Guinness.

"El fútbol es un deporte en el que se pueden dar tres posibilidades: ganar, empatar o perder. Para nosotros es un juego con una sola opción, perder". La contundente frase con la que el ex seleccionador de este pequeño paraíso terrenal situado a mitad de camino entre las islas Hawai y Nueva Zelanda, definió la realidad del otrora peor equipo del planeta pasó a mejor vida un 23 de noviembre de 2011.

La escuadra que aún ostenta el dudoso honor de haber recibido la mayor paliza en la historia de las competiciones auspiciadas por la FIFA con aquel célebre 31—0 de Australia una década atrás, dio un giro termidoriano a su nefasta trayectoria desde que en 1998 ingresara en la gran familia del fútbol mundial, logrando contra todo pronóstico su primera victoria nada más y nada menos que en el encuentro que inauguraba las eliminatorias de Oceanía para Brasil 2014.

El combinado polinesio asestó a la contra dos puñaladas letales a Tonga en medio de la algarabía y los gritos de júbilo de los apenas 300 aficionados que alentaron a los pupilos dirigidos por el holandés Thomas Rongen en el estadio Joseph Blatter de Apia, la capital de la vecina Samoa Occidental, donde se disputó tan histórico duelo.

La diana del tongano Unaloto Feao, a dos minutos del final, puso a prueba el temple de una selección, la samoana, que en las tres citas mundialistas precedentes en las que participó había encajado la friolera de 129 goles en 12 partidos.

David Ruiz de la Torre

Dos paradones en tiempo de descuento del *desaparecido* Nicky Salapu, el mismo personaje que recogiera, uno tras otro, los 31 balones de su portería en aquella infernal tarde—noche de Coffs Harbour, dieron paso a la mayor alegría deportiva que se recuerda en este micro archipiélago formado por siete islotes plantados justo donde el tiempo se confunde con el espacio, rodeados de una interminable masa de agua color verde esmeralda.

La hazaña del once dirigido por un técnico que asumió el cargo por expresa petición del mismísimo presidente de la FIFA convirtió la capital del país, Pago—Pago, en una fiesta interminable que se prolongó hasta altas horas de la madrugada.

La emoción embargó a los mentores del balompié en la nación polinesia, empezando por Tavita Taumua. El secretario general de la Federación Samoana de Fútbol (FFAS) y alma máter del proyecto deportivo iniciado a raíz de la apabullante goleada recibida a manos de los *Socceroos*, no cabía en sí de gozo. "Fue un día para recordar en la historia del fútbol, del mismo modo que, por desgracia, lo fue la goleada de Australia. Rememorar aquel partido siempre había sido algo embarazoso para nosotros. Pero es parte de nuestro pasado y no lo podemos cambiar. Trabajamos duro para crecer y tener un futuro ilusionante. El resultado de todos esos esfuerzos se pudo ver durante esos 90 minutos contra Tonga que cambiaron para siempre nuestras vidas", reconocía Taumua.

Aquel 2—1 sobre Tonga fue, también, una victoria del máximo organismo rector del balompié mundial por cuanto que la FIFA había convertido en una cuestión personal sacar al fútbol samoano del Neolítico en el que se encontraba en 2001. El primer paso para lograrlo fue dotar al pequeño país de infraestructuras deportivas, para lo que incluyó al pequeño archipiélago, bajo bandera de los Estados Unidos desde 1951, en su programa especial para naciones en vías de desarrollo, el proyecto *Goal*.

Fruto de esas ayudas llegadas desde Zurich surgiría el Pago Park Soccer Field, primer estadio construido específicamente para la práctica del fútbol en una tierra en la que el deporte preferido sigue siendo el football americano, seguido del béisbol y el baloncesto.

La creación, a fines de 2005, del Campeonato de Escuelas de Enseñanza Básica, organizado por la federación local y en el que participan 44 equipos de todos los colegios de la isla de Tutuila, fue la primera piedra en el tortuoso y duro camino del balompié en ese diminuto rincón del Pacífico Sur. El siguiente paso en firme llegaría en 2007 con el nacimiento del campeonato nacional de Liga, cuyo nivel podría equipararse al de la Regional en España.

Esa brutal precariedad de su fútbol, sumado a las escandalosas zurras recibidas en Corea—Japón 2002, Alemania 2006 y Sudáfrica 2010, fueron el *leit motiv* que llevó a un grupo de cineastas ingleses a seguir los pasos de Samoa Americana en su ruta hacia Brasil, para después contarlo en un extenso documental.

El impredecible carácter de este deporte regaló a Mike Brett, Steve Jamison y Kristian Brodie un guión completamente distinto al que se esperaban cuando arribaron a Pago—Pago dispuestos a vivir in situ la preparación de los samoanos con vistas a lo que se preveía iba a ser un nuevo escarnio deportivo que añadir a su patético historial de 30 derrotas consecutivas acumuladas. La compilación de las 300 horas de cinta grabadas por el trío de cineastas británicos ha llegado a la gran pantalla en los albores del Mundial brasileño bajo el título *Next goal wins* (El que marque, gana).

La película centra su relato en dos personajes cruciales de la gesta: Nicky Vitolio Salapu y Johnny Saelua. El veterano cancerbero abandonó su escondite en el noroeste de los Estados Unidos, donde se ganaba la vida como mecánico de coches, para reivindicar su figura una década después de haber sufrido la peor pesadilla de su vida a cuenta de aquel doloroso 31—0. El misterio y alguna que otra leyenda urbana rodearon durante años a este personaje enigmático y escurridizo al que se responsabilizó injustamente del ensañamiento australiano, como me contó Tunoa Lui. "Nicky no pudo hacer nada. Incluso hizo dos o tres paradas bastante buenas. De no ser por él, le aseguro que nos hubieran ganado por una diferencia aún mayor".

Salapu volvería a ser masacrado en la siguiente edición de los Juegos del Pacífico Sur y acumuló un nuevo registro negativo muy difícil de superar: el de más goles encajados (91) en encuentros oficiales (8) de la FIFA. De vuelta a casa, este ex jugador de tenis de mesa maldijo el día en el que la redonda se cruzó en su camino y optó por tomar las de Villadiego. Se esfumó.

Descifrar su paradero fue todo un enigma para la Federación Samoana durante algo más de dos años, lo que obligó a los siguientes seleccionadores a buscarle sustituto, una misión casi imposible a tenor de las tremendas palizas que solían propinarles.

Cuando regresó de su exilio voluntario en Hawai, Salapu se encontró con que el joven Jordan Penitusi le había usurpado la titularidad bajo los palos. Así que volvió a desaparecer y se instaló en Seattle con la firme idea de no volver a ponerse nunca más unos guantes de portero.

Fútbol que estás en La Tierra

Durante esa etapa de aislamiento, varios sitios web le atribuyeron un supuesto currículo que el propio interesado me aclararía, vía mail, gracias al apoyo logístico del secretario general de la FFAS. "Sí, he visto que dicen que he estado jugando en un equipo austríaco, el Mauerbach, de Quinta división, pero la verdad es que nunca estuve allí. También dicen que tengo 33 años, pero son 30 en realidad. ¿El 31—0? Eso es algo de lo que no me gusta hablar mucho".

El destino daría una merecida revancha a Salapu después de que una grave lesión de Penitusi, poco antes de iniciarse el asalto a la gran cita brasileña, le obligó a dejar por segunda vez su retiro y acudir a la desesperada llamada de su Federación. Su experiencia y buen hacer en el marco samoano resultaría clave para derrotar a los tonganos.

"Todo el mundo conoce a Nicky. Ese partido es uno de los más vistos en YouTube. Le llamé y le invité a volver para que superara su trauma. Era un riesgo porque no sabía si iba a ser capaz de lograrlo, pero necesitaba a alguien en el grupo que hubiera pasado por ese trago tan amargo. Cuando las cosas se torcían, bastaba con recordarle a la gente que Salapu estaba ahí, que había tenido que revivir ese partido durante todos esos años, de manera que si él era capaz de superar el trauma, todos podían hacerlo", reveló Rongen.

Los partidos ante Tonga (2—1), Islas Cook (1—1) y Samoa Occidental (0—1) rehabilitaron a Salapu ante sus compatriotas después de pararlo todo en el duelo inaugural y manteniendo la ilusión de un posible pase a la siguiente ronda mundialista hasta el segundo final del último partido de la serie disputada en Apia.

Johnny *Jaiyah* Saelua comparte con Salapu el protagonismo del documental por su condición de transexual o *fa'afafine*, como denominan en la cultura polinesia a las personas del *tercer sexo*: hombres desde el punto de vista biológico, pero que llevan una vida de mujer.

A sus 24 años, este defensa central, literalmente denostado por los técnicos precedentes que pasaron por el banquillo más caliente del planeta por su condición de hermafrodita, se erigió en el otro pilar fundamental de la escuadra de un Rongen que pasará a la historia por ser el primer técnico en hacer debutar a un transexual en un partido oficial de la FIFA.

"A los *fa'afafines* nos encanta el *soccer*, mucho menos violento que el fútbol americano. Y la mayoría jugamos de defensas. Puede que corramos como chicas, pero por lo demás, nos comportamos como hombres. Cuando estoy jugando, dejo a un lado todo lo relacionado a mi sexualidad y me convierto en futbolista. No soy una mujer, ni un transexual, ni tan siquiera la amiga de un *fa'afafine* que juega con el rival; soy simplemente un jugador con un objetivo: ganar", reconocía *Jaiyah* en un vibrante vis—a—vis con la cámara.

Saelua y Rongen se sorprendieron mutuamente con el paso de las semanas, aunque los comienzos, confesaba el zaguero, estuvieron marcados por el escepticismo. "Al principio traté de que mi comportamiento fuera muy masculino en todo momento porque sé bien cómo reaccionan la mayoría de los *palagi* (blancos) frente a deportistas transexuales. Los dos técnicos anteriores no me dejaron jugar, así que cuando Thomas me preguntó si debía llamarme *Jaiyah* o Johnny, me hizo sentir cómoda como jugadora transexual".

Fútbol que estás en La Tierra

Cuando Rongen le dio las llaves de la retaguardia el día de autos, tenía claro que no podía defraudarle: "Me dije: *Jaiyah*, debes jugar bien para defender tu derecho a estar en la cancha y... ¡jugué el torneo entero! Incluso frente a Islas Cook salí con un tobillo hinchado y con un dedo del pie roto. El triunfo frente a Tonga fue algo muy especial. Fue una victoria también en lo personal. Era mi primer partido como titular, la primera vez que disputaba 90 minutos. Di mi primera asistencia de gol y me nombraron mejor jugadora del choque. Sentí un orgullo indescriptible".

Idéntica sensación tuvo el seleccionador, quien gracias a su fantástica labor en tierras polinesias recibió una atractiva oferta para dirigir la academia del Toronto FC, de la MLS. "Fue el mejor ejemplo posible a seguir para cualquier jugador amateur. Al finalizar el partido frente a Tonga, corrí en busca de Salapu y me abracé con él. Estaba llorando y lo primero que me dijo fue: *ahora puedo decirles a mis hijos que no soy un perdedor*. Eso, para serle sincero, fue más importante que el partido en sí".

39. UN PORTERO CON MADERA DE ESCRITOR

OCEANÍA (AUSTRALIA/MELBOURNE)

Érase una vez un portero de fútbol, ya entrado en años, que un buen día se animó a contar en un libro aquellos días felices de su infancia en los que un balón era su más fiel camarada. Nada habría sido igual sin la redonda en una tierra agreste a la que sus papás se habían visto obligados a emigrar por causa de guerra...

¿Cuento o realidad? En el caso de Mark Schwarzer, un poco de todo. El guardameta australiano del Chelsea no es un jugador corriente y moliente. El gigantón portero de la selección *aussie* compagina desde hace ya varios años sus labores como futbolista profesional con otra faceta completamente desconocida para la inmensa mayoría de los aficionados del balompié: la de escritor de cuentos para niños.

Animado por su socio y amigo Neil Wallace, Schwarzer se embarcó en una excitante aventura de la que nació *Megs Morrison*, una especie de trasunto del propio meta de los *blues* en sus años mozos y el protagonista de una saga de historias íntimamente ligadas al deporte rey que han causado furor en su país natal.

Fútbol que estás en La Tierra

El hombre que llevó con sus paradas al gigante de las Antípodas hasta su cuarto Mundial, el que se disputará en tierras brasileñas, es un excelente comunicador, máxime cuando se trata de charlar de uno de sus temas favoritos y explicar, entre otras cosas, cómo surgió la figura de *Megs Morrison* y su inseparable pandilla de peloteros irreverentes. "La idea inicial de crear el personaje y contar sus historias a través de una saga de libros fue de mi socio en esto, Neil Wallace. Nos conocimos en 2005 durante la Copa de las Confederaciones en Alemania. Él estaba escribiendo otro libro sobre jugadores australianos de la selección llamado *Nuestros Socceroos*. Yo era uno de los futbolistas sobre los que él escribía. Nuestra relación se hizo muy estrecha y Neil pensó que yo podría estar interesado en implicarme en el proyecto y que podríamos sacarlo adelante juntos".

Mister Writer, como es conocido en el vestuario de Stamford Bridge, relató como si se tratara de uno de sus libros, los motivos que le impulsaron a aceptar la oferta de Wallace. "Pensé que sería una buena manera de animar a los chavales a leer libros. La mayoría de los chicos y muchas chicas adoran el fútbol, así que sirviéndonos de nuestras experiencias de cuando éramos niños creamos una historia relacionada con el fútbol que, pensamos, nos ayudaría a lograr ese objetivo. De chico nunca fui un gran lector, así que nada podía estar más lejos de mi imaginación, cuando llegué a Inglaterra hace casi 20 años, que acabaría viéndome implicado en escribir libros para chavales".

El ex portero del Bradford City, Middlesbrough y Fulham me hizo una confesión que sonrojaría a más de un adulto. "Empecé a interesarme por los libros hace unos 15 años, justo antes de que naciera mi primer hijo. Mi esposa tiene formación académica, pero a mí siempre me había resultado un poco aburrido. Mis padres tampoco eran de leer mucho, así que para mí era difícil interesarme por algo que no me inculcaron, ni en casa ni en el colegio. Pero todo eso cambió desde que soy padre. Tanto mi hijo como la niña adoran leer. Viéndoles crecer tengo la impresión de que los chicos en general no son lectores ávidos. Me parece que no les entusiasma demasiado coger un libro, por eso es realmente importante que esas historias en las que ellos son protagonistas estén a su disposición. Tengo la convicción de que los niños necesitan estímulos para leer en casa, y cuanto más lo hagan, más beneficioso será tanto para ellos como para sus propios padres".

Sus raíces paternas y la influencia que tuvieron en los primeros años de su vida han marcado claramente el devenir de sus cuentos. "Una vez mantuvimos una discusión acerca de cómo un libro para niños podría ser el marco perfecto para contar nuestras propias vivencias al trasladarnos a un país extranjero, y en mi caso cuánto me ayudó el fútbol a hacer esa transición más fácil. Yo nací en Sidney, adonde mis padres se habían trasladado desde el sur de Alemania. Durante mi etapa escolar los chicos de mi edad siempre me trataron como a un europeo, no como a uno de allí. A eso contribuyó también el hecho de que a mí me encantaba el fútbol, pero en Australia todo estaba orientado hacia el rugby. Al fútbol, que era conocido como *wog ball* —término despectivo—, se le consideraba un deporte europeo. Además, mi mujer es mitad española, mitad filipina; Neil es medio inglés, medio escocés; y su esposa es italiana. Por tanto, todos nosotros tenemos una idea muy clara de lo que es ser un niño o un adolescente con orígenes diferentes a los de la mayoría de la gente con la que te relacionas. En cuanto a los libros, son relatos de ficción, aunque en ellos están reflejadas muchas de nuestras experiencias".

No hubo que insistirle mucho a Schwarzer para que se estirara y desgranase, a grandes rasgos, alguno de sus relatos. "En el primer libro, *Megs Morrison*, que es un hincha furibundo del Liverpool y apasionado del fútbol, llega a Australia desde Inglaterra. Una vez allí, se encuentra con que en su escuela no hay entrenador de fútbol. *Megs* no tiene amigos, ni un equipo de fútbol para disfrutar de su gran pasión, así que vivir allí se le hace bastante difícil. Pero su suerte cambia cuando el conserje de su escuela, un emigrante húngaro que llegó a jugar en el Honved con Puskas, se hace cargo del equipo. A partir de ahí, su vida experimenta una mejoría progresiva que le devuelve la ilusión y le ayuda a no añorar a cada momento su antigua vida en Inglaterra".

A bote pronto, choca un poco lo de ser hincha *red* cuando el autor nunca ha militado en ese club. Pero Mark sale rápido al quite. "Fue idea de Neil, aunque en realidad los dos somos seguidores del Liverpool desde pequeños, por lo que teníamos la sensación de revivir los buenos momentos que pasamos con el fútbol en nuestra juventud".

Casi se han cumplido siete años desde el lanzamiento de la ópera prima de Schwarzer y las andanzas de *Megs Morrison* marchan viento en popa. "Ahora mismo acabamos de publicar el quinto libro de la saga, *Megs and The Wonder Strike*. El primero, *Megs and the vootball kids*, empezó a venderse en junio de 2007, mientras que el segundo, *Megs, scarves and sombreros*, fue publicado ocho meses después en Australia. Con posterioridad, vinieron *Megs and the crazy legs* y *Megs and the complete left foot*. Los libros van dirigidos a chicos entre los siete y los 13 años. Nuestros relatos tienen un poco de Harry Potter, aunque nosotros no matamos a nadie. Me conformo con que podamos llegar a tener el 10% de la popularidad que tienen los libros de Harry".

La dureza de los comienzos, peaje habitual de los autores noveles, dio paso a un futuro cada vez más esperanzador. "No ha sido nada fácil sacarlos adelante. De hecho, el primer libro lo editamos y publicamos por nuestra cuenta, sin ayuda de ninguna editorial. Pero desde que apareció en las librerías, la respuesta de la gente fue maravillosa. Muchos padres nos han dicho: *Mi hijo vive esa misma situación, y eso es exactamente lo que va a tratar de hacer.* Creo que lo ideal es que los chicos desarrollen sus propias respuestas, que piensen por sí mismos. Este aspecto es lo que, en mi opinión, ha hecho realmente valioso nuestro proyecto. Estamos muy satisfechos por cómo va todo".

Conscientes de la influencia que sus relatos pueden llegar a tener, Mark y Neil se han propuesto contribuir a mejorar los valores educativos de los chavales en una sociedad cada vez más globalizada. Ese es el motivo por el que decidieron incluir en sus temáticas aspectos tan controvertidos como la inmigración de refugiados o la integración racial. "Nuestra pretensión es abordar cuestiones sociales que afectan a diferentes países en el mundo entero. El tercer libro, por ejemplo, introducía a un personaje que viene de Sudán, con el que nosotros pretendíamos retratar el carácter de los chavales africanos y sus problemas, para que se sintieran identificados con él. Mantuvimos diversas reuniones con varios líderes de comunidades africanas en Sidney y alrededores antes de empezar a trabajar con el libro. Las reacciones que recibimos por su parte hacia nuestra idea fueron muy positivas".

Cuando no dedica su tiempo libre a inventarse historias, Schwarzer se da el gustazo de leer a su escritor favorito, a la sazón también autor de cuentos para los más peques. "Adoro a Roald Dahl. Mis hijos han disfrutado con sus historias durante años y a través de ellos me he convertido también en un fan suyo".

Aunque poder ganarse la vida con su gran pasión no tiene parangón con ninguna otra actividad, el ex guardameta de los *Socceroos* (anunció su retirada de la selección en noviembre de 2013) reconocía que su vida dio un salto cualitativo desde el día que decidió hacerse cuentacuentos. "Toda esta experiencia está resultando fantástica, además de ser una gran válvula de escape. Yo no soy escritor en el sentido estricto de la palabra, ya que es Neil el verdadero profesional, pero tomo un montón de notas y luego compartimos todas esas ideas para dar forma al relato. El primer libro nos llevó casi dos años acabarlo, pero el segundo fue mucho más rápido. Y ahora ya hemos cogido el ritmo".

Lamentaba Mark no haber tenido mucho éxito con su *otro* trabajo en los vestuarios de los equipos en los que ha militado. "Estaba aún jugando en el Middlesbrough cuando apareció el primer libro, así que dí varios ejemplares a varios de mis compañeros en Riverside. Por desgracia, no pude dar demasiados porque la mayoría de los jugadores del equipo eran muy jóvenes y no les interesaba. En el Fulham, tardé un poquito en repartir mis historias porque pensé que no estaría muy bien visto nada más llegar. Cuando lo hice, hubo mucho cachondeo y todo eso. Pero lo que se dice interés por los relatos en sí, no hubo demasiado. Lo mismo pasa con el Chelsea. Pero no soy de los que se rinde fácil. Cada vez que publico un nuevo libro, al día siguiente ya hay un ejemplar en cada armario. Creo que al final lograré mi objetivo de hacerles adictos a nuestras historias".

Lo que ambos autores tienen muy claro es que habrá Morrison para rato. "*Megs* y el resto de los *Vootball kids* tienen suficiente fuerza y carácter como para tirar del serial en el futuro". Que así sea Mark.

40. EL *FOOTY* YA NO ESTÁ EN LAS ANTÍPODAS

Nueva Gales del Sur, octubre de 2005. El Sydney Cricket Ground rezuma historia de la buena desde que cruzas el umbral del gigantesco complejo en el que se encuentra. Una estrecha y extremadamente bien cuidada vereda, que al comienzo es recta y termina en una pronunciada curva, te pone ya al corriente de lo que se avecina: el *Way of fame* (el camino de la fama) es un homenaje a los grandes prohombres del cricket australiano, algunos de ellos incluso héroes de las dos grandes guerras mundiales del siglo pasado. Sus imborrables legados a este deporte te introducen, pasito a pasito, en el estadio más antiguo de la gran megalópolis de las Antípodas.

Su inauguración data del 15 de febrero de 1854, cuando ni siquiera se llamaba como hoy día. Su nombre originario fue Garrison Ground y fue escenario de algunos de los duelos más inolvidables y grandiosos de un deporte que es venerado en los países sajones (excepto en los EE.UU.) y en la India. Su tribuna central, con un espectacular reloj victoriano, y ese olor añejo de la madera que aún soporta sus toneladas de peso con estoica entereza, conocen mejor que nadie las mil y una proezas de que ha sido testigo la amplísima alfombra verde que se tiende a sus pies.

Hoy día, sin embargo, ya no es el cricket el deporte que continúa rindiendo culto y llenando los graderíos de una joya arquitectónica que se resiste a pasar al olvido y que ha sabido reciclarse con el paso de los años. Igual que ha sucedido con el fútbol australiano, capaz de llevar a 92.000 personas a presenciar su gran final. Si las gradas del Sidney Cricket Ground hablaran se autoproclamarían la casa de los Swans, los reyes del *Footy*, término con el que se conoce popularmente a este deporte en la tierra de los canguros.

Podría decirse que el fútbol australiano (*Aussie Rules*) fue la respuesta en las Antípodas al imparable crecimiento del fútbol y el rugby en la vieja Europa. La ciudad de Melbourne abanderó en 1858 el nacimiento de un deporte que combinó desde un principio elementos de sus dos *enemigos*, si bien las reglas, al igual que sucedería con el fútbol, fueron evolucionando a medida que crecía en aceptación popular.

La primera gran reforma del entonces llamado *Victorian Rules Football*, en honor de la Reina de la Gran Bretaña, resultaría decisiva para afianzar las bases del juego, siendo aprobada por cuatro clubes de Melbourne: South Yarra, Royal Park, Carlton y Melbourne Football Club. Este último pasaría a la posteridad como el auténtico progenitor del *Footy*. Su capitán, Tom Wills, educado en Inglaterra, fue quien tuvo la feliz idea de crear un juego *de invierno* con el que entretenerse durante el parón de la temporada de cricket.

El *Aussie Rules* comenzó a extenderse por toda Australia y no tardarían en organizarse los primeros partidos *oficiales* entre regiones. En 1875, con la fundación del club Launceston en Tasmania, el fútbol australiano lograba tener ya presencia en todo el país.

La utilización de la indumentaria actual parece tener su origen en el campo, donde los granjeros jugaban con las camisas sin mangas que usaban para su tarea diaria. La expansión del Australian Rules por las zonas rurales, donde el juego era el mejor aliciente posible para combatir la monotonía del duro trabajo diario, fue fundamental para su consolidación y posterior expansión en las ciudades, donde el fútbol y el rugby rivalizaban ya por imponer su dictadura.

La primera competición nacional (Victorian Football League) data de 1896 y en ella participaron ocho clubes (Carlton, Collingwood, Essendon, Fitzroy, Geelong, Melbourne, St. Kilda y South Melbourne). La VFL, ahora llamada Australian Football League (AFL), fue creciendo progresivamente hasta alcanzar los dieciséis equipos de la actualidad con la incorporación en 1997 del Port Adelaida.

Jared Crouch ha sido uno de los mejores defensas de la AFL. Su indómita rapidez de movimientos le permitió superar las 320 interceptaciones a lo largo de sus trece años como profesional del deporte rey en el gigante de las Antípodas. Flamante campeón de la Liga en 2005, algo que los *Red and White* no conseguían desde 1933 —cuando tenían su sede en Melbourne—, al zaguero de los Sidney Swans no le sorprendía en absoluto que el *Aussie Rules* ganara por goleada en el interés del aficionado al fútbol, con el que, según Crouch, la única vinculación que les ata es la del nombre.

"Aunque se llamen igual, creo que tenemos más cosas en común con el rugby que con el soccer. El Australian Rules es un deporte más de contacto. De hecho es lo que más predomina en el juego a lo largo de un partido, y al igual que pasa en el rugby tienes que jugar con un protector bucal para evitar volver a casa sin dentadura. El ritmo del juego también es diferente, mucho más rápido en el Rules que en el fútbol. Aquí no hay tiempo para pensar, sólo tienes que correr y correr en busca de la pelota, y siempre con la mirada puesta en la portería contraria. Ése es el motivo por el que hay tantas lesiones de tipo muscular y de tobillo. Es el deporte de equipo que se juega a una mayor velocidad".

La gran virtud del *Footy* es, en opinión del eterno número 28 de los Swans, "su espectacularidad. Creo que el fútbol australiano lo es más incluso que el rugby. Primero porque el campo de juego tiene más metros, y eso da pie a que haya más espacios por donde atacar. Luego se juega a mucho más ritmo que el rugby, y además el contacto se puede producir desde cualquier posición, ya sea por delante, por detrás o por los costados".

Esa condición de deporte espectáculo explicaría, según Crouch, el hecho de que el fútbol australiano tenga un mayor número de adeptos en las canchas que el balompié, pese a ser éste el deporte con mayor número de practicantes de todo el país. "La gente en Australia prefiere el *Aussie Rules* al fútbol porque se lo pasa mejor cuando va al estadio. Hay muchos goles en un solo partido y se juega todo el tiempo a un ritmo endiablado, con choques espectaculares y acciones excitantes como los *mark* o el *screamer*, que es cuando te cuelgas sobre un contrario para hacer un *mark*. Los jugadores se emplean a fondo los más de 100 minutos que suele durar el encuentro, entre que se atiende a los lesionados. A diferencia del fútbol, aquí no hay sitio para la especulación o la pérdida deliberada de tiempo, y eso la gente lo agradece. Van al campo sabiendo lo que les espera, un gran espectáculo".

Y no hay un buen espectáculo sin goles. O mejor dicho, sin muchos goles. "En el soccer es cada vez más difícil disfrutar con un partido, en cambio en el fútbol australiano puedes ver fácilmente en cada encuentro 10 o más goles, algo que es impensable en el fútbol. Con esto no digo que no me guste. Al contrario. Claro que me gusta el fútbol, aunque nunca se me dio muy bien. De hecho, he jugado más al rugby que al balompié, pero ya digo que me parece mucho más entretenido el Rules".

Crouch tenía su particular razonamiento para explicar las claves del *fracaso* del balompié en su país… hasta ahora. "Creo que el fútbol se ha encontrado en Australia tres problemas que le han impedido crecer como en otras partes del mundo: uno económico, ya que los mejores jugadores se marchan al extranjero puesto que aquí no pueden igualar las ofertas que reciben del exterior. Y sin estrellas es muy difícil llevar gente a los estadios. Otro problema es de índole social. Los equipos de fútbol han estado siempre formados por grupos étnicos o gente de una misma procedencia. Por un lado están los croatas, por otro los griegos, los italianos, etc. Cada uno ha ido por su lado, y eso le ha hecho daño al deporte. Por último, está el tema de la dura competencia que se ha encontrado con deportes como el nuestro, la Liga de rugby, el rugby Union o el cricket, todos ellos con un gran volumen de seguidores que le han dejado casi sin espacio para crecer".

La irrupción de la A—League parece haber revitalizado al deporte rey por excelencia con fichajes como Dwight Yorke, Emile Heskey o Alessandro del Piero. Crouch alaba los esfuerzos de la Federación por tratar de buscar un mayor protagonismo, pero no cree que sirvan para quitarle clientela al *Footy*. "Me parece una gran idea y les deseo mucha suerte. Ojalá logren ese despegue, aunque veo muy difícil que sea a costa del fútbol australiano por las razones que he comentado antes. La gente demanda espectáculo cuando va a un estadio. Quiere divertirse, y no hay mejor deporte para hacerlo que el Rules. Se lo aseguro".

Fútbol que estás en La Tierra

Crouchie no es el único que piensa de ese modo. David Williamson, un afamado escritor australiano e hincha confeso de los Swans, va todavía más lejos y estima que el *Footy* "es el deporte de equipo más perfecto que se ha inventado: es duro, pero no brutal como el rugby. Es mucho más emocionante que el fútbol, en el que puedes estar todo un partido entero sin ver un gol. Tiene marcadores abultados, pero no tan ridículos como pueden llegar a ser los del baloncesto. Tiene un ritmo trepidante y continuado, no como el fútbol americano, con sus parones y vuelta a empezar. Además, tiene un bonus de espectacularidad añadida gracias a los *Mark*, los pases de precisión y la gran tensión que tienen todos los jugadores que están en la cancha por la gran velocidad a la que se juega. Y todo eso se transmite a los graderíos".

La rutina semanal de estos fornidos *futbolistas* comienza con una sesión recuperatoria en... ¡la playa! Coogee o North Bondi, dos de los múltiples entrantes arenosos del Mar de Tasmania de que disfruta la ciudad de Sidney, son las elegidas por Paul Roos para que sus hombres rebajen la tensión del anterior duelo y recarguen las pilas. Y da igual que el día sea soleado y calmo o ventoso de mil demonios. El agua espera de todas maneras a los Swans, que hacen de tripas corazón y se meten sin pensárselo dos veces. Allí permanecen durante al menos unos 10 minutos, hasta que el preparador físico considera que ya han tenido suficiente y da la orden de salir. Entonces se produce una estampida rumbo a las duchas, primero, y luego a sus respectivos vehículos para secarse y ponerse alguna camiseta antes de que se queden *pajaritos*.

Ya en el estadio, el entrenamiento de los Swans no se extendió, para mi sorpresa, mucho más allá de la media hora. Sin apenas calentamiento previo, los integrantes de la plantilla se dividieron en tres grupos: el más nutrido, el de los delanteros y algunos medios, comenzó a lanzar repetidas patadas a palos desde distintas posiciones. En algunas ocasiones, las menos, realizaban los lanzamientos con oposición. El segundo grupo, de apenas seis hombres (los medios puros), pateó y recepcionó de forma sucesiva el pequeño balón ovalado, haciendo al tiempo movimientos rápidos en velocidad, con cambios de posición que trataban de asemejar situaciones reales durante un partido. Dentro de este grupo estaban los *rucker men*, esos jugadores que brincan por los aires en busca del balón como si fueran de goma y que, en ocasiones, clavan literalmente su rodilla sobre la espalda de un rival para tomar impulso y poder realizar un *mark*, sin duda la acción más espectacular del fútbol australiano.

Un tercer grupo, con otras seis unidades (los defensas), trabajaba casi de forma exclusiva situaciones defensivas, como por ejemplo incomodar al rival a la hora de recepcionar el balón, o acciones de anticipación para tratar de evitar que el cuero llegue a su destino. "Durante la temporada, sobre todo al principio, hacen algo más, pero a la altura de campaña que estamos, ya concluyendo, lo único que buscan es mantener a punto el disparo a portería y ensayar algunas acciones puntuales en las que no han estado muy precisos en los últimos encuentros", me comentó Michael Cowley, el reportero del Sydney Morning Herald que cubría a diario la información de los Swans.

REGLAS BÁSICAS PARA ENTENDER EL *AUSSIE RULES*

—EQUIPOS:

Cada escuadra dispone de 18 jugadores sobre el terreno de juego (seis defensas, seis medios y seis delanteros) y otros cuatro en el banquillo. El número de sustituciones es ilimitado.

—TIEMPO:

Los partidos se dividen en cuatro períodos (cuartos) de 20 minutos cada uno, si bien en cada uno de ellos hay un tiempo añadido, a modo de descuento, por cada vez que el juego se detiene para atender a los lesionados. La duración total suele llegar a los 120 minutos.

—ÁRBITROS:

El *Footy* es el deporte con más jueces que existe: seis en total. Hay dos árbitros de campo, dos árbitros de línea y dos de portería. Los árbitros de las bandas retornan la pelota al juego lanzándola de espaldas al césped. Los árbitros de portería se encargan de validar los tiros a palos. Los árbitros de campo ofician según las reglas del juego. Es decir, señalando los tiros libres o los *Mark*s.

—MARCADOR:

META o GOL. Un gol es anotado cuando la pelota es pateada a través de los dos postes blancos más altos (goalposts) por un jugador, sin que la misma sea tocada por nadie. Vale seis puntos. Un *punto* (behind) se produce cuando la pelota penetra entre un poste alto (goalpost) y uno de los postes más pequeños (Behindposts), o golpea uno de los postes altos. Vale un punto. Así, un marcador final de 15 goles y 6 *behinds* totaliza 96 puntos.

—*MARK:*

La *Marca* (Mark) es, sin duda, el elemento más espectacular del fútbol australiano. Se consigue cuando un jugador captura el balón en el aire tras la patada de un compañero y sin que toque el suelo. El jugador debe retener el cuero por "un tiempo razonable" antes de que el árbitro le otorgue una *Marca*. Quien conquista la *Marca* tiene varias opciones de juego: continuar el partido con un golpe de puño a la pelota (handpass); patearla o detener el juego para ejecutar un lanzamiento directo a portería y tratar de lograr un gol o un *behind*. El *Mark* obtenido posando parte de su cuerpo en el aire sobre uno o varios jugadores (Screamer) es la acción estelar del *Footy*.

—PRIMERA NORMA:

Se puede mover la pelota con pies y manos para adelante, atrás y los costados. Los equipos mueven la pelota, pateándola o golpeándola con un puñetazo a compañeros mejor ubicados. Los jugadores pueden correr a cualquier posición en el campo, pues no existe el fuera de juego, y las *Marcas* sólo tienen validez cuando los protagonistas capturan el balón después de un pase recibido desde una distancia mínima de 15 metros.

—PLACAJE:

Las normas relativas al placaje son algo complicadas, si bien la básica es que el jugador placado (tackle) debe estar en posesión del balón y el contacto sólo puede hacerse entre los hombros y las rodillas.

—TIROS LIBRES:

El tiro libre (free kick) es otorgado por los árbitros principales en los siguientes casos: sujetar al oponente cuando no ha conseguido el balón; placar por encima del hombro o bajo las rodillas; retener la pelota y no disputarla rápidamente si el jugador que la posee acaba de ser placado; empujar a un jugador por la espalda; patear la pelota sobre la línea del limite del campo sin que ésta toque el suelo y correr más de 15 metros con la pelota sin botarla o que toque el suelo.

AGRADECIMIENTOS

—A mi abuela Teresa, por sus refranes y geniales chascarrillos; inseparables y a menudo útiles compañeros de viaje por la ruta de la vida.

—A mi hermana Yolanda, por su puntilloso *marcaje* sobre los textos y su paciencia con las correcciones.

—A Carmina, por inyectarme en las venas ese permanente deseo de volar que anida en mí.

—A José, por descubrirme el mundo mágico del balompié y enseñarme a jugar con los dos pies.

—Al señor Bora, por su amistad sin condiciones, por darme pelota con mis temerarias propuestas y, sobre todo, por sus lecciones de fútbol y humanidad.

—A Paco Aguilar, por contagiarme su fe inquebrantable en el periodismo de poste.

—A Nacho Silván, Enrique Marín y Miguel Ángel Hernando, por sus cariñosos y acertados consejos editoriales.

—A Barba y a Baran, mis hermanos del alma. Por estar detrás de cada historia, de cada palabra, de cada imagen.

—A Gema, Raquel, Juanjo y Manolo, compañeros de viaje, amigos de la vida. Por estar ahí siempre.

— A Eduardo Sacheri, por su gentileza al hacerme el mejor de los regalos envuelto en palabras.

— A todos los amigos que me ha regalado el fútbol, por su afecto sincero y solemne camaradería.

— A Marca, por brindarme la posibilidad de hacer de mi vida profesional un poema de nuevas alegrías.

— A Pentian, por abrir la Caja de Pandora y permitirme soltar todos esos tesoros que he ido guardando con celo en mi arcón periodístico.

IMÁGENES DE UNA PASIÓN

Mahatma Gandhi, el sexto por la izquierda en la fila superior, posando con los Passive Resisters Soccer club de Johannesburgo, del que fue fundador y presidente.

La cancha del 'township' de Inanda, a las afueras de Durban, fue construida a principios del siglo XX por Gandhi para el disfrute de los miembros de su comuna.

Imprenta construida por Gandhi en el 'Phoenix Settlement' de Inanda. Allí editó el 'Indian opinion'.

Este brujo nigeriano casi en cueros pudo acompañar a las 'águilas verdes' en Sekondi, Ghana, gracias a su patrocinador, 'Sky TV'.

David Ruiz de la Torre

Las 'Mama Elephants' siguen a Costa de Marfil a cualquier rincón del planeta haciendo batir sus palmas y bastones de baobab sin descanso.

Este santero togolés suele realizar extrañas contorsiones en las gradas con las que 'marca' el ritmo de los ataques de 'Les Éperviers'

Mahamadou Sidibé, bañado en los colores de Burkina Faso, aguarda el momento en que aparezcan 'los Purasangres' para iniciar sus rituales a pie de césped.

Los 'lanceros' de Dogbara saltan de alegría tras recibir el mejor de los regalos: una pelota de verdad.

El balón desaparece en mitad de la polvareda, no así las ansias de estos legionarios de ébano por golpear el primer balón que ven en sus míseras vidas.

Pidale, el 'Casillas' chadiano, custodia su rudimentario marco luciendo una particular versión de 'La Roja' a la romana.

Este grupo de 'guerreros' de la redonda se toma un respiro tras una hora de incesante batallar en un mar de polvo, a las afueras de Bebedjia.

David Ruiz de la Torre

Un seguidor ghanés, portando un televisor sobre su cabeza en los aledaños del estadio Ohene Djan de Accra, antes de un partido de la Copa de África.

Una aficionada, ataviada con una peluca tricolor, come 'kanka' en uno de los mercadillos improvisados al pie de la Takoradi Highway.

Este grupo de animación camerunés ameniza la llegada de los 'Leones Indomables' a su hotel de concentración en Kumasi.

David Ruiz de la Torre

Una vendedora, con la clásica cesta llena de snacks sobre su cabeza, camina junto a la carretera en los arrabales de Tamalé luciendo una elástica del Barça.

Vista aérea de la misión de los padres salesianos, sita en mitad de la 'Lixeira', la favela más infame de toda Luanda.

Los jóvencísimos integrantes del Inter Campus posan en el patio junto a Bora Milutinovic, su ilustre profesor por un día.

David Ruiz de la Torre

El incombustible técnico serbio, junto a uno de sus 'alumnos' angolanos, a la conclusión de la clase práctica realizada en la misión.

Javier Clemente, junto a Jacques Songo'o, Francois Omam-Biyik, Xabi Clemente junior y Patrick Mboma, delante de un póster de Camerún.

Camerún y la República Democrática del Congo escuchan los himnos nacionales en medio de un frenético ambiente multicolor en el Stade Roumdé-Adjia de Garoua.

Roger Milla, la mítica leyenda del balompié camerunés, bromea a voz en grito a los periodistas que ocupan la zona de carga del avión militar camino de Yaoundé.

El pequeño Mohamed Oura levanta el pulgar junto a la canchita que está frente a la casa donde nació Didier Drogba, en el barrio de Yopougon, Abidján.

Un portero de la afamada academia del ASEC se ejercita en uno de los campos de césped impoluto que tiene el centro deportivo 'Sol Beni', en Cocody.

Un joven aspirante a estrella del balompié golpea el cuero con unas zapatillas de plástico sobre la arena del campo de entrenamiento de la École Étoile Filante, en Adjamé.

David Ruiz de la Torre

El equipo infantil del Centre Foot Treichville, en pleno calentamiento en el stade Municipal de Grand Lahou, a 125 kilómetros de Abidján.

El autor, saliendo de un 'dourouni' atestado de gente, camino del estadio 26 de marzo para ver el Mali-Camerún de semifinales de la Copa de África 2002.

Una de las miles de furgonetas amarillas que inundan las calles de Bamako, adornada con la bandera ghanesa durante el torneo africano.

Entrada del bar 'Misir Carsija', en Kalesija, donde Miralem Pjanic (en el cartel) suele parar a tomar café con sus amigos cada vez que regresa a su ciudad natal.

Cementerio musulmán en el distrito de los 'Pjaniçi', a escasos 100 metros de la casa del jugador de la Roma. La mayoría de las tumbas pertenecen a su clan familiar.

Mirsad Mehmedovic (tercero por la izquierda), el mejor amigo de Sejad Salihovic, posa con el dueño y dos clientes de la tienda-café en el pueblo de Gornji Šepak

Mehludin Ibisevic, tío del atacante que clasificó a Bosnia al Mundial de Brasil, posa junto a su hijo pequeño con una camiseta del Hoffenheim de su sobrino.

Formación del Gela Calcio, luciendo las camisetas anti-mafia, antes de un partido de la Serie C1 del fútbol italiano.

Un grupo de las 'Nuove Brigate Gelese', con el ex alcalde Crocetta al frente, posa en las gradas del estadio Vincenzo Presti, de la localidad siciliana.

"Un pueblo entero que no paga el 'pizzo' es libre", reza la leyenda del cartel que preside los partidos como local del cuadro gelese.

Milos Milutinovic golpea la pelota buscando la complicidad de Dragoslav Sekularac, ante la atenta mirada del público durante un OFK-Partizan de 1968.

Entrada principal al Omladinski Stadion, feudo del OFK Belgrado, en el barrio de Karaburma. La casa de los 'Romantičari'.

Formación titular del FC Santa Claus en los prolegómenos de un choque de la Tercera división finlandesa.

Papá Noel, presidente honorario del equipo, se anima a veces con la táctica durante una sesión de entrenamiento en el período invernal.

Integrantes de la plantilla del FC Santa Claus, disputando un encuentro de 'snow-football' en pleno invierno y a 15 grados bajo cero.

Un jugador del equipo alevín del FCSC, repartiendo helados a los aficionados durante un encuentro de liga del conjunto lapón en su estadio de Rovaniemi.

La tribuna principal del Regie Stadion de Bucarest, repleta de gente para ver el Rapid-Vaslui, pese a que el encuentro era a puerta cerrada.

Un cartel de 'no a la violencia' en las gradas desiertas, dos jugadores tumbados en el césped tras una tángana y varios 'intrusos' en el tejado de enfrente.

El centrocampista español del Lokomotiv, Alberto Zapater, en pleno centro de la Plaza Roja de Moscú, delante de la catedral de San Basilio, su monumento favorito.

El volante maño del Loko, viajando en el popular metro moscovita, el medio de transporte más utilizado por los habitantes de la capital rusa.

Una réplica de la locomotora con la que Lenin viajó de Helsinki a San Petersburgo para iniciar la revolución preside la entrada al estadio del equipo de Zapater.

El guardameta del Siauliai lituano observa el juego frente a los once miembros del grupo radical del Levadia Tallinn, los 'Green White'.

Dos hileras de policías anti disturbios velan por la seguridad de los ultras del Estrella Roja camino del Pequeño Marakana para vivir el derbi ante el Partizan.

El autor, David Ruiz, junto a una aficionada del Estrella Roja, ya en las gradas del estadio esperando el momento en que los equipos salten al césped.

Los bomberos trabajan a destajo para controlar los focos de incendio provocados por los radicales del grupo 'Alcatraz', el principal del Partizan.

Las bengalas inundan el fondo donde se sitúan los hinchas del Estrella Roja tras anotar el único gol del clásico belgradense.

Bora Milutinovic luce sonriente la camiseta de los 'Leones de Mesopotamia' tras ser presentado como seleccionador de Irak para la Copa Confederaciones 2009.

El preparador balcánico, junto a tres vendedores en uno de los puestos del zoco de Alewei, en pleno centro de Bagdad.

Bora, junto a su inseparable guardia pretoriana de paramilitares en el hall del hotel Al Sadeer, nuestro cuartel general en la capital iraquí.

'Mister Mundial', en compañía de Sabié, uno de los asistentes de la selección iraquí, delante de un coche de policía calcinado por una bomba islamista al pie del río Tigris.

Los jugadores de la selección palestina festejan con una danza árabe su primer título como equipo nacional en el Municipal de Dura, en mayo de 2012.

La oración y el fútbol no están reñidos en suelo palestino. Un aficionado del Barça cumple con sus deberes religiosos en la mezquita de Hebrón.

Un grupo de niños palestinos disputan un partido en una calle estrecha y maloliente del campo de refugiados de Al-Amari, a las puertas de Ramallah.

David Ruiz de la Torre

Michael (con su camiseta del Milan), Chen, sus hermanos pequeños y la madre en la orilla del río Lemanak, en mitad de la jungla de Borneo.

Esta televisión, dentro del 'longhouse' en el que vive toda la comunidad, es el único vínculo que les une con el mundo exterior.

El autor charla animadamente con varios jugadores del Al Sadd en el hotel de concentración durante la pretemporada del equipo qatarí.

A punto de recibir el esférico durante un partidillo de fútbol-tenis, minutos antes de iniciar la sesión de trabajo con el Al Sadd.

En el tramo final del entrenamiento sucedió lo inevitable: un tirón muscular. El fisio serbio Branko Eric estuvo al quite para sacar del aprieto a David Ruiz.

El autor, de cháchara con el ecuatoriano Carlos Tenorio tras bajarse del autobús, camino de la merecida ducha en el hotel.

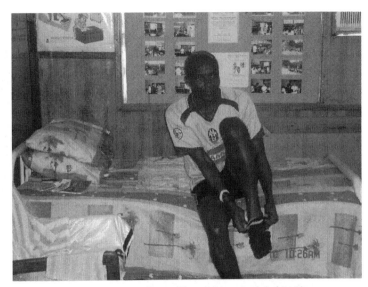

El ghanés Ayi Nii Aryee se pone las medias en la improvisada habitación que tenía en el hangar de bomberos del aeropuerto de Manila, en Filipinas.

Ayi, con su inseparable camiseta de la Juventus, hace malabares con la pelota en un patio sito dentro del aeródromo de la capital filipina.

David Ruiz de la Torre

Un grupo de monjes budistas se baten el cobre con una pelota a primera hora de la mañana a las puertas del monasterio de Piyn.

Espectacular salto 'a lo Cristiano' de un monje 'samanera', ante la mirada atónita de sus compañeros de clase.

Las camisetas del Madrid o del Barça son las más cotizadas entre los aficionados birmanos. Por las calles de Bagan son casi tan habituales como el 'tanaka' en sus rostros.

Murun Altankhuyag posa con la camiseta de la selección de Mongolia ataviado con una chaqueta típica de su tierra.

Cuarteto de jóvenes talentos perteneciente a la academia FC Sumida Ulaanbaatar, un proyecto puesto en marcha por el periodista japonés Takashi Morimoto.

Nómada mongol a caballo luciendo una elástica del Barça cerca del Lago Khuvsgul, en el interior del país.

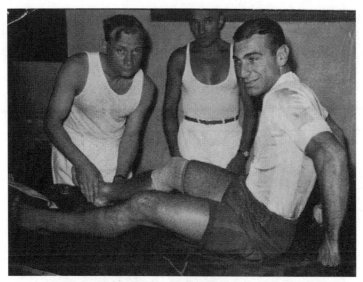

Varallo, en plena sesión de tratamiento de su maltrecha rodilla derecha, antes de un partido con la Albiceleste durante el Mundial de 1930.

Panorámica de la bahía de Montevideo desde Parque Nelson, la deteriorada cancha de Rampla Juniors, un clásico del balompié de la capital charrúa.

Grupo de chavales en la fortaleza del Cerro con las camisetas de todos los equipos de la ciudad de Montevideo que militan en la Primera uruguaya.

Integrantes de la 'pelada' de Os Macacos, junto a Edú y Gaúcho, los porteros de alquiler que hacen posible la disputa de estos encuentros.

El Parque Méndez Piana (Miramar) y el Parque Palermo (Central Español) son los dos feudos más próximos que existen en el mundo. Están en Montevideo.

Edú Toledo, el 'goleiro pianista', ejerciendo su verdadera profesión en un shopping center de la playa de Botafogo, en Río de Janeiro.

El equipo 'Pedacinho do Ceu' se ejercita en el campo del Sport Clube Dorado, en la favela de Cordovil, a las órdenes del técnico español Francisco Javier Barba.

Formación del Japeri antes de medirse al Kuarup por la Taça de Favelas, en las instalaciones del CEFAN, en Río de Janeiro.

Lance de juego en el choque entre los equipos de las favelas de Morro da Providencia y Conjunto Esperança.

La enorme estatua de Carlos Valderrama, a las puertas del estadio Eduardo Santos de Santa Marta, no para de recibir visitantes a lo largo del día.

Carlos 'Jaricho' Valderrama, padre del mítico futbolista colombiano,
posa junto a un amigo con una camiseta del Real Madrid, regalada por su hijo.

Carlos Hermosillo junior posa en la imagen con su abuelo,
el célebre cantante de boleros chileno Lucho Gatica.

Julio Daniel Frías, el ex 'espalda mojada' que guió con sus goles a los Indios de Ciudad Juárez hasta las semifinales del Clausura azteca 2009.

Jugadores y afición del Municipal ART Jalapa celebran al unísono su retorno a la Primera división del fútbol nicaragüense.

La selección alevín de Haití, formada por huérfanos del centro de St. Helene, tras disputar las finales del Mundial de su categoría en el Orlando stadium.

Las niñas del colegio de Houma posan con dos balones durante el recreo junto al ex seleccionador tonga, Milan Jankovic.

Kamalei Papani, la más firme promesa del balompié tongano, se embolsa unos paangas cortando el césped en las canchas de la academia de la Federación.

Wynton Rufer, flanqueado por Mohammed Salad, un chaval somalí de 13 años, y Walid Omar, afgano. Junto a ellos, Caleb Rufer, el hijo mayor del ex astro 'kiwi'.

Wynton Rufer posa delante de una camiseta de su academia, Wynrs, con su nombre y el número que le hizo célebre.

El portero del colegio de Namburu, con una sola zapatilla, es el único jugador que va calzado (a medias) en un partido del 'Vanuakid', el torneo de escuelas de Vanuatu.

Un jugador del Namburu se dispone a golpear con todo el balón ante la oposición de un rival del Kawenu, en el duelo inaugural del 'Vanuakid'.

David Ruiz de la Torre

Hinchas de Honiara y de Malaita, hasta hace poco en guerra, hacen causa común en las gradas de hierba del Lawson Tama para apoyar al equipo de las Islas Salomón.

Eddie Amokirio golpea el cuero rumbo al área australiana durante el choque que definió la plaza oceánica de repesca al Mundial 2006 en favor de Australia.

Formación inicial del equipo de Samoa Americana, capitaneado por Nicky Salapu, antes de un partido de la fase de clasificación mundialista.

El seleccionador samoano, Thomas Rongen, durante una charla a sus jugadores antes de enfrentarse a Tonga en las eliminatorias mundialistas para Brasil 2014.

Mark Schwarzer, rodeado de chavales con un ejemplar de Megs Morrison, el personaje creado por el guardameta de Australia y del Chelsea.

Tres integrantes de la plantilla de los Sydney Swans entrenan el 'mark' durante una sesión de trabajo en el Sydney Cricket Ground.

El veterano portero 'aussie', leyendo uno de sus libros a un grupo de niños en un colegio de Melbourne.

Los jugadores de los Swans comienzan el trabajo de recuperación tras el duro partido del día antes en las heladas aguas de la playa de North Bondi.

Made in the USA
San Bernardino, CA
08 September 2017